追尋現代中國

最後的王朝

The Search for Modern CHINA

史景遷作品集 8

史景遷 Jonathan D. Spence
溫洽溢、孟令偉、陳榮彬 ——— 譯

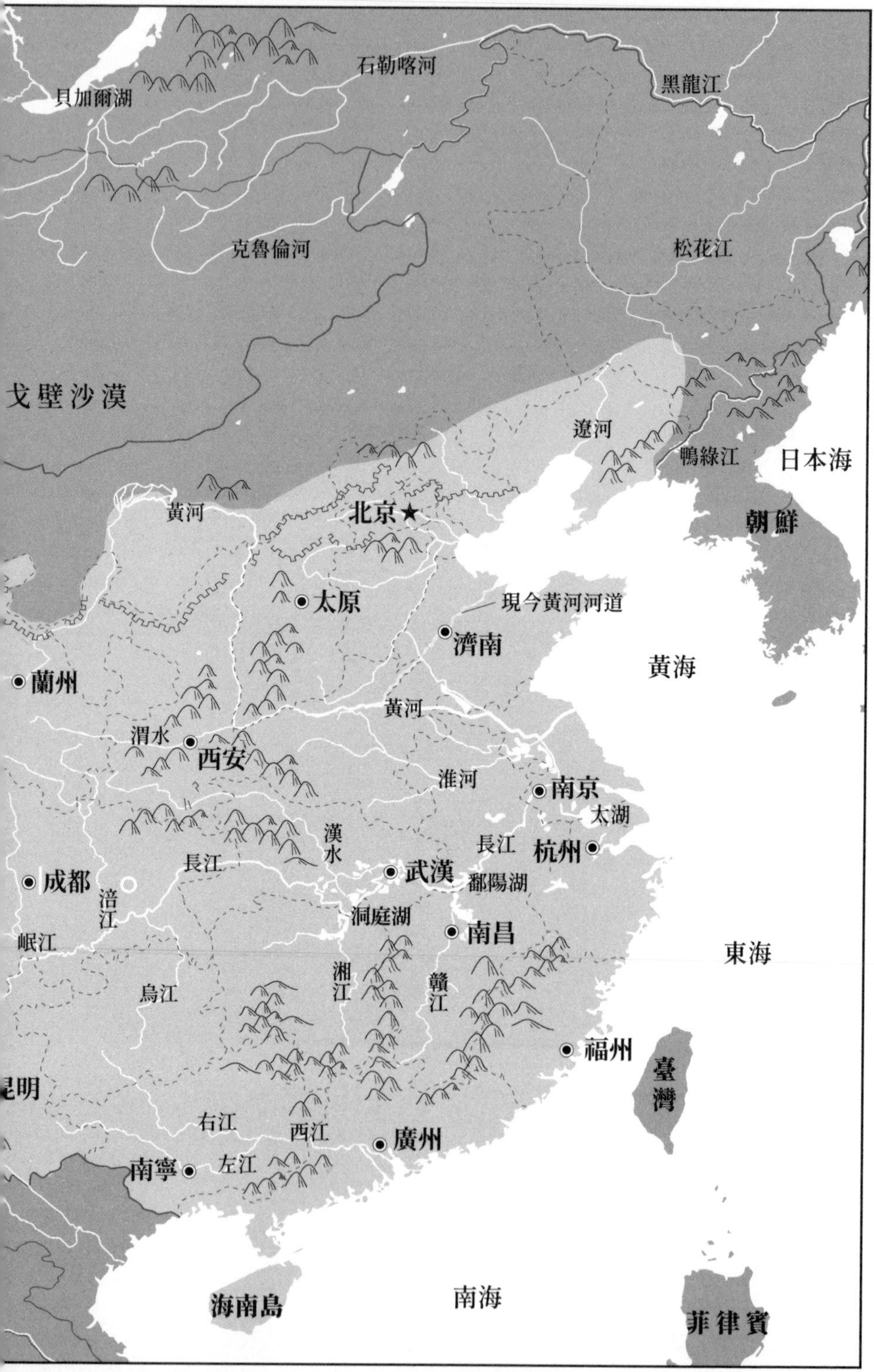

貝加爾湖
石勒喀河
黑龍江
克魯倫河
松花江
戈壁沙漠
遼河
鴨綠江
日本海
黃河
北京
朝鮮
太原
現今黃河河道
濟南
黃海
蘭州
黃河
渭水
西安
淮河
南京
太湖
漢水
長江
杭州
長江
成都
武漢
鄱陽湖
涪江
洞庭湖
南昌
岷江
東海
湘江
贛江
烏江
福州
臺灣
右江
西江
廣州
南寧
左江
海南島
南海
菲律賓

中國晚明
現代邊界參考
巴爾喀什湖
阿爾泰山
天山
塔克拉瑪干沙漠
阿爾金山
祁連山
羅布泊
崑崙山
青藏高原
唐古拉山脈
長江
喜馬拉雅山
雅魯藏布江
湄公河
恆河
孟加拉灣
英里
0
300

貝加爾湖
★烏蘭巴托
黑龍江
齊齊哈爾
雞西
海參崴
牡丹江
哈爾濱
吉林
內蒙
長春
吉林
通化
阜新
瀋陽
撫順
日本海
張家口
鞍山
河北
大同
遼寧
丹東
北韓
呼和浩特
★平壤
黃河
包頭
北京★
唐山
旅順
大連
天津
漢沽
★首爾
南韓
穎川
石家莊
太原
濰坊
釜山
寧夏
延安
山西
邯鄲
濟南
青島
黃海
黃河
山東
蘭州
陝西
甘肅
西
鄭州
開封
徐州
寶雞
西安
河南
江蘇
蚌埠
南陽
淮南
南京
新陽
合肥
上海
襄樊
安徽
湖北
杭州
南充
萬縣
長江
宜昌
長江
武漢
成都
沙市
浙江
景德鎮
自貢
重慶
南昌
溫州
東海
長沙
江西
湖南
湘潭
遵義
吉安
福建
漢陽
★臺北
貴陽
贛州
福州
貴州
桂林
臺灣
明
韶關
柳州
汕頭
廣西
臺南
廣州
廣東
南寧
香港
澳門
（葡屬至1999）
湛江
河內★
海防
越南
海口
南海
海南
菲律賓

當代中國
俄國
哈薩克
巴爾喀什湖
科布多
吉爾吉斯
烏魯木齊
吐魯番
巴里坤
哈密
喀什
新疆
塔吉克斯坦
甘肅
敦煌
阿富汗
葉爾羌
巴基斯坦
青海
長江
西藏
新德里
尼泊爾
拉薩
加德滿都
廷布
不丹
達卡
孟加拉
印度
加爾各答
雲
緬甸
孟加拉灣
英里
0
300
泰國

目次

上冊

最後的王朝

第一部　征服與鞏固

中冊

革命與戰爭

下冊

從共產主義到市場經濟

第五部　生活在人間

第三版序

才沒多久以前，二十世紀中葉的中國在外界眼中仍舊是個謎。白天靜悄悄，入夜後的黑暗時刻也沒有任何照明設備開著，馬路上幾乎沒有汽車或卡車，僅有的幾部車輛也為了省油、節約花費等原因不開大燈。這個國家的人民好似都以步行或腳踏車作為交通方式，在路上也不發一語。即便在理應車水馬龍的交通要衝上，也難得聽見一聲腳踏車鈴響。這裡的體制似乎會限制人們發聲，國內儘管確實存在大規模的政治集會運動，但多半屬於向國家公敵示威，或是精心策畫過的愛國歌曲頌唱活動。除此之外，入夜後的街道與不開大燈的汽車一般，陷入靜謐、幽暗的氛圍之中。那寥寥無幾的車輛在腳踏車與行人之間安靜、緩緩地滑行著，它們在黑暗中隱約存在的輪廓令路旁行人提高警覺，因為那車內應該坐著共產黨高官。大家身上的衣服多半是深藍色、卡其色或是黑色，整體看來也是灰暗無光，與身處的時空相符。任何人見如此場景，都會認為當今的中國人已遭噤聲。

到了一九七〇年代，中共政權成功取代國民黨政府在聯合國的中國代表地位。與此同時，毛澤東欽點的接班領導忽地離奇死亡*，接著在一九七二年，當時的美國總統尼克森

（Richard Nixon）在訪華期間祕密拜訪年邁的毛澤東。即便局勢出現如此巨變，異樣的沉默仍然籠罩著這片大地。不過，毛澤東在一九七六年病逝後，微小的聲響與光線逐漸浮現，穿透這層層迷霧。新的中共領導人從文革清算後的倖存者中異軍突起，其中最具影響力的鄧小平，便是毛澤東時代最頑固，同時也最精明幹練的副手。漫長的政治生涯中曾三度下臺，但在毛澤東死後重獲自由的他，便大膽握起權柄，展現自己的領導作風。鄧小平快速地掌握了藉著開放國際貿易、旅遊自由、語言學習與文化交流所產生的機會，公然揭露了他心目中國家應有的未來，以精練的四個字「致富光榮」**一言以蔽之。整個國家正開始迎接大量觀念的改變。人們開始重新思考農耕的本質與獲利的方式、開拓新的市場、以驚人的速度開發不動產投資、大量鋪建鐵路、高速公路、港口與機場，並大量縮減國營產業的數量，轉型成為私營。顯然一直以來中國的情勢並不總是靜默無聲，而如今也已經準備好迎接改變了。在這一波充滿改革動力的浪潮下，鄧小平在一九八〇年代早期特別准許國家進行大規模的實驗，甚至允許中國重新探索自身在文化方面的種種機遇與可能性。但向世界重啟進入中國的大門，即便不提國家未來成長的可能性為何，改革開放也為國家領導階級帶來許多麻煩。當前的「開放局勢」顯然依舊受到共產中國從前固有的規則與政治方針限制：人們不難察覺他們的領導階層在呼籲進行激進革命與團結一心時，會暫時把自己身上已經逐漸習慣的西裝、領帶等西式服裝換成傳統的暗色中山裝——也就是毛澤東的標準服飾。

第三版《追尋現代中國》的敘述時序，多少與前兩版有著相同之處。故事的起點是明朝開始走向頹敗的十七世紀初，最後畫上句點之處，是共產黨為了迎接全球貿易而進行經濟變革的二十一世紀初。儘管本書仍隨著時間推移的順序進行敘述，但我為了回應中國學界與閱聽人迅速變化的關注重點，這次重新編輯、改寫第三版時我希望呈現的核心已有所不同。這些年來，中國陸續面臨了大規模的變化，其中不乏極度痛苦的變革。如今，不論是研究中國的外國學界或一般外國民眾，由於這段時間巨變頻仍，大家關注中國歷史的視角肯定已有所轉移，重視的地方已經不同。面對這樣的時勢，而且為了不讓本書篇幅過於冗長，我必須去蕪存菁，大量刪修原有的文字，藉此為新發掘的史料、論證核心與史學方法留下論述的空間。

第三版《追尋現代中國》的敘事主軸依舊緊緊圍繞著中國的政治領導人以及在文化上活躍的人士。但我也將一些採取不同研究方法的新興學術研究例證納入了去蕪存菁後的空白篇幅之中。我們當今會提及的這些新興研究之中，來自「滿洲」（Manchu）的中國統治者，不論從族群或文化的角度切入，都相當難以精確定義其確切的起源為何，而近年的新興研究所產生的相關詮釋也從不間斷。但為了理解中國國內在帝制年代晚期的弱點以及外族統治的問

＊　譯注：此處應指一九七一年的林彪與九一三事件。

＊＊　譯注：許多西方媒體都曾報導過鄧的這一句「名言」：to get rich is glorious。但他是否真的說過，仍有爭議，因為沒有人能找出中文原文。

題，探究中國的滿洲統治者起源顯然是必要的舉動。進一步將滿洲人視為中國統治者及論述主軸的作法，迫使我們使用更多篇幅將中國視作一個「整體」，觀察中國近現代明確的族群分野如何從此時開始逐漸成為人們習以為常的觀念，是一個相當有趣的過程。而反過來說，上述的那種思考方式，會將以往還沒有映入歷史學家眼簾的領域，重新納入我們過去所建構的歷史敘事之中，這些研究領域包括國際法的理論與實踐、外國人士旅居中國的情況，以及那些在當時迅速發展，包括大英帝國、中國、印度與美國等國在內的新興國際貿易模式。

第三版中，也許是受到我們當下重視經濟取向的顯著影響，關於「金錢」的細節將會比前兩版多上不少。其中我新增的內容之一，在於滿清歷任皇帝確實曾經嘗試著灌輸八旗軍民一種得以累積自身資本的創業精神（entrepreneurial spirit）。雖然這些嘗試並不總是有所成效，但此類政策確實有效影響了國內外的商人。十九世紀初，滿洲人與漢人擁有了一定程度的資本，得以進一步了解他們主動挑起的中英鴉片戰爭背後的意義與動機。第三版中收有另一個迥異的例子：本書內容依舊為讀者保留了了解中國共產黨創建與發展的縝密細節與背景，但與此同時，本書也就當時共產黨以外的知識分子在面對諸如「自由主義」、「民主」等概念時，究竟如何處理、面對這些概念在語意方面的可能性進行初步探究。在這些探究的過程中，我們可以看到如毛澤東這種政治與意識形態的先驅，究竟採取了何種方式針對上述概念進行了有效的詮釋，以便獲取並鞏固自身權力。就今日而言，這樣子的探究依舊相當重要，得以幫助我們描述中國在一九七六年後超乎預期的發展軌跡，在毛澤東死後、鄧小平開始主導政局的背景。

第三版的內容也反映了一些我們在研究中國歷史時所產生的「重大問題」，即便這些問題根本難以解答，我們依舊在書中進行論述。舉例來說，歷史學者一直以來都認為乾隆朝（一七三六年至一七九六年）是中國在近現代期間國勢鼎盛、人民富足的年代。但我們是否可以主張，正是因為乾隆朝晚期皇帝的治理顯然開始出現瑕疵，甚至還有一廂情願的傾向，以至於國勢於一八三〇年代開始衰敗，更在一八四〇年代導致鴉片戰爭爆發？這種主張是否會比過去盛讚乾隆盛世的說法更加準確？或者，用另一種方式來表述這個問題：滿清政權在二十世紀初統治的全面崩潰，是不是肇因於十八世紀末顯而易見的社會動盪？還是傳統的解釋才對，滿清覆沒是因為中國的社會秩序在一八五〇、六〇年代全面崩毀而導致的？書中提及的這個問題以及其他問題，為中國拖沓的「現代性」歷史研究進程揭開了新的視野，即便有些研究者如今也認為「現代性」這個詞彙過於狹隘而排斥這個觀念。

在此，有些人則試圖將「公共空間」的成長視為中國尋求進一步變革的關鍵要素，而第三版的內容之中，則提及其他與社會現象發展相關的主題，並與這個主題建立起了連結。其中包括且不限於國內商幫集會空間的快速成長等等，其他與其相關並涉及較廣層面的主題，包括女性如何在晚近出現的通訊網絡中建立自身地位以及女子學校的參與，而女子學校的建立，又受到基督、天主教會及傳教士的顯著影響。然後，我們也會探索地方社會如何透過「祕密結社」的活動形成極其緊密且迥異的社交網絡。這些祕密會社中，四處遊走並居無定所的幫眾在宗教或戲劇表演場合及儀式中占據一席之地，得以順勢挑起混亂局面，要脅甚至直接動手破壞各個村落社群。同樣顯而易見且充滿挑戰性的問題，在於商業市鎮與行政中心地貌與意義的改變，會隨著交通的快速發展而劇烈改變。人們的生活方式與目標也隨著這些變革有所勃發。

我曾在本書一九八九年初版的〈序〉中寫道：

了解中國並無捷徑，一如並無方便之門去認識其他異質的文化，甚至了解我們自身。但中國的故事總是令人心往神馳，且足堪我們借鑑，據此，這樣的企圖總是值得去嘗試。本書用意在於，欲認識今日的中國就必須了解其過去；然就某種意義而言，我們應將追索的時間軸回溯至何時仍值得深究。

即便距離第一版發行至今，已度過二十三個寒暑。上述的問題依舊是本書的核心問題，也依舊是個難以回答的問題。但在第三版的修訂過程所進行的反思之中，我依舊認為從十七世紀早期開始談中國史在邏輯上具有一定的說服力，而不僅僅是那種古文物研究學者一廂情願的懷古而已。追尋中國歷史的歷程必然漫長，完整的答案依舊未得完整的詮釋。也許在我學生的這一代，這個核心問題的答案終將完整。至少我認為這個願景是有可能成真的。

史景遷寫於耶魯大學，二〇一二年一月

第三版增譯、修譯序

——陳榮彬（臺大翻譯碩士學位學程專任助理教授）

猶記得約莫二十年前我剛剛取得碩士學位，在康寧專校兼任，教授中國現代史課程時，選用的教材便是史學大師史景遷的中國近現代史巨著《追尋現代中國》（*The Search for Modern China*）。身為一位讀者，當時我的感覺是，這三冊書籍的史料豐富，鉅細靡遺，且作者能把中國史的各個方面，包括社會、政治、經濟、文化等串在一起，變成一個敘事的整體，對於任何缺乏相關背景的讀者來講都能有很大幫助；而且另一個特色是譯文流暢、用字遣詞優雅，這在翻譯的歷史書籍中確屬難能可貴。在此要感謝譯者溫洽溢教授為史景遷大師華麗代言，讓臺灣讀者能享受到不一樣的閱讀經驗。

但事實上，史景遷初次被譯介到臺灣，並不肇始於時報出版社找溫洽溢來翻譯《追尋現代中國》。據我粗淺的了解，在臺灣，史景遷的作品最早是由臺北絲路出版社於一九九三年出版，也就是《知識份子與中國革命》（*The Gate of Heavenly Peace : The Chinese and Their Revolution, 1895-1980*），譯者為張連康，而且那時候甚至沒有把作者的名字翻譯成他的漢名史景遷，而是音譯為「史班斯」。後來還有唐山出版社推出《胡若望的疑問》（*The Question of Hu*）、臺灣商務印書館出版《大汗之國》（*The Chan's Great Continent: China in Western Minds*），接著才是時報出版社於二〇〇一年委託溫洽溢譯出《追尋現代中國》，而且他幾乎成為史景遷在臺灣的御用譯者，陸續有《雍正王朝之大義覺迷》、《康熙》、《前朝夢憶》、《改變中國》等譯作，也重譯了*The Gate of Heavenly Peace*，將書名從舊譯的《知識份子與中國革命》改成《天安門》，繼而更有《前朝夢憶：張岱的浮華與蒼涼》、《曹寅與康熙》等書的推出，且全由時報出版社出版。

《追尋現代中國》是史景遷於一九九〇年推出的代表作，後來又於一九九九、二〇一二分別推出二版與三版，而二版就是溫洽溢舊譯所根據的文本。史景遷在三版的序言中言明，三版《追尋現代中國》與先前最大的差異，就是經過他大幅刪修，去除過多的細節，藉此挪出更多篇幅，放入一些新的資料、新的觀點，還有新的歷史發展。從章節結構看來，三版《追尋現代中國》把原有的第二十一章〈深化革命〉拆成兩章，變成第二十一章〈深化革命〉與第二十二章〈文化大革命〉，前者只論述文革前的「百花運動」、「大躍進」等由毛澤東發起的社會革命；其次，則是新加上第二十八章〈突破？〉，始於一九九七年鄧小平去世、香港回歸中國、二〇〇〇年臺灣政黨輪替，終於中共前總理溫家寶任內處理的幾件大事，例如汶川大地震、溫州高鐵追撞事故等等。

細心的讀者如果把二〇〇一年的舊版《追尋現代中國》拿出來與這一套全新增譯、修譯的新版加以比較，會發現兩者之間有數百處不同之處。首先是新增文字多達幾十處，從一到二十七章大多由我翻譯，全新的二十八章之譯者則為孟令偉。從這部分我們就可以看出，作者史景遷在推出三版《追尋現代中國》時雖已高齡七十六，但仍能重新檢視整本書，增補各種新的史料，此等創作活力實屬難能可貴。其次，由於這近二十年來《追尋現代中國》的譯文享有極高討論度與關注度，備受兩岸讀者矚目，因此時報出版社編輯團隊感覺有必要把誤譯或可以譯得更為流暢的部分重新修正改譯，所以特別與臺大翻譯碩士學位學程合作，由黃怡瑋、吳侑達、蔣義、蔡惟方、Jonathan Lee（李小慧）與徐嘉煜等六位同學對照一至二十七章中英文，校訂出值得商榷的譯文，最後由我進行修正改譯。

當然，我的原則是尊重原譯者的創作，唯有在讀起來真的非常難以理解或明顯有錯誤之處才會修改。不過，我的另一原則是尊重原文，凡有漏譯之處全都會補上去，也會力求在語意上貼近原文。例如，第一章第一段作者用了「most sophisticated」一詞，原譯是「人文薈萃」，並不能算錯，但修譯後改為比較接近英文原意且也符合前後的「各方面發展最為成熟」——因為「人文」顯然特指文化、文學等方面，不過「most sophisticated」卻可能包含政經體制、典章制度等各種文明面向，意味著中國在明朝已經發展出人類文明極致的國家與社會。

最後，除了感謝令偉、怡瑋、侑達、蔣義、惟方、小慧與嘉煜等七位同學在過去一年多來的辛苦付出，也衷心向相關人員致敬：時報出版社人文線主編怡慈提供的各項協助與百分百的信任，責編佩錦、璦寧在編輯上花費了無數心血與時光，鉅細靡遺的程度令我印象深刻。能夠讓《追尋現代中國》這一本中國近現代史巨作以全新風貌問世，與新一代的臺灣讀者見面，我想對於推廣歷史教育與促進歷史思考來講是很有意義的；當然，我們也很期待那些跟我一樣，已經把舊版《追尋現代中國》納為藏書的老讀者再度把這一套三版《追尋現代中國》帶回家，肯定會有不太一樣的閱讀經驗。

三版《追尋現代中國》總審訂兼增譯、修譯者

陳榮彬

二〇一九年八月二日

第二版中文版序

《追尋現代中國》是我試圖縱觀中國過去四百年歷史的著作，對於中譯本能在臺灣出版，個人深表欣喜。我是在一九六三年秋天初次造訪臺灣，為了我在耶魯大學撰寫有關曹寅生平的博士論文查閱中文史料。那時，清史檔案還存放在霧峰的山上；而中國的「大躍進」餘波蕩漾，「無產階級文化大革命」山雨欲來，所以我無從接觸中國大陸方面蒐羅的清史檔案。

如今回頭重新瀏覽《追尋現代中國》，我很驚訝自己竟會貿然嘗試如此艱鉅的工作。重讀此書也提醒了我，費正清（John King Fairbank）在六〇年代、徐中約（Immanuel Hsu）在七〇年代能以英文寫出兩部中國歷史的巨著，想必是舉步維艱。我受教於這兩本著作之處甚多，一如這兩位作者曾受益於蕭一山、錢穆和其他幾位先輩中國學者。為了把這些學者之後新出爐的歷史素材設法納入，我不得不割捨中國人經驗中的某些重要面向，尤其是在外交史和智識史的領域；這使我有餘裕收入過去幾十年來對中國經濟、社會和文化史所做的新詮釋。同時，我還試著至少放進一些令人雀躍的新素材，這些材料或從滿人的角度來理解清朝政權的特質與意識形態，以及滿人自己對於一個多元語系之「大中華」亞洲中心帝國的看法。

今日的讀者當然一眼就會注意到，臺灣無疑值得一書，但拙著並未將之含括在內。原因是我寫作時大多是在回應我所了解的北京、南京、重慶決策者心中羈絆的要務，而不是鉅細靡遺地追索臺灣迥然不同的發展軌跡。不過我還是希望，我起碼已賦予臺灣在八〇、九〇年代發展經濟與實施民主制度方面驚人成就應有的意義。臺灣的故事凸顯了中華人民共和國的中國人依然無法體驗到臺灣所做的種種變革，尤其是別具意義的民主制度變革。我深信，西方人無權要求東亞國家（或者其他地區的國家）應該追隨西方的政治模式。話雖如此，臺灣跨越隔閡，在個人與集體自由達致新的境界，在二十一世紀曙光乍現之時，臺灣人民得享自由，這個事實必須被視為是所有中國人故事中的一個重要章節。

我期盼臺灣以及其他地區的讀者，不會覺得由我這位寄居在美的英國人為理解中國近代史所做的嘗試太過於膚淺。這是一部發自內心深處、而非僅是在故紙堆裡寫成的書。種種伏流勢必匯而聚之，以對中國在過去漫漫四百年來所做的巨大奮鬥有個可掌握的敘述，而本書也反映了我對這個過程的著迷。

耶魯大學歷史系講座教授　史景遷

二〇〇一年三月三十一日

第二版序

《追尋現代中國》第一版完稿之時，適值中國政府如火如荼展開鎮壓八九年六月的天安門民主運動。事後觀之，這些事件在我心裡正凸顯了中國人在對抗國家所發出的聲音，而變革的契機似乎是如此渺茫。過了九年，我完成了第二版，此時中國與世界的局勢又大不相同。應為八九年暴力鎮壓負最大責任的鄧小平已於一九九七年初歿故；鄧小平的馬前卒、持強硬路線的總理李鵬，也於一九九八年初卸下總理職位。蘇聯瓦解成十幾個憲政共和國，由幾個東歐國家所形成的蘇聯附庸國亦各自步上不同的發展途徑。八九學運期間最傑出的學生領袖現已出獄，流亡美國，一如為七八年民主經驗代言的魏京生。

中國政府藉著否認了這兩場運動的重要性，而與這兩場運動的幽靈相安共處。更何況，整個國家把全副心力放在國內經濟成長和參與國際金融所萌生的挑戰、回饋和混沌不明。這些重要的變革讓人權人士——不管是在國內、流亡在外或外國人——難以持續經營中共領導階層拒採代議政治並騷擾異議分子等重要議題。隨著香港於一九九七年夏天安然回歸中國，臺灣已經更引人注目：中國的對港政策成為盱衡未來經濟整合模式的法碼。

在這九年間，我們對於中國過去的知識也大為增加。中國境內豐富的考古發現，扭轉了我們對於早期中國社會以及早期統治理論的見解。而在我們這個時代的無數領域中，中外學者的研究成果亦深刻改變了我們昔日的所思所知。

我為了把這些新發現納入第二版，不得不修正許多舊看法，引進新的觀點。有關清朝部分，舉其大者有：十八世紀清朝皇帝把自己變成亞洲中心統治者的途徑；自十八世紀末以降，祕密會社在不同階段挑戰國家時所扮演的主導角色；清代女性讀寫能力與受教育的特質，這些特質可用來形塑女性在當時奴從政治的圖像；中國民族主義自晚清發展以來的各種類型，以及新形態的印刷媒介對於宣揚中國民族主義的影響。

對於中華民國這個階段（一九一二至一九四九年），也必須重新思考論題的剪裁：中國共產主義的先驅者，尤其是他們與無政府主義（anarchism）、唯意志論（voluntarism）思想的關聯性；與毛澤東意見相左的共產主義積極分子，他們的人生進程與求生存的策略；中國城市商業、社會生活的特質，以及在詮釋、彰顯現代性時，城市所展現的轉變模式；毛澤東透過操縱歷史評價和高壓手段，以塑造其英雄形象；一九三七年對日抗戰爆發前後，共產黨員與國民黨民族主義分子的地下鬥爭。

至於一九四九年以降的中華人民共和國部分，我們可以注意：最近解密檔案所披露有關一九四九年在莫斯科和一九五〇年韓戰爆發時毛澤東與史達林兩人的關係；可以被視為是逐步引向一九五七年大躍進運動之不可抗拒的內在因素；開啟一九六六年文化大革命的（領導者與被領導者的）心理動機；鄧小平領導下經濟彈性政策的漸進發展；共產黨政府所公布的農業政策與農民本身自發性創新之間的關聯性；二十年來思想與文化領域的多元發展。

我盡量把這些新發現融入第二版之中，並增補新的一章，來涵蓋自一九八九年到一九九八年這段時期。為了控制第二版的篇幅，我做了許多割捨，少則略微剪裁，若我覺得可以刪減，多則一頁，甚至一整節。其結果，新版不僅內容更新，分量也較第一版為輕。此外，為使本書更容易閱讀，我在新版中先引入基本的經濟和人口分析，改變論述國民黨和共產黨那幾章的架構，以不同的形式來呈現各種外交政策的議題，並重新安排節次，來呈現自一九五八年大躍進到一九六六年文化大革命的過渡。

若干第一版的讀者和評論家希望能依論題或概念的序列、而不是依循年代的順序來組織本書的內容，也希望本書能更為關注廣泛性的社會趨勢以及各個政治中心以外地區的經驗。他們也企盼拙著能多重視時下流行的各種西方理論，像是後現代主義（postmodernism）、底層研究（subaltern studies），以及新馬克思主義（neo-Marxism）學派繁衍出的各種支系。對於這些建議，我還是不改初衷。畢竟，教歷史的老師和學歷史的學生在探究事情何以發生之前，必須先知道事情是何時發生。中國社會內部醞釀的各種力量當然會影響領導人或接班人的觀念和生活，外國強權加諸中國的力量或觀念也會有所影響。不過我還是認為，以這種歷史導論的方式，立足中心往外看待這種種衝擊，是最為恰當的。若是強依理論準則來篩選、組合歷史材料，雖然有些讀者會蒙其利，但卻會讓別的讀者迷惑、窒礙不前；從當前西方文化世界的性質來看，今天流行的理論不久也可能棄之如敝屣。

所以，在新版本的架構，中心像是一面透鏡，讀者可以用來觀照中國人經驗的大千世界。讀者若想對個別章節有更清楚的了解，可參考（英文版）附錄的進階書目。中國欲在驚濤駭浪中探索她在這個世界的定位，一九八九年是如此，一九九八年也仍是如此。我期盼，新版的《追尋現代中國》將能引領新的讀者以同理心，以及對中國人覺得迫在眉睫的議題有所認識，來跟隨中國人的探索。

第一版序

幾個世紀以來，沒有一個國家可以自外於動盪與悲劇。彷彿人心深處總是躁動不安，也有施暴的能力，是故沒有任何社會能達致完美的靜謐。然而，在每一個國度，人又往往表現出對美的愛好、對知識探究的熾熱之情、儒雅、豐美的感性、對正義的渴望，凡此皆照見幽暗，讓世界充滿光華。人須常宵旰勉行，以認識這個世界，以期免受此世摧殘，更有效率地去構築這個世界，使子孫得免於飢餓、恐懼所苦。

中國歷史的豐饒與陌生與其他國家無異，而中國在與其他國家競逐稀有資源、進行貿易往來、擴展知識之時，其命運也與其他國家休戚相關。長久以來，西方人莫不對中國感到茫然，縱然物換星移，時值今日，中、西之間仍因語言、習慣與態度的隔閡而產生嫌隙齟齬。現今，中國人口逾十億，所承受的內在壓力我們僅能揣度；中國政治的劇烈擺盪，中國文化氛圍的跌宕起伏，中國經濟的蹣跚踉蹌，在笑臉迎人的背後總是潛伏暗藏對外來影響力的敵意，以上諸多因素往往讓我們如墜五里雲霧，而不察中國的真實本質。

了解中國並無捷徑，一如並無方便之門去認識其他異質的文化，甚至了解我們自身。但中國的故事總是令人心往神馳，且足堪我們借鑑，據此，這樣的企圖總是值得去嘗試。本書用意在於，欲認識今日的中國就必須了解其過去；然就某種意義而言，我們應將追索的時間軸回溯至何時仍值得深究。中國歷史源遠流長；也沒有一個社會能像中國般縱貫歷史近四千年而活力依舊綿延不絕，並且不憚其煩地記錄下所作所為的每個細節。因此，我們可以從任一切入點鑽進這個歷史紀錄之中，找到種種事件、典範人物和文化氛圍，並以縈繞腦海、揮之不去的方式與現今呼應。

我的敘事起自一六〇〇年，因為我認為唯有從這個時間點啟始，才能認清中國當前問題的緣由，以及中國人可以訴諸哪些知識、經濟與情感上的資源來解決問題。藉由把這一故事命名為《追尋現代中國》，我個人衷心盼望能夠彰顯以下幾點旨趣。

一、在這將近四百年間，無論是統治者或他們的批評者莫不殫精竭慮，以各種策略來強化邊疆防務、讓官僚體制運作更為順利、並將己身資源的效用發揮到極致，藉此避免外國勢力介入，對內則是力求知識工具的銳利精準，如此才能衡量政治行動是否符合效能與道德上的要求。

二、儘管中國不一定有必要遵循西方列強或日本的「發展軌跡」，但在這近四百年間總是能夠在某些重要的方面做出調適與改變，同時仍勉力保有某些亙古不變的價值。在此，我所剖析的泰半歷史，無不充塞為了追求進步而展開的瓦解與鞏固、革命與演化、征服與運動的交疊循環。

三、本書敘述的是尋尋覓覓的過程，而非尋索的結果。我能理解，一個「現代的」（modern）國家既是融會一體，又能兼容並蓄，既有明確的自我認同，也能以平等的地位競逐新市場、新技術、新觀念。倘若我們能以這種開放的胸襟來使用「現代」這個概念，我們應不難察覺這個概念的含義是隨著人類生活的開展而時時刻刻處在遞嬗之中，因此不能就此把「現代」的底蘊歸隸於我們所處的當代世界，而將過去託付給「傳統」（traditional），把未來寄望於「後現代」（postmodern）。若從上述標準看來，我個人傾向於認為，到了西元一六〇〇前後已有「現代國家」出現，且在後來的幾世紀之間陸續又有更多這種國家誕生。然而在這段時間裡，中國都算不上是現代國家，在二十世紀末亦然。

四、我把「追尋」現代中國看成正在進展的行動，我希望以此為焦點可以釐清中國當前的狀況，可以從歷史得到啟示。中共政府當然可以宣稱自己是個具有正當性的革命政權。但中共政府的官僚機制依舊是一個龐然大物，其領導人仍以超絕真理之名堅持其權力，約制人民在各個生活領域中的遠大抱負。這亦與十七世紀晚明、清初的國家面貌並無二致。在與外界的關係方面，中國同樣有權宣稱她在開創自己的路。然而試圖援引外國先進技術解決自身的迫切問題，但又希圖避免人民受到腐化流風的濡染，這仍是十九世紀一再俯瞰眺望的探險之域。在單一政治體之內統治十億公民無疑是史無前例。然在十八世紀時期，中國的人口壓力即已告尖銳化；人口成長對土地、經濟、治理民間社會所形成的壓力自那時就可看得很清楚。

除了上述的政治之外，我們也可以從社會與文化領域來觀察一六〇〇年以降的中國歷史，例如導致女性社經地位持續低落的風俗習慣、讓年輕世代學會遵從長輩與孝悌等道德觀，以形成某種行為模式的教育方式、家庭作為一種組織單位所散發出的力量，還有地方社群裡若干人士如何擷取，甚至濫用權力。此外，曾經對中國做出深層改變，且至今猶存的，還包括文藝領域的美學志趣與語言創新，以及對於行政結構與程序的追根究柢式監督。

藉著以十六世紀末作為敘述的起點，也可達致另一個目標。我們可以看到，中國尋常百姓在惡劣、甚至瀕臨絕望的環境中，自己掌握命運，投身對抗國家力量的次數有多麼頻繁。我們可以認識到，一六四四年，復於一九一一年，再於一九四九年，對現況絕望，以及緬懷夙昔的情愫和懷抱未來希望的赤忱是如何彼此融會，又是如何粉碎既存的秩序，開啟了一條通往新時代的不確定道路。倚仗有關中國過去奮鬥的歷史知識，我們便能更深切體會中國內部面對彼此扞格的力量，以及中國最終能否在這現代世界中索求一席之地的機會。

推薦序一

許倬雲（中央研究院院士）

史景遷先生是中國研究的高手。在美國的漢學家中，他以文筆優美、敘事清楚著稱。他原籍英國，受過英國教育的經典訓練，因此語文根柢深厚，落筆文采斐然，不是一般美國學者能望其項背。史氏更令人欽佩之處，則是其洞察的史識，是以他能由一個焦點透視一連串的變化。他的早期著作，有一本是以清代一個民婦的生死當著眼處，鋪陳清代的社會與文化。他的《天安門》（*The Gate of Heavenly Peace*）一書，其實是從天安門的學生運動，上溯百年來中國知識分子的志業與活動。

史氏也擅長於由個別歷史人物作為焦點，上下左右，論述其時代的變化及諸於文化與社會因素交織為一時風流人物，他曾經描述康熙、洪秀全、毛澤東的生平，及其出現的背景、因素。在他的筆下，有宏觀的歷史大框架、歷史人物的行為與性格，於是歷史是活生生的人生，而不是乾燥的排比史事。

史景遷先生是西方文化孕育的漢學家。由於他有西方文化的修養及知識，他在觀察中國的歷史時，也會將西方的角度編織於中國的變化中。他有一本名著《大汗之國：西方眼中的中國》（*The China's Great Continent*），即介紹歐洲人對於中國的評價及不同時代人物對中國的愛憎與褒貶。史氏對於利瑪竇及在華耶穌會士的研究更是兼具從中國化與西方文化交流的研究中，找出一層一層的折射與映照，其中有過濾，也有選擇，甚至有誤解，以中國文化研究者的詞彙來說，他的研究正是將文化交流所發生的discourse，一層又一層地揭開——這一工作，不是為了還原，而是彰顯歷史發展的過程。

有了這些專著的研究工作為基礎，史景遷先生才能寫成這一本中國尋索「現代」的歷史。本書分為五個大段落；在每一個段落，史氏都十分注意當代人物的思想背景及思維的方式。例如，為了處理中國近代的幾次革命，他花了不少筆墨討論達爾文生物演化論，以及這一理論與社會進化論之間互為影響的過程。於是掌握了近代中國知識分子在文化方面持「進步」的理念，在政治方面給予社會主義成長的溫床。

不過，史氏並不只以思想與文化為其主題，在近代的幾個分段，他都分別提出社會與經濟發展的重要指標，既作當時情形的說明，也提供時間軸線上可為比較的尺度。例如，從清末洋務運動的業績，南京時代的十年建設，中共建國第一個五年計畫的成果，以至鄧小平改革開放以後的發展。合在一起看，讀者可有清楚的數據，觀知中國經濟發展的曲折途徑及其整體的方向。

正如史氏在他幾本專著中擅長的手法，在本書中，他描寫歷史人物的性格，也往往從細節見到性格，於是這些人物不是平面的面譜，而是有笑有淚的古人。康有為、孫中山、毛澤東……都在他的筆端復活了。中國的歷史學傳統，本來盼望史德、史識、考訂與文筆四項並重。中國史學的祖宗，太史公司馬遷，其文筆之優美，使《史記》不僅是歷史記載，也是文學作品。這一傳統，自從清代考證之學獨擅勝場，文章之美，已不受重視。史景遷先生的著作，堪為我人借鏡。國內史學界同仁，當可見賢思齊，有所激勵。

一本好的歷史著作，當有作者自己的觀點，太史公所謂「成一家之言」，亦是聲明其觀點自有獨特的角度。為此，我們不能要求任何歷史著作都滿足不同讀者的願望。雖然如此，我還是不能不表示自己的一些遺憾！我屬於在抗戰中長大的一代，我們對於那一時代的記憶刻骨銘心，永不能忘。有人詢問「抗戰的意義何在？」我的答覆是「中國人九死一生，幾乎亡國，而不肯投降，只為了打出個『國格』。」民族主義是中國當年歷史的主調。史景遷先生的大作於抗戰一役，著墨不多。抗戰八年，單以人命的損失、軍民傷亡即數千萬人，工業基礎全遭破壞，本書於中國犧牲之慘重沒有給予應有的敘述。這是我個人深以為憾的省墨！

本書的脈絡，把整個中國的發展線索放在大陸，於是臺灣部分的中國，只占了很少的比例。中國與中國社會的走向現代，五十年來的臺灣發展，在中國歷史上仍是重要的一部分。這一遺憾，不能向本書求全責難，我們自己不能逃避補足的責任。

本書（二版）以魏京生出獄及朱鎔基矢志發展經濟為發展一章的結束。史景遷先生提出了一段期許，盼望中國人能從文化遺產與歷史教訓中尋求意義，走向和諧的現代化，並提供中國人的新視野，供人類世界抉擇。他在第五部的敘言中，也向中共提出忠告，要中共自己記得他們曾經許諾終結不平，開拓未來美景；他更盼望他們不要自己成為進步的最大障礙——這兩段結語，毋寧是全書精神所注。這一位畢生研究中國文化與中國歷史的西方學者，畢竟不是僅將中國作為研究課題，他對中國一往情深，有耽憂，也有期許。為此，我向史景遷先生致敬，也致謝！

許倬雲　謹序

二〇〇一年四月四日　清明

推薦序二

陳國棟（中央研究院歷史語言研究所研究員）

時報出版公司要我為史景遷老師的《追尋現代中國》寫一個序，一時把我拉回到當年在耶魯的往事回憶。特別是史景遷老師提起這本書是在「那不勒斯披薩店」與「十字校園圖書館」完成寫作的，而在多年前，我也曾在那些地方流連。

《追尋現代中國》一書的英文版交付印刷是一九八九年年底的事。那時距我把博士論文提交給學校當局、束裝回國才兩、三個月吧！倒算回去的一整年，我自己也在為博士論文的寫作奮鬥；再繼續倒算回去一年（一九八七—一九八八），我在倫敦的印度辦公室圖書檔案館（India Office Library and Records）蒐集論文資料。看來好像也沒什麼機會看到這本書的成長。

事實倒未必如此。因為史景遷老師正是英國人，老家就在倫敦肯辛頓花園（Kensington Garden）附近。我在那裡時，他回家探望母親，與我約在國會俱樂部（Athenaeum）見面時，已曾和我談過寫這本書的事。更直接的是：我不得不在最需要時間寫作的時刻擔任史景遷老師講授的「中國近現代史」（Modern Chinese History）這門課的助教。一九八八至一九八九那年，我們拿這本書的書稿當教材。

史景遷老師在耶魯大學部教「中國近現代史」這門課，大約從一九七〇年左右就開始了。這是一學期的課，兩年才開一次，修課的學生真是如過江之鯽，多得不得了。為了確保學習品質，每次開課都要找很多助教，隨班上課，然後幫學生做課後輔導。因為助教需求量大，我的領域又靠近，因此每次都跑不掉。

在《追尋現代中國》的英文版出版以前，美國各大學差不多都用徐中約的《現代中國的興起》（*The Rise of Modern China*）當課本。我第一回當史景遷老師的助教時（一九八五年秋、冬），也是那樣的。可是隨著時間下移，徐中約的書開始變得有點過時，社會上期待一本新的綜論性的中國近現代史。史景遷老師教這門課已經很多年，他的文筆更是好得沒話說。於是，在完成《胡若望的疑問》（*The Question of Hu*）一書後，史景遷老師就開始了《追尋現代中國》的寫作。

史景遷老師在「那不勒斯披薩店」裡寫作，他用筆寫。他的筆跡雖然不能說極度潦草，卻也只有熟悉的朋友能辨認。但他不用煩惱。在一九九五年耶魯歷史系的大祕書佛羅倫斯（Florence Thomas）女士退休以前，她總是能幫他整理出一份漂漂亮亮的打字稿——史景遷老師自己是不打字的。

史景遷老師的文筆好，在他出道後不久即已受到肯定。但他為什麼文筆好，其實還有「用筆來寫」這個小訣竅。槖著一枝筆，找一個讓思緒可以自由馳騁的空間，振筆直書，文思自然泉湧。

對詩人或散文作家言，要這麼做顯然並不困難，而且說不定還正是他們普遍採用的方式呢！可是這對歷史學家來說很難；對學院派的歷史學家而言，更幾乎是種夢想。

先別說人們越來越倚賴電腦吧。只說歷史學家的職業習性通常叫他們被資料左右著工作的空間。寫作過程中，隨時都有需要去找出出處，必須字字有來歷、言說有依據。他們需要經常查資料。於是他們的書房才是最佳寫作地點。然而在書房裡，寫作的思路卻也就經常被查閱資料的便利所打斷。

史景遷老師幸免於此。然而這不表示他不科學、不尊重史實。他博采周咨、反覆詳讀相關的著作，其實早將素材融會於心中；而片片段段的念頭也早在腦海中蕩漾。於是，在「那不勒斯披薩店」角落的一張黝黑的小桌子上，他把他獨到的見解，按照既定的構思，讓文字在稿紙上沙沙作響。「用筆來寫」，完成一個一氣呵成的草稿。接下來的工作才是查證必要的細節，於是工作現場當然就轉移到「十字校園圖書館」了。經過幾回修改，初稿漸次成形。他的博士班學生自然成了第一批讀者，然後就成了我們的試教教材。

試教是為了了解讀者的反應——史景遷老師是一位十分在乎讀者的作家。因為在乎讀者，因此在動筆時始終把讀者放在心上，特別是那些對中國歷史有些好奇、卻又所知無多的人。為了幫助這些人理解、或者加深他們的印象，他在敘事之餘，往往會來段對比。好比說，在提到中國歷史上由於政治權力高漲，因此宗教勢力相對受到壓抑，而城市也沒有獨立發展的機會，這時候他是拿歐洲來對照著說的。美國或其他英語系的讀者，多少會有點歐洲史的底子，這樣的對照也真能幫助了解。又如，在提到滿清入關與後續征服過程中，滿洲軍隊的運動路線時，他也巧妙地藉由說明這樣的行進途徑與一九四九年共產黨統一中國時的模式如出一轍，從而加深讀者的印象。

於是，親愛的中文本讀者！你們不難明白：史景遷老師的令名部分得自於他使用英文寫作在文字與風格上的成功——英語世界的讀者是他寫作時心目中預期的訴求對象。那麼，你們一定要問：把史景遷的作品譯成中文，還能保存多少文字的精髓與風格的特色？是的，是會有相當大的影響！所以，任何喜歡史景遷的人，最好讀一讀原著。

然而，拋開文字與風格不論，有中譯本可以批覽，仍然是件極幸福的事情。讀者當然因此省掉一些力氣，而且本書的優點本來也不只是寫作上的優美而已。

史景遷老師讀書甚多，而且「很會讀書」——真正能夠抓住作者的重點。這從他經常為《紐約時報》、《泰晤士報》等書評專欄寫作就看得出來。正因為這等能力，他也嫻熟地掌握住西方人研究中國文史的脈動。而在《追尋現代中國》這本綜論的大著裡，他總在最適當的地方採用或批判一九八九年以前已經出現的形形色色的議題與觀點。詳讀此書，一方面可以分享史景遷老師多年的心得，一方面也可以迅速掌握西方「近現代中國研究」的學術史。

溫洽溢先生為這本書的中譯工作花了很大的工夫，譯筆也流利通暢。外國書譯成中文時，把意思正確地說到，本來就很夠了。可是學術書，尤其是有關中國歷史的書，讀者總期待譯者能找出原來的用字。溫先生已經盡了很大的努力，雖然還有不少地方沒有完全達到這個嚴格的要求。幸好這種「還原」文字的問題，並不十分干擾閱讀。

近年來史景遷老師的書在臺灣與大陸地區似乎很受歡迎，中譯本已經出現了很多種。這本《追尋現代中國》可能是涵蓋面最廣、篇幅也最大的一本。作為學生輩的我當然覺得它的出版是件可喜可賀的事，更希望中文世界的讀者也能從閱讀的享受中獲益良多。

二〇〇一年一月二日，寫於荷蘭萊頓大學

第三版謝辭

自從二版《追尋現代中國》於一九九九年問世以來，許多讀者便持續提出仔細的評論，無論是對一、二版做出評價，抑或為三版提供建議，都令我受惠良多。儘管對於種種評論我並非照單全收，但在此要特別感謝英屬哥倫比亞大學的齊慕實（Tim Cheek）、伊利諾大學的克拉克·康寧漢（Clark E. Cunningham）、哈佛大學的沈艾娣（Henrietta Harrison）、鮑登學院的詹姆斯·霍吉（James Hodge, Bowdoin College）、密西根州立大學的艾敏妲·史密斯（Aminda Smith）、鮑登學院的趙凱倫*，還有向宰**、葉厄尼***與其他多位表示不願具名的人士。多年來我的許多學生在教書時以《追尋現代中國》為教材，或是前往中國時把書帶去用，並且與我分享他們的心得，同樣令我有很多收穫。一如往昔，耶魯大學有許多出色的圖書館與豐富資源皆能供我使用，為此我特別致上謝忱。儘管我還是不太會使用網際網路，但內子安平時時給予誠懇指引，似乎有用不完的耐心，而梅欽與亞伍****雖然忙於自己的事業，但總能撥出時間來當我的後盾。諾頓出版社（W. W. Norton）的編輯史帝夫·佛曼（Steve Forman）跟前兩版的表現一樣有條不紊，他總是有使命必達的本領。

史景遷於西哈芬（West Haven）
二〇一二年七月二十四日

* 譯注：Karen Teoh，音譯。

** 譯注：Xiang Zhai，音譯。

*** 譯注：Ernie Yeh，音譯。

**** 譯注：Mei Chin and Yar Woo，音譯。金安平的一對兒女，史景遷的繼女、繼子。

第一部

征服與鞏固

十六世紀末，明朝似乎正是國力鼎盛之時，其文化與藝術成就璀璨奪目，城市與商業生活繁榮富庶，中國人在繪畫方面的技巧與絲綢、瓷器的製造能力，令當時歐洲人望塵莫及。雖然十六世紀末習於視為「現代歐洲」崛起之時，但我們卻不太能說現代中國發軔於此。正當西方世界競相縱橫七海、拓展世界的知識視野之時，此刻的明朝統治者不僅嚴令禁止海外探險，阻絕了可能因此獲得的知識，還採取一連串自毀長城的行政措施，不到五十年，明朝即遭人民以暴力推翻。

晚明國家與經濟結構組織的渙散，開始在不同層面浮現各種問題。賦稅收入銳減，朝廷無法如期發出軍餉。士兵的逸逃鼓勵虎視眈眈的北方部族進犯。歐洲白銀的流入對中國造成超乎預料的經濟壓力。官倉管理不善，天災四起，導致農村人口普遍營養不良，疫癘叢生。盜賊蜂起，匯而為寇，他們之所以嘯聚山林，無非只為了苟活於亂世。到了一六四四年，所有這些不利因素紛紛匯聚成流，肇致明思宗自縊身亡。

在動盪之中重建社會秩序者，既不是揭竿而起的農民，亦非已經對明朝離心離德的士紳官吏，而是突破北方邊防，自稱「滿人」的女真部落。滿人早在伺機入侵中國之前，就已成功地將軍事與行政單位融為一體，整合成一種層級節制的緊密組織，滿人的勝利得力於此。隨著此一制度的建立，以及大批漢人歸順或遭捕獲，其後成為漢軍八旗士兵，或甘願充當匠人、農夫，滿人遂於一六四四年乘機進犯中原。

成千上萬軍隊的轉戰運動，帶領著滿人入主中原，讓我們見識到中國江山的嬌嬈遼闊。四處叛亂的中國農民，以及明朝的殘餘勢力，各自據地以抵抗滿人的掃掠。滿人自北南下、由東向西的征服模式，主要是依循中國山川的地理形貌，同時將各區域的政治與經濟地緣中心融入新的國家結構之中。（滿人進軍中國的時機和方向，與二十世紀歷經長期分裂之後，共產黨於一九四九年統一中國的模式如出一轍。）

意欲征服像中國這般幅員遼闊的國家，滿人勢必要把成千上萬的漢人支持者納入其官僚體系，倚賴漢人的管理人才，使其聽從滿人的號令來統理國家。少數明室的後裔猶作困獸之鬥時，大部分的漢人已能夠接納新的統治者，因為滿人大致承諾維護中國傳統信念與社會結構。清軍的入關就算掀起社會的沸騰動盪，也是為期甚短。隨後滿人所建立的大清王朝屹立不搖，統治中國迄至一九一二年。

不管對滿清，或者歷代各朝的後繼者而言，統一中國需要各種相應之軍事戰略，以及政治、經濟手段。清朝皇圖霸業奠於康熙皇帝之手。康熙一朝從一六六一至一七二二年，在位期間依序完成了中國南、東、北、西北疆域的防禦工事，同時進一步強化入關前滿人所施行的統治機制。康熙特別著力維護科考制度，憑仗著可靠又祕密的驛遞訊息，舒暢朝廷的耳目管道。同時又以朝廷主持的文化活動廣納知識分子，讓他們不致心懷貳志。康熙皇帝還設法化解了潛藏在官僚體系，甚至廣大社會中的滿、漢族緊張。不過，康熙在經濟方面的建樹就略顯遜色。康熙一朝雖然商業與盛農業豐饒，但國家稅賦措施失當，且此一弊端就此與滿清王朝相伴相隨。

康熙之子敏於修補康熙遺留的積弊，特別致力於改革稅制、組織文化生活、消弭社會的不平等，以及強化中央官僚體系。然而中國總人口數在十八世紀後半葉急遽膨脹，土地分配壓力隨之而來，造成嚴重的社會混亂，廟堂風尚開始隳壞墮落。官吏顢頇昏瞶、貪汙腐化成風，以致朝廷的應變能力遭削弱，無法面對種種內政問題，往往選擇逃避。在對外政策方面亦然，遠渡重洋抵達中國沿海口岸的西方商人，不斷抵制清廷加諸在他們身上的種種束縛，清廷的涉外機構面臨新挑戰，但清廷在這方面也是遲鈍無方。皆因無能另尋良方以適應新局，為日後十九世紀的一連串浩劫埋下禍因。在十八世紀，曾經一度迷戀中國文明的西方作家及政治哲學家，開始細察中國的積弱，認為中國人若無法適存，有朝一日，中國必定覆亡。

第一章

晚明

明朝的光輝

西元一六〇〇年，中國是當時世界上幅員最遼闊、各方面發展最為成熟的統一政權。其疆域之廣，世界各國均難望其項背。當時俄國才統一，印度則分別由蒙古人及印度人統治，墨西哥及祕魯等古文明帝國則毀於疫疾肆虐與西班牙征服者。此時中國人口已逾一億兩千萬，遠超過歐洲諸國人口的總和。

從京都到布拉格（Prague），或從德里（Delhi）到巴黎，都不乏建築布局華麗、典章制度齊備者，不過這些城市無一能與北京的宮殿相媲美；紫禁城環以高垣厚牆，琉璃屋瓦、金碧輝煌，雄偉庭院敷以大理石，象徵了皇帝至高無上的權力。每一宮殿建築皆有碩大的階梯與巨型拱門，櫛比鱗次、井然有序，向南一列排開，宛如天子召見朝貢者一般。

歐洲各國、印度、日本、俄國以及鄂圖曼帝國的統治者，此刻無不致力於建構有系統的官僚組織，俾以擴張稅基，有效統治領土居民，將勢力延伸到農業和貿易資源。然而當時中國的龐大官僚體系已經穩如泰山，有千年的傳統得以維持和諧運行，由為數龐大的法規律例統整接合在一起，而且在理論上這些法規律例都能適切解決百姓的日常生活問題。

此套官僚體制有一部分位於北京城內，隸屬於皇帝之下，依國家事務性質被區分為「六部」：分掌財政、人事、禮儀祭祀、刑名律法、軍機要務，以及公共工程。在北京城內還有一批遍覽群經的博學碩儒，襄贊皇帝奉行儀典，撰寫官方歷史，教育皇族子嗣。與這些朝臣在深宮大院內共事，關係密切但彼此猜忌的，是服侍皇帝的成千上萬內廷人員，包括宮女與監督她們的閹官、皇子與照顧他們的嬤嬤、內廷侍衛、用膳宮殿與御膳房人員（包括馬夫、清潔工與挑水工等）。

官僚體制的另一部分則將明朝地方行政組織畫分為十五個行省（即南、北直隸與十三個承宣布政使司）。大小官職各有所司，井然節制，其最上層為「省」的三司，下設有「府」的知府及「縣」的知縣。並在各地設有軍站、急遞舖、遞運所，以及定期向農民徵稅的糧長。在京城之中與各省，各有一批職司監察的官吏，負責督察官員的品行。

中國大部分城鎮建築不似文藝復興時期之後的歐洲以壯觀的大石堆砌。除了少數名剎寶塔之外，中國也沒有宏偉的基督教教堂或是伊斯蘭教清真寺高聳入雲的尖塔。然而這種低伏的建築形貌並不意味著財力或宗教信仰的闕如。在中國各地都有香火鼎盛的佛寺，與體察天地生生不息之力的道觀，還有祭祀祖先的祠堂，以及孔廟，其所奉祀的孔子在世時間介於西元前五、六世紀之間，是中國倫理體系的奠基者。伊斯蘭教清真寺分布在華東地區以及西部回疆一帶，這些地方是中國回民聚落的區域。中國各地還有若干猶太教會堂，猶太人的後裔在此聚會做禮拜。由基督教衍生的「聶斯托理教派」（Nestorian*）抵達中土已歷千年，此時還有少數信徒。中國的城市建築與宗教中心不以巍峨為務，並不代表中國人沒有民族尊榮感或對宗教抱持冷漠態度，而是由於政治因素。中國中央集權的程度甚於其他各國，宗教也受到皇權的有效節制，朝廷無法容許國有二主，也就不可能出現自主獨立的城市。

明朝自西元一三六八年起一統天下，於今觀之，明朝的太平盛世到了十七世紀初就已結束；不過當時的文化生活依然斐然耀眼，舉世難有與之相匹者。假若我們臚列十六世紀末歐洲的非凡之士，我們也可以輕易在同時的中國找到足堪比擬的俊彥翹楚。論題材的豐富，中國沒有一位作家能與莎士比亞（Shakespeare）相比；但是在一五九〇年代，湯顯祖正在寫作雋永慧黠的青年愛情故事，以及刻畫家庭親情、社會衝突的戲曲，其內容之細膩，情節布局之複雜，足以與《仲夏夜之夢》（*A Midsummer Night's Dream*）或《羅密歐與茱麗葉》（*Romeo and Juliet*）相媲美。當時塞萬提斯（Miguel de Cervantes）的《唐・吉訶德》（*Don Quixote*）已是西方文化裡的經典，中國雖然沒有出現可與之相提並論的作品，不過在一五九〇年代卻出現一部以宗教探尋、神怪冒險為素材的小說《西遊記》，深受中國人喜愛。孫悟空是一隻通靈的

* 譯注：即所謂「景教」。

潑猴，幫助唐三藏遠赴天竺求取佛經，時至今日，《西遊記》仍是民間文化的泉源。在此毋須做進一步的文化類比，同一時期中國孕育出眾多散文大家、哲人、吟詠自然的詩人、山水畫家、宗教理論家、史家、醫學家，他們創造出無數的傳世名作，其中有許多至今仍被視為中華文明的瑰寶。

在這些豐盛的文化遺產之中，或許要屬短篇故事、通俗小說最能彰顯明代社會的活力，因為這類故事小說往往指向市鎮地區新興的讀者群，象徵了讀寫能力的進一步提昇，轉而觀照日常生活細節。在一個由男性宰制的社會裡，這些故事小說也說明識字的女性越來越多。晚明學者的著述闡釋了女性讀寫能力增進所象徵的意蘊，這些學者認為教化女性能提振道德倫常，提升教子之方、持家之道，進而淨化社會善良風氣。

另一部經典小說《金瓶梅》便刻畫了這些議題。這部小說以化名的方式於十七世紀初刊刻印行。這部小說敘事細膩，性欲描述露骨，作者藉由對故事主角與五房妻妾之間互動關係的臨摹，提點出主人翁的性格特質（主角的財產一部分得自經商，另外則得自與官府勾結），而他這五位妻妾迥異的個性各自代表不同的人性面向。《金瓶梅》可以當成寓言體的小說來解讀，也可以是警世教化，闡釋人性的貪婪自私是如何摧毀握有幸福良機的人；《金瓶梅》也充滿了許多寫實元素，深刻反映出富貴人家內部的勾心鬥角與殘酷不仁，此一成就是先前很少作品能辦到的。[1]

透過小說、繪畫、戲劇，還有反映出宮廷生活梗概與官僚體系運作方式的各朝皇帝實錄看來，我們會發現晚明的富庶世家生活有多光彩華麗及繁榮興盛。有錢人家住在熱鬧的商業城鎮，而非鄉下，豪門以宗教為基礎，以男性成員形成盤根錯節的氏族或血緣組織。這些血緣組織坐擁龐大土地，所聚累的財富足以興學，在困頓的時候賑濟鄉民，以及修葺祠堂來祭祖。豪宅大院外有高牆環繞，內則陳設藝術名匠的珍奇古玩，這些藝術名匠有時受僱於國家，不過通常是群聚在由行會控制的工坊。鑲刺絹絲的綢緞可為女性增添秀色，因此令富家女眷趨之若鶩；幽雅的青瓷和白瓷則是因為能讓甚受時人歡迎的晚宴增添光彩，所以備受富人青睞。亮可鑑人的漆器、玉飾、細緻的窗櫺、精巧的象牙雕刻、景泰藍，以及熠熠生輝的紫檀木家具，令這些富豪巨賈的宅邸滿室光華。鬼斧神工的木製或石製筆架，華麗的紙絹，連墨硯都有功夫細膩的雕琢，可磨出質佳色黑的墨汁。文人不必振筆揮毫，就已造就了一個繁複的美感世界。

除了奢華的室內陳設之外，富貴人家的飲食也十分美味可口：辣蝦豆腐、脆皮烤鴨、荸薺、蜜餞、純淨的茶、醇酒、鮮果、果乾與果汁。杯盤之間，談文論藝，吟詩作對，議論天地鬼神。酒足飯飽之後，在這種家庭聚會之中就有可能產生繪畫逸品；賓客之中的騷人墨客，在酒過三巡、酒酣耳熱之際當眾揮毫，捕捉大師作品中的精髓，創造出新的藝術之作。

社會與經濟品第中的上層是飽讀詩書的社會階層，因熟讀中國兩千多年前至孔子前的書籍而有一致的知識水準。學者爭論教育對女性的裨益之際，富家子弟約在六歲已接受嚴格的教育，誦念古文。每天到學塾讀書，或延請塾師到家授課，背誦、解譯、鑽研古文，到了三十歲左右或許能考上科舉考試。各級地方科考的難度逐漸加強，到了京城的殿試據說甚至由皇帝親自主持。一旦考取功名，就能躋身士宦，坐享富貴榮祿。女性不准參加科舉考試；不過出身書香門第的女子往往能隨父母或兄長學習吟詩作樂，而青樓歌妓則皆通文墨，能解音律，對於讀過書的狎客而言，歌妓的詩藝唱工更增風情魅力。上流階層的女子會在家中聘請女性私塾，或跟遠方的女性友人魚雁往來交換詩詞。中國在宋代即已發展出刻版印刷的技術，私人藏書蔚為風尚，哲學、歷史、詩集、道德訓誡俯拾即是，不足為奇。

縱使部分衛道人士不齒逸樂取向的著作，但趣味盎然的通俗作品在十六世紀末的中國民間依舊十分盛行，形成一種豐富精緻又紛紜雜沓的文化現象。迥異於市井的喧譁雜沓，城鎮居民能在作品中玩賞靜謐恬淡的自然，並在詮釋人世間的藝術作品中尋到一種秩序感。這種恬然自得的情愫，在戲曲作家湯顯祖於一五九八年的作品《牡丹亭》中表達得淋漓盡致。湯顯祖藉著劇中太守杜寶之口說出他心中的話。杜寶因地方政務順利推展而心喜：

山色好，
訟庭稀，
朝看飛鳥暮飛回，
印床花落簾垂地。

一旦卸下纏身的政務，忘卻案牘之勞形，自然世界純粹就是令人心曠神怡的感知對象，而這種平和有序之感反過來又激起一種呼應天地萬物的美感：

紅杏深花，
菖蒲淺芽，
春時漸暖年華，
竹籬茅舍酒旗兒叉，
雨過炊煙一縷斜。[2]

如此良辰好景，對許多人而言，也的確是一個光輝時代。只要國家的邊防平靖，政務能順利推動，只要農民辛勤耕耘，百工各盡其分，或許明朝的太平盛世便可萬代不絕。

城鎮與農村

明朝的集鎮與城市，洋溢著喧囂興旺的氣息，尤以人口稠密的東部為然。有些城鎮是繁忙的行政中心，地方官吏在衙署中推動政務，徵集稅收。有些則是純粹的商業中心，透過門庭若市的貿易與地方市場活動，更可勾勒出市井小民的日常生活樣態。大部分的城鎮外有城牆環抱，入夜即關上城門並實行規則繁多的宵禁。

中國的城鎮一如其他地區的城鎮，可依據其功能角色與專業分化加以鑑別。例如，地方性的「集鎮」（market town）是棺材師傅、鐵匠、裁縫師、製麵師傅聚集的地方。在小店鋪裡，販售一些較為特別的商品，像是工具、酒、首飾，以及香燭、紙錢等宗教祭祀器品。這類集鎮都有酒樓供往來旅客憩息；大型的集鎮有來自各地的貿易商、買主川流不息，並設有染布坊、鞋店、打鐵舖，以及銷售竹器、上等布匹、茶葉的商店。客旅他鄉者可在集鎮裡找到澡堂與歇腳的客棧，召妓狎玩。在集鎮之上的行政層級是協調統合數個集鎮貿易的城鎮。在城鎮的店舖裡，人們可以買到價格不菲的文房四寶、皮革製品、裝飾用的燈籠、神壇供桌上的雕刻、麵粉，也找得到洋鐵匠、刻印師傅、兜售漆器的商人。城鎮裡有當舖與「票號」（銀行）幫旅客處理匯兌業務，旅客也可以在城市裡租借轎子，到舒適且陳設華麗的青樓狎妓。[3] 隨著城市的逐漸擴展，顧客越來越富裕，城市裡也出現更獨特的奢華商品與服務，財富在不知不覺間，或引人矚目的狀況下，演變成墮落、勢利、及剝削。

明代的大城、小鎮裡有各種各樣的商品、服務、建築，分工精細程度不同，政府官僚人數也各異，因此難以簡單分類。同樣的，農村的情況顯然也是五花八門。在中國，城鎮與鄉村間的分界十分模糊，密集農耕的郊區可能就在城牆之外，有時甚至在城牆之內。而工匠有可能在農忙季節參與農耕，在糧食歉收時，農夫也會到集鎮裡打零工。

淮河將中國分為黃河流域與長江流域兩大區塊。淮河以南的鄉村氣候宜人，土壤肥沃，可耕作集約性的稻米，是最富庶的地區。此處河流、水道交錯，灌溉溝渠縱橫，滋養著蔥郁菜園和秧苗遍布的水田，水也匯入盛產魚鴨的眾多湖泊和池塘。季節性的洪澇提供水田所需的養分。在江南，農民植桑養蠶，遍植茶樹，經營農副業，使得當地的農村輪廓更形多樣化。遠在華南地區，除了糧食作物之外，還有蔗糖與柑橘；西南山區竹林與價值不菲的硬木木材，可為農民帶來豐厚的額外收入。華南的水路運輸便宜且迅速便捷。當地緊密的宗族組織更使農村社群團結一致。淮河以北儘管也有為數不少的富庶村莊，不過大體而言，這一地區的生活較為艱苦。嚴冬尤其凜冽，刺骨寒風由蒙古南吹，侵蝕了地貌，造成河流淤積，而且對於那些無法在屋內養尊處優的人來講，風沙很容易吹進他們的眼鼻裡。淮河以北以小麥和粟為主食，大都長於過度耕種的土壤，為了避免土壤流失，零星分布的農村就必須妥善回收人畜排泄物來涵養土壤。淮河以北所種植的蘋果、梨子果肉甜美多汁，大豆、棉花質地絕佳；不過到了十六世紀末，大部分土地已是林木不生，蜿蜒流經平原的黃河河道因夾帶大量泥沙而淤積。此處的農村地帶不似南方那樣有許多堤防、阡陌、溝渠可資屏障，因此盜匪往往不受阻礙，能輕易縱橫於農村地帶，強梁以馬匹為先導，或護衛側翼，以避免遭到集鎮民團武力的反擊或偷襲。淮河以北的宗族組織勢力較南方薄弱，村莊通常位處孤懸，社會生活的網絡也較為零落。堅忍的自耕農，僅能勉強維持生計，這一類自耕農的人數多於那些生活富足的地主或佃農。

中國農村的形態非常多樣化，這意味著我們很難明確區隔「地主」與「農民」的社會位階。例如，富裕的地主可能離鄉而棲居大市鎮裡，而住在耕地農村裡的小地主或許仰賴田租過活，或僱用臨時工來耕種。另外，也有千千萬萬擁有小面積田地的自耕農，其土地生產所得勉強可糊口，有時也會在農忙時僱請臨時工來助耕。耕地生產不足以糊口的農民，可能另外再去承租農地來耕種，或者在農忙時節充當臨時工以貼補家用。大部分的農家或多或少都會從事手工業，而這往往將農村家庭與商業網絡串聯在一起。

社會結構復因民間社會種種土地買賣和租佃契約而益形複雜。國家對每一筆土地交易進行課稅，繳稅之後官府就在官式契約蓋上紅色官印。可想而知，許多農民為了逃避官府課稅，大都採取非官式的契約。再者，土地買賣的定義也是模棱兩可。在大部分的土地交易中，買賣雙方大致同意賣方將來可以初始的賣價向買家贖回土地，即使買方已經在這塊土地上耕種一段時期，賣方仍然享有所謂的「田底權」。倘若土地漲價，或無法耕種，或被洪水淹沒，或是在地上建了房舍，所引起的法律與金錢糾紛，往往會導致不同家族之間反目成仇，甚至鬧出人命。

幾世紀以來，地無分南北，中國的農民展現了刻苦耐勞的特質，即使遭逢天災也能絕處逢生。在旱澇肆虐之時，也往往透過各類互助、借貸、糧食賑濟等形式，幫助他們和家人度過難關。從事門房、灌溉工人、縴夫這類零工，或許得保溫飽。幼童在簽下短期或長期的賣身契之後，到有錢人家擔任僕役。女孩子則可能被賣到城裡，縱使最後淪落煙花柳巷，操持賤業，至少一息尚存，她們的家庭也可以省下一口飯。不過，倘若在天災之外，法律機制、秩序結構開始崩解，這時黎民百姓就真是呼天不應、呼地不靈了。假如市鎮緊閉城門，而且又有絕望的百姓落草為寇，在農村地區四處流竄、打家劫舍，強占農民預備過冬的穀倉，或者搶奪農民準備來春播種的秧苗，這時候陷入困境的農民已別無選擇，唯有放棄他們租來或自有的土地，加入飄忽不定、居無定所的流寇行列。

十七世紀初，雖然上流精英一派繁榮景象，但是危兆已浮現。城鎮居民得不到官府賑濟，就算深鎖城門阻絕鄉間飢民湧入，禍患仍會起於城鎮的高牆之內。捐苛稅雜，民不聊生，前途茫茫。一六〇一年，蘇州的絲織工人群情激憤，火燒民宅，並對素招民怨的苛吏施以私刑。同年，江西景德鎮的窯工因為薪資微薄，加上朝廷下詔提高御用瓷器的產量而作亂。一名窯工跳入磚窯的熊熊火焰中自盡，而這正足以反映出窯工們的絕望困境。其他二十個城市、集鎮亦可發現類似的社會經濟動亂。

城鎮紛擾不安，農村也是多事之秋。跟之前各時期一樣，明末各地頻傳的農村動亂事件都有階級鬥爭的因素存在。這些經常釀成流血暴力的抗爭事件，大抵可以歸類為兩種因素：契約工或「賣身為奴者」抗議主子不讓他們恢復農民的自由身；另外則是佃農拒絕向地主繳納不合理的地租。

縱使民間動亂並非常態，但也足以警惕富人了。《牡丹亭》中，湯顯祖在述及官宦生活的悅愉時，也揶揄了農村的莊稼漢，以鄙俗歌謠唱出鄉下人心不甘情不願工作的情景：

泥滑喇，

腳支沙，
短耙長犁滑律的拏。
夜雨撒菰麻，
天晴出糞渣，
香風𩝐鮓。4

這首歌乍聽之下令人忍不住發噱。但是聽曲的人可能還沒想過，勞動者若是狗急跳牆反其主會招致什麼後果。

墮落與苦境

在晚明文化與經濟生活的金玉外表下，卻隱含社會結構的內在弊端。其中部分禍端起於廟堂之上。明神宗萬曆皇帝長期在位（自一五七二至一六二〇年）。神宗即位之初尚能勤懇治國，朝中又有一群賢能大臣輔佐。但自一五八〇年代以後，神宗深居紫禁城內。神宗為了立儲一事而與朝中大臣爭論不休，又因朝廷過度保護而無法巡幸四方，也無法親校大軍，令神宗深感受挫，對於老臣在廟堂之上不休的口舌之辯也漸漸不耐。最後他不上朝，也不再研習儒家經史，不批奏章，甚至連朝中要員出缺也不增補。

神宗不聞朝政，以至於負責宮中日常庶務的閹官得以竊取大權。中國內廷啟用宦官的歷史超過兩千年，但是明代任用宦官之多，卻是歷朝僅見，至萬曆時，北京的太監人數已逾萬名。因為皇帝足不出紫禁城，所以閹官就成為官場與皇宮內院的重要聯繫管道。朝中大臣若有政事要奏，就得說服太監代為傳遞訊息；太監自然會向大臣索求回報，有意攀龍附鳳的大臣甚至必須百般阿諛奉承，賄賂較具權勢的閹官。

到了一五九〇年代，許多宦官身兼朝廷要務，於是開始在政治上擔負重任。宦官的權勢隨著神宗派遣他們分赴各省收稅而漸次高漲。宦官的行事專橫乖張，經常恐嚇勒索地方的豪門巨富，並指揮精銳廠衛貫徹其意志，搜捕刑拷或殺害政敵。宦官之中又以魏忠賢最為權傾一時。起初，魏因負責照料神宗皇子妻妾的飲食而受寵信，到了一六二〇年代，神宗長孫即位時，魏忠賢已是獨攬大權，主宰朝政。魏忠賢大權在握時，還曾命人修史*，詆毀他的政敵，甚至還下令全國各地建祠歌頌他的功績。

儘管批評皇帝、針砭權臣的行徑十分危險，但還是有不少忠臣碩儒對朝綱的隳墮感到憂心。學者開始從理論方面來探索朝政敗壞的根由：許多學者認為，朝綱不振源自道德淪喪、教育制度的缺陷，以及咨意妄為的個人主義。對於許多提出批評的學者而言，王陽明是這一切的始作俑者，因為他在學說中揭示，倫理認知的關鍵深植在道德本性之中，因此人只要通

* 譯注：即《三朝要典》。

過「良知」即能獲致理解存在意義的力量。誠如王陽明在與友人信中所言：

> 夫良知即是道。良知之在人心，不但聖賢，雖常人亦無不如此。若無有物欲牽蔽，但循著良知發用流行將去，即無不是道。[5]

王陽明也說：「謂之知學，只是知得專在學循良知。」主張知行合一，而其門徒在傳授與踐履先生的思想時，陽明學說往往會導引出異於常人的行徑，拒斥常規的教育形式，追求新的平等主義。

為了抗拒陽明學說這股潮流，有些弘揚儒家道德思想的學者在十六世紀末著手組織以哲學思辯見長的書院。在書院裡，他們一方面準備科舉考試，研習倫常；而他們的激辯必然會從倫理的範疇旁及政治，而又興起政治改革之念。「東林書院」於一六〇四年成立，活躍於江蘇無錫，到了一六一一年，已是一股重要政治力量。一六二〇年，神宗駕崩，東林黨人受到神宗兒子、孫子重用，人人以實踐儒家的道德教化為務，主張強化邊防，整飭經濟。不過東林黨人執著道德訓誡，卻也令新皇帝厭煩。東林黨人的領袖彈劾魏忠賢，魏忠賢當朝命人廷杖重臣致死，但皇帝並未制止魏忠賢。

魏忠賢受到皇帝默許，於一六二四至一六二七年間，與其朝中黨羽以凶殘手法翦除東林黨人，許多黨人因而喪命或被逼自盡。魏忠賢最後雖被放逐，並在一六二七年自盡，不過他的跋扈擅權已經嚴重挫傷朝廷威信，甚至鑄下無法挽回的禍害。一位東林黨人的領袖聽聞將受廠衛緝拿，自知在劫難逃，於是在給友人的訣別信裡寫道：「吾曾係朝廷重臣，重臣遭辱，與朝廷蒙羞無異。」[6]

士大夫與政治的沸沸揚揚，使對外關係與經濟沉痾更形惡化。中國在十六世紀曾面臨數次外在威脅，尤其是來自蒙古游牧民族的威脅，蒙古人把馬、羊群驅趕至北京北方與西北邊的草原放牧；東南沿海則有倭寇侵擾。明朝開國之初，曾以互市和外交手段安撫蒙古部落，現在蒙古勇士卻不時侵擾邊境，還曾俘虜皇帝；在另一次戰役中，蒙古鐵騎又幾乎兵臨北京城下。十六世紀末，朝廷勤修長城要塞，加強北境駐軍的防衛力量，不過朝廷似乎唯有定期「封貢」才能壓制蒙古人。東南沿海的城鎮飽受倭寇騷擾，賊寇勢力有時高達百股之多，其中包括日本人，也有中國的亡命之徒，甚至還夾雜從葡萄牙管轄的澳門所逃脫的黑奴。這群海寇恣意掠奪沿海，挾持百姓以勒索贖金。

沿海倭寇的勢力到一五七〇年代已被遏制，但日本的軍力卻日益壯盛，及至一五九〇年代，日本舉兵進犯朝鮮，戰況慘烈。由於朝鮮歷來即為明朝藩屬，且忠心耿耿而可靠，朝廷認為應不計後果保護朝鮮，於是派出大軍援助朝鮮。若非日本內部局勢生變，復以朝鮮水師有效切斷日軍的供輸線，逼使日本軍隊於一五九八年從朝鮮半島退兵。

澳門也是中國要面對的新問題。澳門位於廣州西南方的一個半島末端，一五五〇年代在中國的默許下，葡萄牙人占領了澳門。到了一六〇〇年代，朝廷下令嚴禁商人與敵對的日本

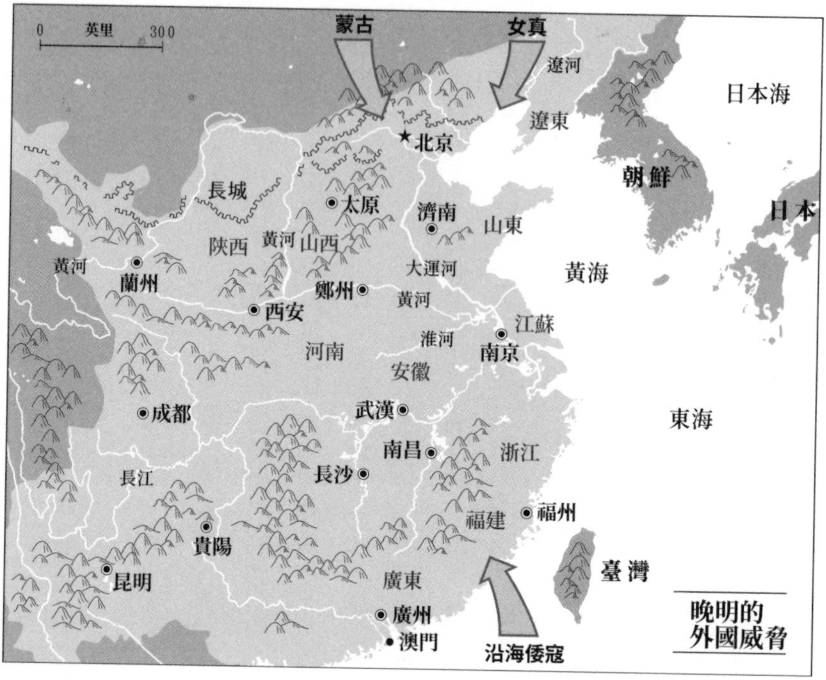

進行貿易，葡萄牙趁虛而為中、日兩國貿易的媒介。葡萄牙人收購中國的絲綢，將之裝船運往日本，交換日本開採的白銀。白銀的價值在中國要比日本高，於是葡萄牙人又將白銀運回中國，再購買更多的絲綢。十六世紀白銀造成全球經濟衝擊，葡萄牙人將白銀穩定地流入中國，僅為其中一環。

墨西哥與祕魯銀礦儲量極豐，是全球白銀流通網絡的主要來源，而墨西哥、祕魯的採礦權須得西班牙皇室頒發證照特許。西班牙人在菲律賓的馬尼拉（Manila）建立新據點之後，美洲的白銀在一五七〇年代始源源流入中國。由於美洲對中國絲織品的需求殷切，於是幾千名中國商人群聚馬尼拉，販售中國的布匹、絲綢，加速白銀流入中國。白銀的流通範圍擴大，商業活動也隨之迅速拓展，萬曆皇帝府庫中的白銀存量激增。然而，白銀大量流入中國，也帶來新的問題，包括通貨膨脹的壓力，在若干城市造成經濟成長不穩定，破壞了傳統的經濟模式。

一六二〇年，萬曆皇帝駕崩，不過在此之前，中國的經濟榮景就開始凋零。過去明朝昌盛的商業，曾經促成奢侈品在全國各地流通，以及經營匯兌業務的典當和票號行業的勃興，現在卻受到朝廷軍事挫敗的牽累。朝廷以農立國，無法有效對民間課徵稅收，極易受到各省玩忽法令的閹官及其黨羽的橫徵暴斂而蒙受傷害。朝廷治洪無方，賑濟無能，又加重了地方上的危機，反過來使得朝廷無法徵集足夠的稅賦。

萬曆皇帝晚年與幾位後繼者在位期間，農民的處境更是艱困。信奉「新教」的荷蘭、英國劫掠者打擊信奉「天主教」的西班牙、葡萄牙商賈，擴展了荷、英的貿易版圖，國際貿易模式因之丕變，導致流入中國的白銀大幅滑落，民間因而開始囤積白銀，銅銀的兌換比例陡然下降。一六三〇年代，一千枚銅錢約可兌換一盎司白銀，到了一六四〇年，一千枚銅錢僅能兌換到半盎司白銀，一六四三年，一千枚銅錢僅能換得三分之一盎司白銀。這對農民是一大噩耗，因為地方交易是以銅錢計價，但卻須以白銀向官府繳納稅賦。[7]

飢荒連年，尤以華北為烈，罕見的乾旱與低溫籠罩，致使農作物生長季節縮短兩個星期，糧食歉收更是嚴重。（十七世紀又被稱為「小冰河時期」〔little ice age〕，世界各國的農耕地帶在此時也都感受到氣候異常的效應。）天災頻仍，賦稅加重，再加上兵丁徵補與逃兵的惡性循環，慈善救濟機制的遲滯，水利灌溉設施年久失修，防洪計畫付之闕如，朝廷所承受的壓力以及接踵而至的緊張局勢可想而知。很快的我們就能明顯看出，無論是朝廷或京城、外省的官員，似乎既無能力，也無資源、意願去力挽狂瀾。

明朝的覆亡

十七世紀初期，朝廷已逐漸無法控管農村官僚體系的運作，於是連帶影響稅收。此時，朝廷為了抵禦崛起於滿洲的女真族領袖努爾哈赤，軍需驟增，於是對仍受控的人口稠密地區百姓加重課稅，又裁減西北驛遞的人員開支，因為對朝廷而言，西北的局勢不若遼東孔急。出身農民家庭的李自成正是被裁減的驛卒之一。

李自成早年曾在客棧做事，亦曾做過鐵匠學徒，具有當時陝西人漂泊、好勇鬥狠的性格。陝西是西北的貧窮省分，黃河蜿蜒的河道包覆整個陝西，往北穿越荒涼蕭瑟的山嶺農村地帶可抵長城。若以美國拿來類比，陝西與京城之距離差不多等同於芝加哥與華府的距離，不同之處在於陝西被群山環繞，出入不便，素來是一天然營壘，反賊必須聚積足夠軍力才能突破陝西的屏障，南下侵擾繁榮富庶、人口稠密的華東、華南地區。

一六三〇年，李自成在陝西西部從軍，再一次對朝廷感到失望。李自成與其他同袍無軍餉可領，於是揭竿叛變，不到數年便成為流民領袖，隨眾數以萬計，說明他謀略過人。

一六三四年，李自成在近陝南邊界被擄，叛軍被困於一處峽谷。李自成承諾率部退入陝北的不毛之地而獲釋，不過後來官軍處決三十六名投降的叛軍，雙方協議因而破裂。李自成殺害幾名地方胥吏以資報復，再度入山落草為寇。

一六三五年，部分勢力強大的叛軍領袖在華北畫分勢力範圍，並試圖協調攻擊北京的軍事行動。但對於一群烏合之眾而言，像這類軍事行動的協調並非易事。是年年底，就在叛軍掠奪京畿外的明皇陵*，監禁守皇陵的隨扈之後，反叛軍便告四分五裂。萬曆的孫子崇禎在位期間，他聽聞皇陵被叛軍燒毀，素服哀哭，遣官告廟，將數名將領下獄治罪，處決守護皇陵的閹官。另一方面，李自成與張獻忠之間的激烈齟齬，說明了反賊兵戎相見之速，分崩離析之易。占據皇陵之後，李自成旋即要求擁有在「陵監所」演奏禮樂的太監，而擄獲這些太監的張獻忠雖勉強從之，但卻將樂器搗毀。李自成後來亦處決了這群時運不濟的太監。

往後數年，李自成、張獻忠率眾游移於華北、華中一帶，飄忽不定，時而合作，但大多彼此敵對，兩者也都必須各自與官軍、其他叛匪廝殺，爭奪地盤與支持者。迄一六四〇年代初期，他們兩人各自建立據點：張獻忠與李自成一樣，在叛變之前便加入官軍，擁兵深入長江中游的天府之國四川，攻陷成都；李自成則在湖北（襄陽）建立根據地，但勢力兼及陝

* 譯注：指鳳陽。

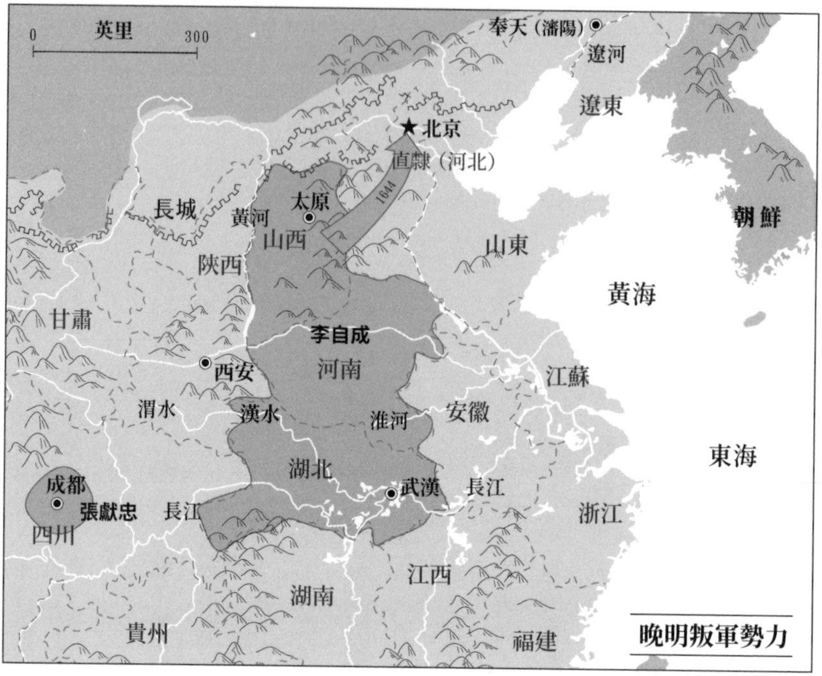

晚明叛軍勢力

西、河南兩省。

李自成、張獻忠等流寇對神州大地的蹂躪，復因疫病流行而加劇。根據時人的觀察，疫病流行蔓延致令農村居民死亡過半。一位學者描述一六四二年的浙江，疫病叢生，十室九空。嚴重者十至二十口之家無一不染病，最後甚或無人倖存。一開始，百姓還能將亡者入殮安葬，繼之只能棄屍於荒煙蔓草之間，到後來甚至任由屍體留於病榻上，無人聞問。有人記述河南一處城鎮時說道，街上杳無人跡，僅聞蒼蠅嗡嗡作響。[8]

疫病肆虐成災，神州哀鴻遍野，這使學者重新思索傳統的醫療方法；雖然當時並未找出新的診療技術，不過此時醫書開始提出新的傳染病理論。一位江南的醫師於一六四二年寫道，中國不僅受到異常天候侵襲，同時更因為「邪氣」的散播而改變了天、地的均衡。「氣」是充塞天地之間渾然天成的力量。這位醫師指陳，這類邪氣通常是出現在「兵燹之災與凶歲荒年的時代」。前所未見、無色無聲的邪氣咨意橫掃，無人能奈之何。「若人欲與之對抗，則百病過半。人或項頸腫脹，或顱顏浮腫。……人皆苦於下痢，時而發熱。或手足痙攣，或長滿膿皰，或發疹，或長疥癬，或起水泡。」[9] 從這段描述雖然無法判別疾病性質，不過可以肯定一六四〇年代中國受到疫病的侵襲。或許是女真族（當時稱為滿人）入關引入了病菌，而中原人士沒有抵抗力，因而傷亡慘重，一如歐洲人把痲疹或天花等疾病傳給墨西哥、北美的印第安原住民。

處於風雨飄搖的明朝並非只能坐以待斃。晚明仍有一批忠貞將領率軍鎮壓反叛的農民，有時還重挫叛軍，或令其撤退，暫時投降。此外還有若干半獨立的水師和將領，以山東或沿海島嶼為據點，屢敗據守遼東的清軍。各地的縉紳紛紛招募武勇，自組武裝力量抵抗叛匪的攻勢，保護身家性命，捍衛鄉梓。崇禎不無力圖重振朝綱之心；他裁抑猖獗的閹黨勢力，同時，崇禎亦不似祖父萬曆，他定期與朝臣議政。但崇禎皇帝的心力都放在滿人身上，因為努爾哈赤與其諸子正積極擴張版圖。一六二五年，清軍占領奉天（今瀋陽），一六三二年攻克大半內蒙古地區，一六三八年綏服朝鮮。明朝亦有不少能征善戰的武將，英勇擊退清軍，尤其是在一六二〇年代中葉，重創清軍並收復數座城池。但朝中官僚樹朋結黨，國家財政完罄匱乏，這是明朝無力回天的關鍵。

在明朝諸多將領之中，要屬袁崇煥的威名最為遠播，但袁崇煥的一生卻見證了明朝末年黨爭的禍害。袁崇煥原係南方一介文人，年輕時即任職北京。一六二二年，袁崇煥前往滿洲南部勘察形勢，自信能戍衛關外通往北京的戰略要道。身為兵部主事時，袁崇煥從熟識洋人的火伕處獲悉歐洲火砲的知識，憑仗著「紅夷火砲」固守遼河，逐退興兵來犯的努爾哈赤。一六二八年，袁崇煥被拔擢為薊遼督師，後因猜忌而處決了手下一員猛將。一六三〇年，當清軍進逼京師附近，袁崇煥被誣陷與滿人勾結，遂被羅織以謀反之罪而遭問訊。但無論是朝中政敵、遭他處死者的友人與反袁閹宦都聯合起來整肅袁崇煥，令其無從辯白。袁崇煥反而被施以最羞辱、最痛苦的極刑——在北京鬧市中被凌遲處死。日後學者推崇袁崇煥是中國有史以來最偉大的軍事將領之一。袁崇煥的雄才大略無人能及；袁死後雖仍有若干戍守邊關的將領效忠朝廷，但有更多的將帥帶著軍隊投附滿清。於是，構陷袁崇煥的指控在其他降將身上一一應驗。

最終，瓦解明朝江山的不是滿人，而是李自成。李自成率領數十萬大軍席捲華北，一路上的城鎮凡有抵抗者皆遭洗劫一空，遇歸順者則將守軍納入叛軍陣營，最後於一六四四年進犯京師。李自成發動一場高明的宣傳戰，細數朝廷的失德與殘暴，並向百姓許諾和平繁榮的新時代。一六四四年四月，北京城門大開，李自成的軍隊兵不血刃，進入北京城。根據記載，崇禎皇帝聽到叛軍入城的消息後，撞鐘召喚臣僚商議對策。但無人應聲，崇禎步行至紫禁城牆外的御花園。花園中有一座小山丘，昔日皇帝與嬪妃常在丘頂上展望京城景致。這時皇帝並未登上丘頂，而是立於樹下將繩子繫在樹上，然後在此自縊。明朝自一三六八年起即統治中國，期間容或有興有衰，而最後的統治者就這麼崩逝了。

注釋

1 《金瓶梅》（*Golden Lotus*，另一個譯名為*The Plum in the Golden Vase.*, Prince ton: Prince ton University Press, 1993–2011）中譯本已經出版四卷，譯者為芮效衛（David Tod Roy），仍有一卷尚未完成出版。*

2 湯顯祖著，白芝（Cyril Birch）譯，《牡丹亭》（*The Peony Pavilion*, Bloomington, Ind.: Indiana University Press, 1980），頁十四、三三一。

3 施堅雅（G. William Skinner）編，《晚期中華帝國的城市》（*The City in Late Imperial China.*, Stanford, Calif.: Stanford University Press, 1977），頁三五一。

4 湯顯祖，頁三四。

5 王陽明著，陳榮捷（Wing-tsit Chan）譯，《「傳習錄」與其他新儒家的著作》（*Instructions for Practical*

* 譯注：最後一卷已經於二〇一三年出版。

Living and Other Neo-Confucian Writings., New York: Columbia University Press, 1963），頁一四六。（略經修改）

6 傅路特（Luther Carrington Goodrich）與房兆楹（Fang Chao-ying）編，《明人傳記辭典》（*Dictionary of Ming Biography.*, New York: Columbia University Press, 1976），頁七〇八。

7 這是中國與正在浮現且可描繪的全球經濟首次相互撞擊的時期。相關參考資料可見，亞特威爾（William Atwell），〈一五三〇至一六五〇年前後的國際黃金流通與中國經濟〉（International Bullion Flows and the Chinese Economy circa 1530-1650），收錄在《過去與現在》（*Past and Present*），一九八二年五月，第九十五期，頁六八至九〇。亞特威爾，〈關於中國與日本「十七世紀危機」的若干觀察〉（Some Observations on the "Seventeenth-Century Crisis" in China and Japan），《亞洲研究學刊》（*Journal of Asian Studies*），一九八六年二月，第四十五卷第二期，頁二二三至二二四。魏斐德（Frederic Wakeman），〈中國與十七世紀危機〉（China and the Seventeenth-Century Crisis），《清史公報》（*Late Imperial China*），一九八六年六月，第七卷第一期，頁一九至三〇。

8 鄧斯坦（Helen Dunstan），〈晚明時期的傳染病：初步研究〉（The Late Ming Epidemics: A Preliminary Survey），見《清史問題》（*Ch'ing-shih wen-t'i*），一九七五年，第三卷第三期，頁一九至三〇。

9 前揭文，頁三九至四〇。傳統中醫的基本立場，可參考席文（Nathan Sivin），《當代中國的傳統醫學》（*Traditional Medicine in Contemporary China.*, Ann Ardor: University of Michigan Press, 1987）。

第二章

滿清的征服

清朝的崛起

明朝土崩瓦解之際，新興王朝崛起於東北。現今所謂的「滿人」，原是世居在今日黑龍江、吉林兩省的女真部落。遠在西元一一二二年至一一三四年間，女真即已征服中國北方，一統於「金」的國號之下。一二三四年，金人大敗於蒙古人，向北撤遷至松花江（Sungari River）流域，到了晚明，女真再度侵臨中國與朝鮮邊界。明朝採羈縻政策，透過承認女真領土是明朝邊防體系的一部分，冊封女真部落領主，給予互市貿易的特權，俾以控制女真部族。

這些女真人究竟是誰？他們如何組織女真族？他們是有血緣關係的宗親，或是具有共同信仰或政治目的？雖然後代許多中國學者都鑽研過這些問題，但至今仍是個謎。到了十六世紀末，女真部落各有不同的發展之道。有些女真人依然留在松花江流域，仰賴漁獵為生。部分女真人沿著與朝鮮交界的長白山區建立據點，發展出農耕與狩獵混合的經濟形態。其他的

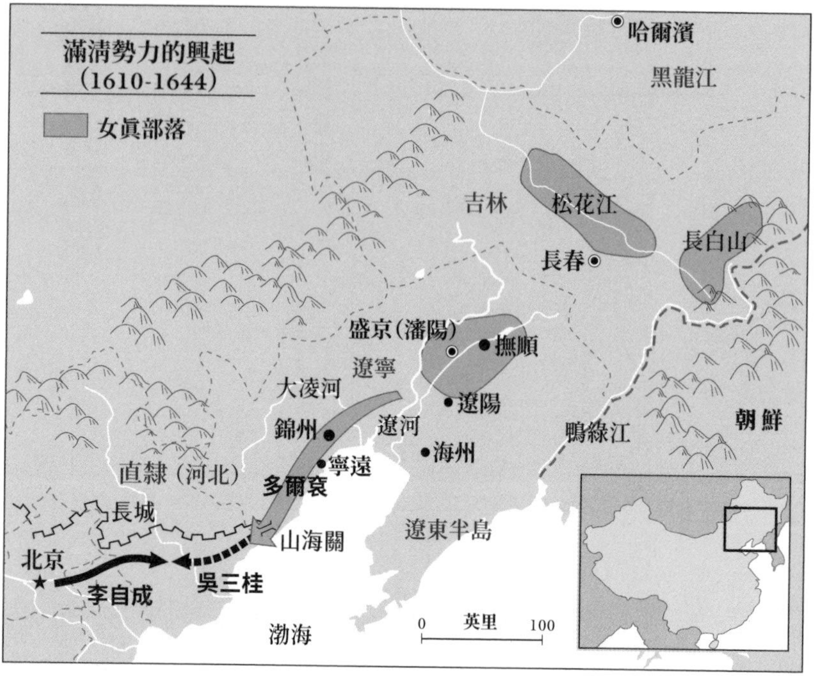

女真部族則遷徙至遼河以東肥沃、開闊的區域，這批女真人與漢人雜處，或開墾荒地，或買賣毛皮、馬匹、奢侈品。基本上後者這種女真人部落組織已經解體：即便他們聚集地如撫順、瀋陽，昔日是金國的心臟，也已漢化頗深。

奠定滿人滅明宏圖根基的努爾哈赤，於一五五九年出生在長白山區女真部落的貴族家庭。努爾哈赤青年時曾出使京城，向明朝的皇帝朝貢，互市貿易，明朝則授予努爾哈赤尊銜，以酬庸他提供援助，助明對抗入侵朝鮮的日人。不過約在一六一〇年，努爾哈赤因明朝打擊、羞辱其家族，意圖瓦解其經濟基礎，而與明朝反目成仇。

當時曾有朝鮮使節拜訪努爾哈赤的營地，發現女真族的武器跟圍欄十分簡陋。氣焰囂張的努爾哈赤身形魁武、髮型奇特，穿著奇裝異服，有些貼身隨從還配戴銀製大耳環，裡裡外外都散發著野蠻氣息。雖然最初努爾哈赤在使節眼中是如此粗俗，但之後他也證明了自己的實力。此後十年間，努爾哈赤或以武力征服，或憑藉結盟鄰近的女真和蒙古部落，而勢力日強。努爾哈赤將部隊與族人分為「八旗」，以顏色（正黃、正紅、正藍、正白、鑲黃、鑲紅、鑲藍、鑲白）為區別。在征戰時用以識別敵我，承平時則作為設籍的依據。努爾哈赤徵集大批工匠，製造武器盔甲。在固若金湯的城寨裡，努爾哈赤還命人研制女真文字。一六一六年，努爾哈赤自稱「汗」，建國號「後金」，藉著此一富有象徵意義的舉動彰顯女真歷史的光榮，並公然向明朝的權威挑戰。兩年後努爾哈赤針對遼東地區發動一連串猛攻，遭他擊潰的聯軍除了漢人部隊，還有已經擺脫部落生活，定居遼河以東的女真人。

明朝皇帝向來就把遼東地區視為王土，駐有重兵。但努爾哈赤請他聘僱的漢人顧問代擬信件，以恩威並濟的口吻誘導駐軍將領投降。譬如努爾哈赤在致撫順明將的信中，言道「若不戰而降，必不擾你所屬軍民，仍以原禮優之。汝若戰，則吾兵所發之矢，豈有目能識汝乎？」[1]努爾哈赤以改革的統治者之姿，提高漢人的生活條件，以削弱明朝在遼東地區的影響力，他還要遼西的漢人加入他所建立的新王國。「勿慮爾田宅將非我有，盡入主人之家」，努爾哈赤在另一封流入民間的書信中這樣說，「眾皆一汗之民，皆得平等居住、耕種。」[2]努爾哈赤還表示，他有生之年會以萬曆晚年的行止為鑑，法堯舜，行仁政。努爾哈赤言明，他不會讓「富人糧穀爛於倉中」，而要使「行乞者富足」。

努爾哈赤治軍嚴謹，且嘗試禁止部隊劫掠或傷害遼東百姓，公開嚴懲違紀作亂的士兵。對於投降的漢族文士，努爾哈赤讓他們到日益龐大的女真官僚體系中任職，至於歸順的漢族高官，努爾哈赤則令家族女子與之通婚，授予高官厚爵。一六二一年，努爾哈赤領軍攻陷瀋陽、遼陽，一六二五年，努爾哈赤定都瀋陽（昔日舊稱為「奉天」）。所有遼河以東以及部分遼西的地區，旋即落入努爾哈赤的手中。努爾哈赤下令，凡歸順者都須隨女真習俗，薙髮結辮，剛開始關外漢人移民甚少公然反抗，不過各地對於女真部隊的接受狀況往往不太一樣。例如，當海州守將以絲竹、鼓樂迎接女真人時，有部分海州住民孤注一擲，在水井裡投毒，意圖毒殺努爾哈赤的部隊。在努爾哈赤治下的漢人與部落組織解體後的女真人，兩者的命運不一：他們有些人得到應許的賞賜，有些人離鄉背井，為女真人做工。有些人則淪為奴隸或是依契勞動，其他則被納入新編之漢軍旗營內，又以具備火砲知識的漢人為然。此時女真的火砲營隊雖仍是粗具雛型，但日後將會成為女真大軍連戰皆捷的重要關鍵。

努爾哈赤早在一六二二年就有揮師越過山海關之心，山海關扼長城與渤海之交，自古為戰略天險。若非遼東漢人爆發反努爾哈赤的叛亂，或許努爾哈赤在一六二三年就已經統兵南下。這場騷亂的確切緣由不明，可能有數端。大批女真軍隊行抵遼東，對當地耕地的取得產生極大壓力。糧食與鹽的匱乏已經到了瀕臨動亂的地步，飢荒時有所聞。滿人採取糧食配給，治下的漢人必須提供無償勞役，每三人為一組，在特別畫分的三十幾畝田裡耕種。在遼東，女真人遷入漢戶共居，一則便於控制，一則是因為住房不夠，結果漢人焚燒房舍，再次於水井中投毒，殺害女真婦孺，藏匿糧食，逃入山中。有些漢人殺死邊界的哨卒，意圖南逃，若是被捕，則遭女真人殺害。

不過明朝並未把握衝突的良機，而努爾哈赤亦迅速敉平騷動。爾後，女真人被警示必須「日夜守護，勿與村中漢人雜處。」[3]而另行安頓，甚至不准進入漢人群聚的街上，或至漢人家中作客。女真人受命隨身攜帶武器，而漢人攜械則屬違法。對於作奸犯科者，努爾哈赤對女真人法外開恩，對漢人則毫不寬宥，漢人若有偷竊行為，便處以極刑，家人也遭株族。

一六二五年爆發第二次漢人暴動，遭到更嚴厲的鎮壓。努爾哈赤相信這次動亂係文人鼓動所致，於是大開殺戒，處決讀書人。努爾哈赤為了控制平民，將每十三戶編為一莊，由漢族的莊頭管轄，工作則受女真八旗節制。每一莊至少可擁有七頭牛、一百英畝的田地，田地生產所得的百分之二十上繳，然而這類規定是否被確實遵守，不得而知。

明朝將領並未呼應漢人的這兩次暴亂，明軍到一六二五年，才開始發動一連串的猛烈反擊，並在袁崇煥的坐鎮指揮下，於一六二六年首度重挫努爾哈赤。同年稍後，努爾哈赤傷重不治，他依女真源自中亞蒙古的習俗，並未指定繼承人，也沒有將「汗」授予任何人，而是由子姪共管分治。

可想而知，隨著努爾哈赤的亡故，後金國內旋即爆發激烈的權力爭奪。最後是努爾哈赤的八子皇太極獲勝，主掌正黃旗跟鑲黃旗。皇太極能掌握權力，主要係仰賴漢人的襄贊。他也比努爾哈赤更能從正面的角度看待漢人與漢人傳統的典章制度。皇太極登基後，仿效明朝建制，設立「六部」，拔擢漢人入朝為官。形式上，六部皆以女真權貴擔任主官，但他們往往另有要公或忙於軍務，因此一般部務皆由漢人下屬掌理。皇太極捨棄努爾哈赤用來懲罰漢人所採取的編莊制度；他也循漢人傳統，開科取士，來甄拔遼東的官僚；他下令改革滿文，以適應新時代簿記、戶口調查與稅賦徵集的需要。背叛明朝的文臣武將紛紛依附這位新任的大「汗」，當中有許多將領是帶兵投靠，皇太極對這批歸順的漢人也十分禮遇寬待——皇太極的群臣甚至認為過於「大方」，抱怨宮廷之中充斥粗鄙的漢人。

無論粗鄙與否，奉旨衛戍鴨綠江口與魯北諸將領叛明而歸順女真，確實使皇太極如虎添翼。一六三七年，皇太極延續努爾哈赤的舊制，設置兩個完全由漢人組成的「旗」營，一六三九年增加為四個，一六四二年擴編至八個。一六三五年，皇太極將反明歸順的蒙古人也組成八個全由蒙古人組成的「旗」營。所以到了一六四〇年代初，女真的領導人已經完成軍政民政一體化的制度架構，從此八旗兵將上戰場改採「輪替」之制，且其妻兒全都得以登錄入籍，獲得保護，他們也才有餘裕監督田間耕作活動。

即使在這些制度建立之前，皇太極於一六三六年即採取一象徵性措施，超越了努爾哈赤在一六一六年建立後金朝的作法：皇太極決意切斷他那初具國家雛形的王朝與昔日女真部落間的關係，抹滅由此名號所喚起的奴從明朝的屈辱記憶。皇太極宣布肇建新朝，改國號為「大清」，此後統理滿洲與比鄰各族，聲勢與疆域都更勝於過去「後金」時期。「清」意指

「純潔」或「澄明」，自一六三六至一九一二年溥儀遜位，皆以「清」為國號。撇除蒙古人跟漢人，皇太極治下的人民稱之為「滿洲人」，而不再是「女真人」。「滿洲」是統治者自創的新身分；不過「滿洲」一詞的確切意義卻不詳*，它可能沿自佛經用語「妙吉祥」，意味著大清王朝迎來新共相。

皇太極當時已蓄勢待發。一六三八年，皇太極攻克朝鮮，逼迫朝鮮王斷絕對明朝的納貢，並挾朝鮮王儲為人質。在關內，隨著李自成、張獻忠控制西、北方大半江山，明朝氣數衰敗，四處可見。清軍越長城，逼臨京畿，橫掃山東。清軍強搶民女幼子，擄掠牲畜、絲綢、白銀，燒毀蹂躪城鎮。

* 譯注：「滿洲」（Manchu）一詞的原意眾說紛紜。根據乾隆的說法，滿洲實為女真國舊稱「滿珠」的漢語訛誤。另一種說法，認為滿洲一語的發音與佛教用語「曼珠」近似，意指「妙吉祥」，而此一詞彙就出現在藏傳佛教女真部落的經文中。又有一說，滿洲語出於梵文「文殊」（Manjusri）同指「妙吉祥」。另一種較富神祕色彩的解釋，滿洲二字分別取自努爾哈赤的敬稱「滿柱」以及「建州」，且在「州」字加上水字旁而為「洲」。根據陰陽五行，「明」（光明）與明朝國姓「朱」（紅）皆屬「火」德，而火能克「金」，女真人才改國號。至於「滿洲」、「清」三字的部首皆為水，故有制明之用。有關滿洲一語的緣起，參見徐中約（Immanuuel C. Y. Hsu），《現代中國的興起》（第五版）（*The Rise of Modern China*, New York: Oxford University Press, 1995），頁四九。

即使滿人躊躇滿志，更改國號，但滿人本身也漸趨懈怠。部分滿洲人漸漸厭倦戰爭，習於遼東城市生活的逸樂。身處不曾聽聞的奢靡之中，士卒勇猛不若往昔，又不願盡心耕作，致使農作物收成不佳。年輕的滿人甚至不再重視騎射之術，致令武備寖弛，皇太極感嘆，他們「怠玩於市集」。倘若欲徵召赴沙場，「兵卒滯留於營帳之內，令奴僕上陣殺敵。」[4]

清軍圍攻位於大凌河南岸的戰略重鎮錦州，屢被明朝守將逐退，歷時十載，終於在一六四二年攻克。清軍士氣大受提振。明朝治軍有方的將帥屈指可數，錦州一役之後又有兩名將軍歸降滿清，並得到皇太極重賞。錦州陷落後，通往京師要道的山海關天險，仍有驍勇善戰的吳三桂率重兵把守，而皇太極突然於一六四三年駕崩，年僅五歲的九皇子繼承王位，由皇太極之弟多爾袞攝政，監理朝政。

其實滿清進一步擴張勢力的時機似乎仍不可期，但是一六四四年春天，李自成率軍出北京朝東攻打吳三桂，在李自成的眼裡，吳三桂是明朝最後一道防線。吳三桂自山海關調回部隊，向西行以抵禦李自成的攻勢。攝政王多爾袞見機不可失，重整滿清幼帝的軍隊，率領滿洲、蒙古、漢軍各旗的兵力迅速南下，兵不血刃入中原。努爾哈赤的夢想忽焉實現。

征服明朝

受到滿洲鐵騎與李自成叛軍各自從東西兩側夾擊，吳三桂進退維谷。吳三桂的唯一生機是在李自成和滿洲人之間擇一結盟。贊成與李自成結盟的理由是李自成是漢人，似得華北百姓擁戴，且他亦承諾破除晚明以來朝廷的種種濫權積弊，況且吳三桂的父親在李攻破北京城時已被扣為人質。但李自成的個性捉摸不定，殘暴不仁，粗魯不文；而且，一六四四年四月李自成占領北京之後，其行徑令吳三桂這類出身豪門世家、飽讀詩書的將領卻步。李自成的軍隊劫掠屠戮北京城，搶奪官宦貴族的家產，擄綁其親屬強索贖款或是要求鉅額「保護費」。雖然李自成已自立新朝，不過卻無法約束他在北京城內的部將，因此，吳三桂對李自成統一天下的能力不無懷疑。

另一方面，與滿人合作也有難處。滿清非屬漢族，傳統中國原本就蔑視女真這類半開化的邊疆民族；而且，滿清崛起之初，威震中國北方，血洗數座城池。不過滿人建元之初，從種種措施看來也已勾勒出長治久安的未來遠景：滿人設置六部，開科取士，成立「漢軍」旗營，以及眾多漢人策士位居要津，這種種發展都令吳三桂心動。況且，滿人也善待歸降的明朝重臣。

綜合以上原因及民間傳說李自成強擄吳三桂的愛妾，將她據為己有，吳三桂一怒之下，率精兵與滿洲八旗匯流，擊退來犯的李自成部隊，並懇請多爾袞助他奪回北京。李自成殺了吳三桂之父，並將首級高懸北京城牆之上以洩心頭怨氣。不過李自成的部隊士氣低落，即使李自成在一六四四年六月三日登基稱帝，也無力回天。翌日，李自成滿載洗劫得來的財物，率部倉促西逃。六月六日，清軍與吳三桂部隊進入京城，滿清幼帝入主紫禁城即位，建號「順治」，意味著「順服治理」。這位年輕的帝王選用「順治」二字，顯示滿人現在已承天命，一統神州。

雖然明思宗在四月自縊，清順治皇帝已登基，但這並不意味著明朝的國祚已盡。在李自成進入京師時，許多皇族逃離北京，此外，尚有數百名皇室旁系散居各地，坐擁龐大家產。明朝的國號自一三六八年延續至今，其所象徵的神聖尊嚴不容輕忽。吳三桂在危疑之際或可與滿人結盟；但是對數以萬計的漢族文士和官員而言，「明」這個國號仍值得為之奮鬥獻身。

滿人花了十七年的光陰追捕在各地勤王的明室苗裔，但是因為滿人曾宣稱，進入北京城是要為明思宗的殉難報仇，此故，滿人還必須追擊並瓦解反抗明朝政權的反叛軍。李自成是頭號目標，他率軍倉皇西逃至陝西西安，二十年前他曾在此地舉兵叛變。清軍攻陷並鞏固山西省之後，在一六四五年春天採取鉗形攻勢，合圍李自成。李自成再率銳減的隨眾逃出西安，朝東南方沿著漢水進入武昌，渡過長江，最後被清軍逼入贛北山區中。一六四五年夏天，李自成自裁身亡，另一說法則指，李自成在偷食物時遭農民圍毆而死。

正當清軍追捕李自成之際，第二號反賊張獻忠乘機離開華中根據地西走，溯長江而上，穿過險峻的峽谷進入四川。短暫占領重慶之後，張獻忠轉而定都富庶、外有山陵屏障的成都。一六四四年十二月，張獻忠在成都改王稱帝，國號「大西」。雖然張獻忠亦曾招納賢良，建立文官體系（其中有許多是被迫上任供職），另一方面開科取士，鑄造通寶，不過張獻忠政權的壽命並不比李自成久長。流竄各地的南明諸王最初威脅張獻忠的程度尤勝滿洲八旗，因此張獻忠建立了一支一百二十營的武裝力量以自衛。

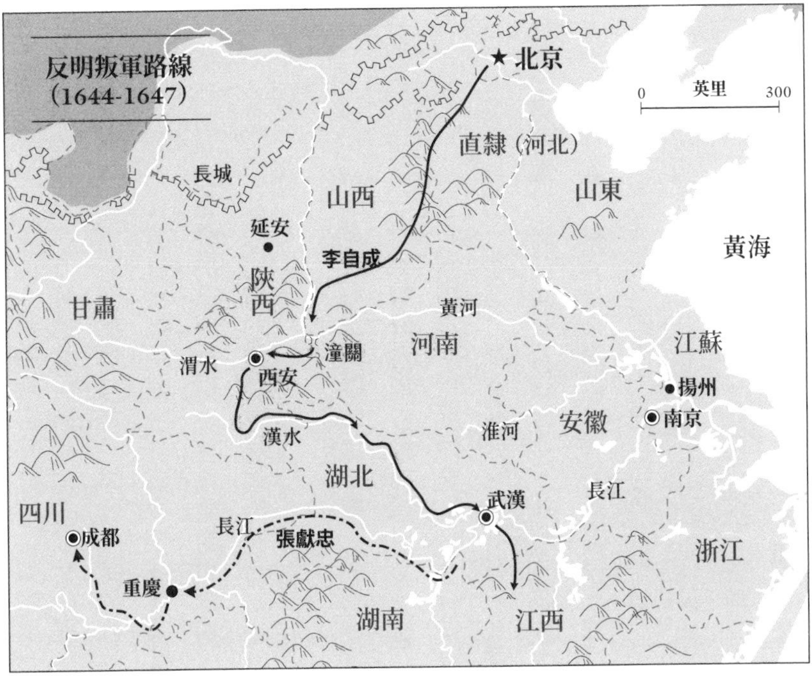

而後數年間，張獻忠逐漸陷入浮誇不實、凶殘暴虐、活在詭異的自我世界中。張獻忠定下長程的軍事計畫，不但準備攻克華南、華東，也想降服蒙古、朝鮮、菲律賓、安南（即今日越南）。張獻忠嚴厲整肅他眼中可能背叛大西政權的蜀中人士，把地方上千千萬萬文人及其家屬予以斬首或斷肢，甚至還大規模誅殺手下將士兵卒。一六四六年底，張獻忠棄守成都，盡焚宮殿瓦舍，將之夷為平地，並在揮軍東進的過程中貫徹焦土戰術，其徹底的程度可說駭人聽聞。而後一六四七年一月，張獻忠被清軍所殺。

翦除李自成與張獻忠兩人的力

量，對滿人征服計畫至為重要，但是滿人必須把大部分心力用來鎮壓明室藩王，因為這些藩王可能集結串聯，互通聲氣，阻擾滿人問鼎中原。鑑於儒士向來強調忠於在位者，自然而然會挺身護衛祖產，不受異族侵凌，因此一個有能力的明室皇族可號召成千上萬的擁護者。首先登高一呼的是萬曆的孫子福王。福王曾嘗試與攝政王多爾袞協議，許以大量金銀財帛，希望滿人可退回塞外的遼東地區，往後明朝願意納以歲貢。多爾袞回覆道，假使福王願意放棄稱帝，便容許福王維持小型獨立王國的局面。在忠心耿耿的武將勸誡之下，福王拒絕了多爾袞的建議。

隨後數月，就在福王本應傾全力構築南京城防禦工事之際，朝中卻再度掀起類似萬曆時代的激烈黨爭，群臣彼此相譏，毫無建樹，這包括類似東林黨與宦官魏忠賢之間那種親、反閹黨的鬥爭。就在朝中群臣相互傾軋之際，一支清軍順著中國最偉大的人工河道——大運河南下，於一六四五年五月兵臨富庶的揚州城。明軍在揚州城內配置數門大砲守護，堅守了七日。最後清軍以更強而有力的巨砲，以及高昂的士氣下攻破，揚州遭清兵屠城十日，清軍以此舉殺雞儆猴。反之，南京城駐軍幾無抵抗，六月初，清軍不費一兵一卒，輕取南京城。福王被俘，押解到北京。隔年，福王亡故。

隨著福王的過世，明室諸藩王相繼即位抗清，使得局勢更為複雜。朱元璋後代的兩兄弟，分別於東南沿海的福州（臺灣的對岸）與南方的貿易口岸廣州，率軍抗清。福州的統治者*於一六四六年底被俘身亡；他的胞弟**在一六四七年清軍攻破廣州後被殺。朱元璋的另一位後裔***輾轉於東部沿海，號召反清復明，曾以廈門、舟山島為根據地，甚至一度飄泊海上，無處可棲。一六五三年，他取消監國的名號，自此之後，東部沿海地帶抗清的重責大任就落到另一位明室後裔桂王的肩上。

在長江流域與沿岸的抗清政權相繼失敗之後，桂王就成為復興明室的最後希望。他是所知僅存的萬曆孫子，在北京城陷落時是個驕縱的二十一歲青年，毫無政事與軍務經驗。張獻忠進占湖南時，桂王被迫離開封地，向西逃往廣州西邊的肇慶。一群出逃的朝臣不顧桂王母親的反對——她認為桂王太年輕，性格過於柔順——於一六四六年底擁護桂王稱帝。然而被清軍趕出廣東省之後，桂王有一年半的時間遭到一群清軍追擊而在廣西境內四處流竄，期間又以在桂林、南寧兩地居多。

清兵勢如破竹，成功征服北京至廣州綿延一千五百哩的領土，但在這片龐大土地上，這種征服勢必只是局部的，而憎恨滿人入關又鄙視朱明不堪一擊的愛國志士也有時間負隅嘯聚。一六四六年，一群與滿人合作的前明官員反清，投身匡復明室。在清軍於廣州重挫時，

* 譯注：唐王朱聿鍵。

** 譯注：亦稱唐王，名為朱聿鐭。

*** 譯注：魯王朱以海。

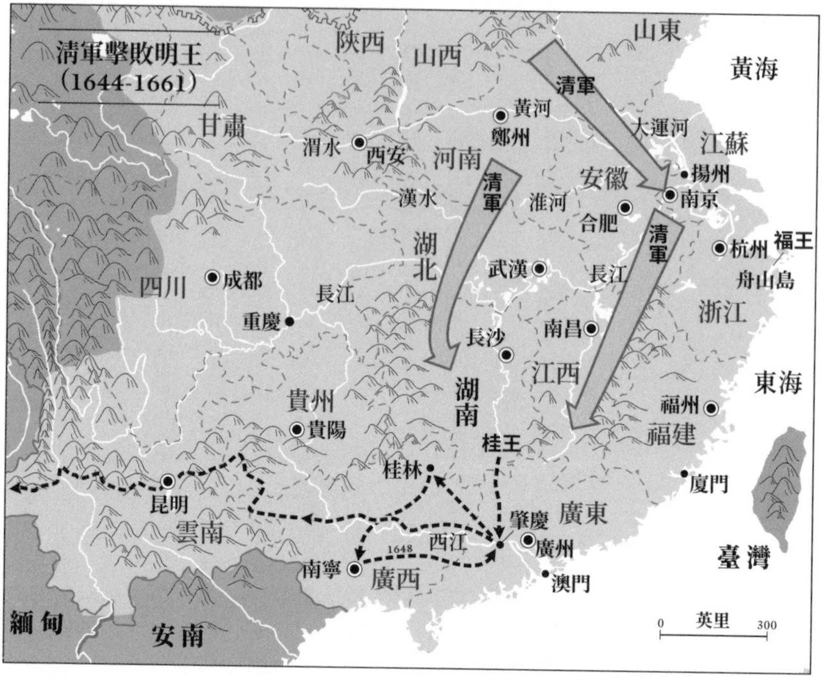

儘管桂王政權被時人所著《風倒梧桐記》一書描述為「檳榔客、鹽布客及土樂戶皆列鴛班」[5]，但桂王仍被大批熱誠的支持者簇擁迎回肇慶。一如先前的南明諸王，這位「皇帝」也試圖重建一套有系統的官僚體系，開科取士，成立軍事指揮系統，建構可控制農村地區、徵集稅收的地方行政組織。但是桂王的朝廷依然無法擺脫先前諸王的命運，朝中文官、武將、太監各自樹立朋黨，相互攻訐，而無法眾志成城，對抗滿人。

到了一六五〇年年初，清軍以剿撫並用之策肅清了一些聲稱擁護桂王的華中重要地區，並派兵以犄角之勢夾擊桂王位於南方的根據地。一六五〇年五月，桂王倉皇出走廣東，沿西江進入廣西。此後十年，中原已經沒有朝廷建制可與滿清分庭抗禮，僅有一撮不願受異族統治的流亡人士漸次朝西退卻，由廣西進入貴州，再退入崇山峻嶺的雲南，最後越邊界入緬甸。

緬甸王最初提供桂王庇護，但後來改變初衷，屠殺了桂王的隨從，並拘禁了這位「皇帝」與家人。曾駐守山海關的吳三桂在一六六一年率清軍攻入緬甸。緬甸國王盡縛南明朝廷眾官交付吳三桂，吳將之押回中土。一六六二年初，明朝末代「皇帝」與獨子在雲南被處以絞刑。至此，清廷毋須再掛慮明室正朔的威脅。

順應華夏

滿人於一六四四年輕取北京，在一六六二年誅除南明諸王，不過軍事勝利並不意味滿人已經解決了如何統治中國的問題。多爾袞身為幼帝順治的攝政王，承襲了滿人在遼東時所發展出的混合體制，將漢制六部與滿人軍政一體化的八旗組織結合起來。現在他延續這套體制來控制住莽莽神州。不過至少在服裝與髮型方面，多爾袞堅持漢隨滿俗，而不是滿隨漢俗。多爾袞在進入北京城的隔日即下令，漢人皆須依滿人的髮式剃去前額頭髮，餘髮則編成長辮，如同努爾哈赤在遼東頒布的政策。結果遭到漢人的強烈反抗，於是多爾袞撤回成命，不過隨即在次年六月又下令漢軍必須薙髮；這使滿人在戰場上易於辨識敵我，並確保歸降者會繼續效忠。但是多爾袞手下大臣認為此舉猶不足；一六四五年七月，多爾袞再次頒布薙髮令，規定在十日內每個漢人都要削前額髮，留長辮，不服從者處斬。漢人面臨了痛苦抉擇：誠如一般俗語的講法，「留髮不留頭，留頭不留髮」。[6]

明代男子留長髮，並細心梳理，將之視為男子氣概與優雅形象的表徵，對多爾袞的薙髮令自然是深惡痛絕。許多地方在頒布薙髮令之後群起反抗，甚至降清的地區亦然，但這次多爾袞態度堅決。他還下令漢人穿著滿服——高領的緊身短上衣，右肩上有衣釦，一改明朝的寬鬆袍子。另一項不同於漢俗的是，嚴禁滿洲婦女纏足。漢族婦女纏足的習俗已歷數世紀，即使纏足令人痛楚難耐，不過上至士紳，下至販夫走卒，無不奉行此俗，小腳成為漢人衡量女性美的標準，婦女只有強忍皮肉之痛。滿人排斥漢人這種風俗，力求文化獨立，而漢人則因滿族女子的天足引不起他們的性趣，形成滿漢通婚的障礙。幾乎很少聽到滿洲旗下的女子嫁給漢人，通常都是滿人將漢人女子納為小妾，後代就自然成為滿人。[7]

過去在紫禁城內宦官充斥在明朝宮廷之內，閹人結黨營私、密謀私通，曾經對明朝政權造成極大的傷害，滿清入主北京後辭退了數千名宦官。雖然到了清代，仍由宦官來服侍宮內女眷，不過滿人已把其餘朝政，特別是財政，移交由一六二〇年代和一六三〇年代在遼東俘虜的包衣掌理。明朝太監還負責護衛宮殿，到了清代，這種類似軍職的角色也被剝奪，而由御林軍負責衛戍，其中有許多人的先祖是戰士，曾經輔佐努爾哈赤建立女真王國。

滿洲八旗悉數駐守在北京城外，皇帝與皇室家族由城外四面八方的禁軍保護。北京城內的漢族居民被強制遷徙至城南；雖然剛開始頗有不便，不過城南很快就眾商雲集，人口稠密。除此之外，滿人還強制徵收華北的數十萬畝良田，以供養駐軍或酬庸將士。這些土地大部分屬於明室所有，不過前明高官的封地也在徵收之列。據估計，大約四萬旗人平均分得約莫六英畝田，較大面積的封地則授與滿人高官。

為了進一步隔離滿、漢，多爾袞下令遷移華北的漢族農民。機巧的漢人地主趁著改朝換代，強占無主的土地。結果，百姓怨聲載道、土地任由荒蕪，成千上萬的農民或淪為流民，或落草為寇，甚至集體遷離。然而許多滿人本身無力耕作，便與漢人訂定各式各樣的契約，讓漢人承租土地。有些契約使漢人與奴隸無異，須仰主子鼻息，倘若沒有馱獸，這些佃農只好自行背負農具犁田。滿清入關不到二十五年，北京城方圓兩百多公里內，約五百萬英畝土地悉數為滿人圈占。不過在土地重分配的過程中，並未演變成封建制度，亦無類似奴工制度出現，傳統的農耕、租佃制度，乃至於獨立所有權制都在慢慢復甦。

滿人的政府體制與教育制度大抵承襲漢人舊制。六部的行政架構原封不動，分管封勳考課、戶口田賦、禮儀祭祀、軍機要務、刑名律令，以及百工業務；所不同的是每部均設尚書兩人，由一名滿人與一名漢族武將或文官擔任。每一部之內各設侍郎四名，同樣採取「多族共治」，滿、漢各占兩人。在六部與皇帝內廷之間還設有「大學士」職銜。順治統治之初，共有七位大學士：其中兩名是滿人，兩名是漢人，三名則是由歸順清廷的前明官員充任。

德高望重的漢族文士若是願意效忠清廷，就被拔擢至六部供職或出任大學士。為了進一步充實官僚體系，一六四六年清廷重開科舉，總計錄取三七三名進士，其中多數出身於京畿以及冀魯兩省。不過為了平衡官僚體系的省籍，一六四七年又錄取二九八人，大部分來自甫攻克的江蘇與安徽兩省。從挑選主考官也可看出多爾袞對漢人的賞識：雖然有兩名早年歸化的漢人、一名滿人文士，但另一名則是由一六四四年方才歸附清廷的漢儒擔任。

滿人唯有摧毀明朝殘餘勢力，各省的行政才能運作，爾後滿人漸漸把自己的官員分派至仿效明朝所建立起來的行政體系中。清廷先將明朝的十五個行省建制畫分為二十二個行政單位，後來又恢復十五行省，但將最大的三個行省又各自一分為二，而成為十八個行省，以利管理。清代每省設巡撫一名，清初各省巡撫多由「漢軍」膺任。多爾袞相信這批人已效忠朝廷，況且，他們是漢人，使用漢文，比較能夠被同胞接受。在巡撫之外另設布政使與按察使，分管省內財經與刑律，此外還有一批監察御史。省下有府，府衙設於較大城市，由知府監督知州與知縣（這兩個行政層級相當於西方社會中各郡的「行政長官」〔magistrate〕），而知州、知縣則負責處理小鎮與農村的日常行政業務和稅賦徵集工作。

滿人的勢力在廣袤的中國顯得勢單力薄，儘管在重要省城均駐有官軍，不過新王朝能夠存活，主要是因為在三者間取得微妙的權力平衡。首先是滿洲人本身，他們有自己的語言，以累世的血緣關係，或是努爾哈赤的苗裔而定品秩。滿人以狩獵騎射之術，維持軍事武力上的優勢；以滿語滿文凸顯文化的獨特性。雖然基於現實的考量得讓漢族官員使用漢字起草公文文書，不過重要文件都譯成滿文。滿人有屬於自己的宗教儀式，由薩滿教的男、女祭司來執事，並且嚴禁漢人接近。

其次是蒙古八旗與漢軍八旗，他們大多出身於一六四四年清軍降明之前就已歸降滿人的家庭。蒙古八旗主要分布在北方與西北邊境，而漢軍則是在清廷統治中國的過程扮演重要的角色。他們自成層級，其爵位部分得自努爾哈赤與皇太極的冊封，部分則是取決於他們降清的時機——較早歸順者通常地位較尊崇。許多漢軍能通滿、漢兩種語言，既保有自己的社會規範，也沾染了滿人崇尚武勇的特質。對滿人而言，他們的支持，其價值無可度量；倘若沒有他們，滿人可能無法逐鹿中原，更無法鞏固江山。

第三部分是漢人，也就是最正統的漢族。基本上漢人有四種選擇：可以積極或消極合作，或是當個反抗者，而抵抗也有積極消極之分。像吳三桂之輩便積極與滿人合作（縱使吳三桂從未入籍為旗人）；也有人選擇積極抵抗而犧牲；我們在後面也會看到，有人選擇消極抵抗。不過大部分的漢人都是見風轉舵，被動地與新秩序合作。

出身豪門者會企圖保有先人遺留的土地家產，若是成功保留，便黽勉子弟參加科考，在新政權中謀得一官半職，繼續在官場中謀財。然而滿人從一六四六年廣州數千名降清漢人的倒戈事件習得教訓，他們理當對這類人士的忠誠度有所保留。聞名遐邇的明將鄭成功（因為向來被尊稱為國姓爺，西方人便以Koxinga為他的稱號）於一六五〇年代末出兵攻打南方重鎮南京時，江南人士紛紛反正。雖然反抗旋即被鎮壓，但情勢也是岌岌可危。滿人初始並未積極採取行動，在華南建立穩固勢力，南明諸王盡除之後，清廷將廣大的華南委由吳三桂及兩位降清漢將治理，其地位與獨立王國無異。

滿人洞察明朝覆亡部分肇端於朋黨相爭，群臣傾軋，不過自己也無法免於其害。例如，兩名系出貴族的將領在翦除張獻忠、李自成時戰功彪炳，卻被羅織領導無方與叛國的莫須有罪名，後來死在北京城內的滿人監獄裡。攝政王多爾袞除了揮霍無度且飛揚跋扈，僭越權位，以帝王自居，他手中握有數個旗營，放逐其將領，還強納政敵的遺孀為妃，並要求納朝鮮公主為妾，計畫在京城北方的熱河建造宮殿和城池。一六五〇年，多爾袞於狩獵途中謝世，滿洲貴族競相角逐多爾袞的權柄，清政權遂有分裂之虞。

順治此時十三歲，工於謀略，遂能鞏固帝位。順治雖長於廟堂，不過比起身邊的滿族要員，更能適應漢人的方式。順治生性機敏，不受繼承多爾袞的滿洲貴族的操縱；而用兵剽悍，以成功的戰略進逼南明的擁護者。順治習漢文，雅好漢人的小說與戲劇，並深受一些漢人高僧的影響。順治帝年僅二十出頭即崩殂，最後幾年間，迷戀一名年輕嬪妃，冷落了皇后。征服初期遭廢除的多個宦官衙門又在順治手裡恢復，稱為「內十三衙門」，掌握大權。順治這麼做的緣由並不清楚，或許是因為他希望保有隱私不願御林軍和奴僕將他的一舉一動密告宮中的王公貴族。

順治與「耶穌會」的傳教士湯若望（Johann Adam Schall von Bell）成為知交，這也頗不尋常。晚明以降，來自歐洲的耶穌會傳教士便在中國積極傳教。有些耶穌會傳教士遭張獻忠所擒，而隨張獻忠的部隊抵達四川，有些則隨南明諸王流竄。湯若望是少數於一六四四年甘冒危險仍留在北京城內的傳教士。鑑於湯若望卓越的科學知識，多爾袞任命湯若望擔任欽天監監正。因為朝廷必須為黎民百姓制定曆法，而曆法計算的精準，有助於強化順治身為「天子」的威望。另一方面，湯若望的受寵或許是順治展現自立的一種方式，或是順治因早年失怙而對父愛的一種孺慕之情。所以順治以滿語稱六十歲的湯若望為「瑪法」（*mafa*，意思是尊稱他為「老先生」），定期傳召湯若望參加宗教與政治會議，甚至允許湯若望在京城裡建教堂。

順治在寵幸的愛妃去世不久之後，可能因感染天花突然於一六六一年駕崩。大行未久，順治幼子的四位顧命大臣旋即詆毀順治。這四位輔臣聲稱手中握有順治皇帝的臨終遺詔，並將公布之。根據這四位顧命大臣的說詞，順治罪己於背棄滿人的尚勇文化，重用閹黨，信任漢官勝於滿臣。這份遺詔寫道，「明季失國，多由偏用文臣。朕不以為戒，委任漢官……致滿臣無心任事，精力懈弛……明朝亡國，亦因委用宦寺。朕明知其弊，不以為戒。」8

居四位顧命大臣之首的鰲拜能征慣戰，旋踵之間即獨攬大權。這四位重臣一改順治皇帝的政策，處決了閹黨的魁首，廢除新設立的太監衙署，並建立一套由滿人監控的皇室內務制度。他們在農村地區徵收更嚴苛的稅賦。在江蘇有個名案，朝廷調查一萬三千名漢族縉紳是否逃避稅賦；結果至少有十八名縉紳遭公開處決，數千名縉紳被革除功名。

湯若望亦被捕入獄，滿人位居要津，漢族的博學鴻儒則遭貶抑。為了切斷臺灣島上反清復明勢力與華東沿海地區擁立明室者的掛勾，以達到孤立臺灣反清勢力的目的，朝中顧命大臣斷然強制沿海地區漢人遷移至二十哩以外的內陸地區，而不顧其後果。以福建省為例，據聞在一六六一至一六六三年之間，就有八千五百名農漁民因而死亡。迄於一六六〇年代末，努爾哈赤、皇太極、多爾袞、順治等人所樹立的順應華夏政策，逐漸因遷界令而流失。

階級與對抗

清王朝鞏固政權之初，爆發數起肇因於各類經濟與社會階級衝突的事件。前文曾概述李自成向世人宣稱救民於塗炭，以及李自成與張獻忠兩人如何憎恨縉紳與官員而將之殺害。一六四四年明思宗自縊的消息足以使漢人心中的敵意加深加劇，在中國的另一方引發事端：農民殺害地主，劫掠或燒毀巨富之室，鎮民反抗地方胥吏，或公開與鄉村的農民團練作戰。有些豪門巨室所僱用的契工聚眾騷亂，殺害主人，搶奪主人的財產，在地方上畫地為王。士兵叛亂，漁民則是加入海寇的行列，侵擾沿海。李自成之流的寇首兵敗被殺之後，各處仍爆發零星的農民反叛，終順治一朝，社會的動盪與騷亂不斷。期間也有女性率領士卒而名噪一時。也有下屬不從上司號令，堅持採取抵抗政策，反倒激發清軍對城鎮的屠戮。

然而，當時中國社會結構並不存在階級鬥爭所留下的社會位階，也不是人人皆能清楚意識到自己扮演的社會角色。我們可以看出許多事件都反映出社會上的緊張關係，而透過這些事件，我們更可以進一步發現在其中事件中，許多人其實已經跨越了既有的社會界線了。李自成的大順政權即有幾名出身名門的儒生。在富有的地主與農民反叛軍的鬥爭之中，農民可以自己組成民團來保護地主。逃到山區的儒士，他們利用在地村民的力量來建構防衛性的網絡，以阻擾清軍的攻勢。鄰近東部沿海地區崇山峻嶺中貧困百姓會幫助逃亡的明室諸王。鎮民保護他們的父母官。滿洲人占據明室王孫貴冑的封地之後，就把土地授予在土地上耕種的佃農，給予佃農們過去從來不敢奢望的經濟前景。同樣地，女將的情況也很複雜。有名叫做秦良玉的明朝女將是四川忠州一部落土司的妻子。秦良玉自小隨父親研習兵法。在丈夫過世後，她率領軍隊前往京城對抗滿人，之後與反賊張獻忠對戰。她的媳婦也是位女將，但後來於河南省的戰役中身亡。秦良玉晚年時，逃亡的明代後裔桂王加封其為太子太傅。[9]

如此看來，階級界線在十七世紀中國可說是難以明確界定的。此時中國的階級界線模糊不清，許多人都越了界，在不同階級之間活動。而這難免讓我們感到困惑不已，因為根據我們過去的史觀，所謂「階級」之所以會出現，主要是因為在封建制瓦解，社會發展到資本主義階段的過程中，城市的資產階級出現了。過去的貴族儘管不情願，還是要把權力交給這些手握武力與代議機構的資產階級。

在明、清兩代，可說是沒有永久的貴族。一旦王朝覆亡，即使貴為帝王子孫，尊銜與地位也不復存在。所以在明朝，皇族皆享有尊銜，在封地上過著奢華的生活，如福王與桂王，而前朝元代的皇族後裔就無法與之並存。同理，在一六四四年之後，先明貴族也成了尋常百姓，滿人自有貴族世系，或是努爾哈赤的後人，或是功勳顯赫的武將，或是滿清龍興之初即乞降的漢族將領。清朝的貴族系譜有其巧妙之處，貴族分為九級，擁有爵位者一死，家族品第即下降一等：據此，第三等貴族的後代可能降為第四等，下一代又降到第五等第。除非有彪炳功績，否則貴族家庭最後也會淪為尋常百姓。

雖然無法從貴族的血緣或是明確的經濟地位來界定「上層階級」，中國當然還是有「上層階級」的存在，滿洲人在征服中原之初也延續既有的上層階級。上層階級的形成要素有四：財產、血統、教育、官僚地位。最有價值的財產仍然是耕地，不過清代的上流家庭可能還擁有大量的銀錠（銀錠是官定的通貨）、浩繁的古籍藏書、骨董字畫、豪宅大院、田產，或者從事典當、藥材買賣的事業。血緣系統有時稱之為氏族或是同宗，這是將宗族勢力擴展成一種互為奧援的關係網絡。各戶可能要共同出資，購入一些可以傳給後世子孫的土地，把地租收入用來維持祠堂或祖墳，以及家族私塾先生的束脩。權貴世家子弟之間的通婚更是需要父母的仔細商議安排。由於當時的族譜大量留存迄今，從鉅細靡遺的內容我們就可窺見這套血緣系統妥善維繫、管理的程度。

在清代，假若能謀得一官半職，就能有權有勢，於是教育的角色舉足輕重。意欲進入官僚體系，就必須通過科舉考試。一般只有少數人能憑戰功而出將入相，靠金錢流通或是攀附王公貴冑而做大官的就更少了。清朝延續明代的科舉考試科目，不過想要考試及第卻是困難重重，因為考生必須背誦、研讀指定的儒家典籍，這些經典所收錄的論述一般咸認來自於孔子與最早的幾位孔門弟子，另外還有少數獲認可的儒家經典注疏。這些經典都是以文言文寫成，在語法結構上與日常用語迥異。所以只有有錢人才有財力讓子弟追隨同樣通過科考的名師學習，甚或這些富貴人家自擁私塾，可以延聘一些與名師有相當地位的塾師，不言可喻，富家子弟比較有機會通過考試，在官場平步青雲。就算沒能當上高官，科舉通過至少可免除徭役，也免於受杖刑。

在朋黨相爭的朝廷之上，或是飽受盜匪與兵燹威脅的農村為官，雖有危險，不過浮沉官場數年下來所獲得的薪俸、津貼、特別規費，甚或不法賄賂，都抵得上進入官僚體系所花的成本，甚至還有餘錢得以買地，以及教育子女，不惟如此，當這些官員致仕還鄉後，先前的資歷還可以讓他們與地方官平起平坐，在相當程度上也可以受到官方保護。

因為這類上層階級的財富大都得自土地，所以總是有可能與佃農發生摩擦。明朝的官員察覺，如果地租過高，佃農就可能抗租，或是以武力與地主相向。假若地主收回田地，佃農就可能淪為綠林盜匪或其他形式的社會暴力。不過在十七世紀的中國，並沒有單純的地主——佃農的階級鬥爭，因為在土地上耕作的人，社會階層互異。在一六四〇年代，對於每一次的「農民」武裝反抗「士紳」的動亂，我們均須細緻推敲當地的經濟活動以及人際關係。李自成、張獻忠的叛亂，追根究柢，應該是源於社會彌漫著挫折感以及對美好生活的渴求，而非無土地者與地主階級之間的敵對。

然而在這段過渡期間，社會與經濟關係還是有深遠的變遷。顧命大臣鰲拜或許能威嚇脅迫江蘇的地方縉紳按時繳納賦稅，不過滿人無法有效清丈漢族富室的田產，惟有清丈土地才可能讓朝廷建立一套公平的地稅制度。這是一項艱鉅的工程，矛盾的是，它又必須仰賴地方上的漢人，他們熟知地方風土民情，知道如何去執行地方稅務行政。地主百般推託規避，抱怨費錢耗時，硬是不讓丈量田產的工作進行。地稅制度的改革政策無法貫徹，徒然讓有能力於亂世蓄積土地的家族，在承平時代進一步積累了更為龐大的田產。

某些當代中國史學家論稱，基本上，滿洲征服者與漢族上層階級結盟，導致農村地區的「封建關係」持續不墜，並抑制了城市中「資本主義萌芽」的可能性。這點很難證實。雖然滿人的政策確實讓某些家族更富有，不過仍有許多漢人士紳的思想延續了晚明東林黨人的改革主張，他們抗議滿人的政策，而試圖在職權所轄的地方實行公平的稅賦制度，不惜犧牲自己的階級利益。這些士紳失敗的原因在於：一六四四年之後，朝中已經無人與其改革主張相唱和，其故舊均在一六四五年先後亡故。不過到了十八世紀，有些建議已付之實行，只是功勞並沒有記在他們身上。

特別是長江下游的魚米之鄉江蘇，自古以來文風鼎盛，抗清活動主要為意識形態的抗爭。在此一地區，領導抗清運動者有時能號召地方上的農民、鎮民為後盾。換言之，具有領袖魅力（charisma）的上層階級領袖以民族大義跨越了階級的鴻溝。在許多事件中，薙髮令是江南反清的一帖催化劑，但主要是因為部分儒生仍不忘前明，即使以身相殉也在所不惜：奉獻的倫理精神以及報效朝廷的理念，使他們能無視於前明的積弊陋習，而且也讓貧戶與富家得以短暫地團結起來。假使滿人意欲徹底鞏固政權，那就必須杜絕這類種族認同感；然而也正是因為滿人在一六六〇年代實行強硬的排漢政策，才再次喚起民族認同。

注釋

1 梅谷（Franz Michael），《滿族統治中國的根源》（*The Origin of Manchu Rule in China.*, New York, 1965），頁一二一。

2 羅絲（Gertraude Roth），〈滿漢關係，一六一八至一六三六年〉（The Manchu-Chinese Relationship: 1618-1636），見史景遷與威爾斯（John Wills）合編，《從明到清》（*From Ming to Ch'ing.*, New Haven: Yale University Press, 1979），頁九。

3 前揭書，頁十八。

4 前揭書，頁三〇。

5 司徒琳（*Lynn Struve*），《南明，一六四四至一六六二年》（*The Southern Ming, 1644-1662.*, New Haven: Yale University Press, 1984），頁一二九。

6 魏斐德，《洪業》（*The Great Enterprise.*, Berkeley: University of California Press, 1985），頁五五至五八；司徒琳，前揭書，頁四七，五八至六一。

7 關於滿漢通婚的問題，請參閱：柯塞北（Pär Kristoffer Cassel），《審判的根據：十九世紀中國與日本的治外法權與帝國權力》（*Grounds of Judgment: Extraterritoriality and Imperial Power in Nineteenth-Century China and Japan*, Oxford: Oxford University Press, 2012），頁二一至二二。

8 奧克斯南（Robert Oxnam），《馬背上的統治》（*Ruling from Horseback.*, Chicago: University of Chicago Press, 1975），頁五二，五六。

9 〈秦良玉傳略〉（Biography of Ch'in Liang-yu），見恆慕義（Arthur Hummel）編，《清代名人傳略》（*Eminent Chinese of the Ch'ing Period.*, Washington, D.C., 1943），頁一六八至一六九。

女真部族可汗努爾哈赤，統帥女真與蒙古諸部組成聯軍對抗明朝

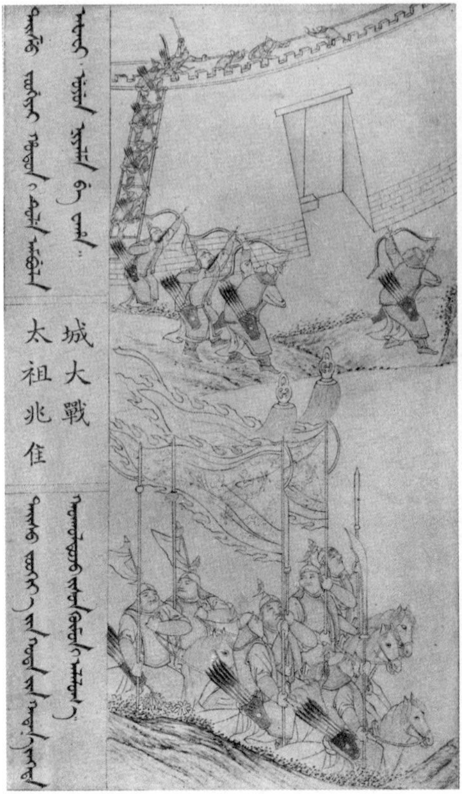

馬背上的努爾哈赤高舉手中的馬刀，據傳他曾單騎手刃四十名明兵。（©TPG）

努爾哈赤遠觀兩名蒙古將領在城牆外遭殺害。（©TPG）

耶穌會傳教士利瑪竇（Matteo Ricci）與湯若望（Johann Adam Schall von Bell）

利瑪竇的義大利式肖像畫。（©TPG）

此西式版畫中，身著明朝一品大員官服的湯若望神父。（©TPG）

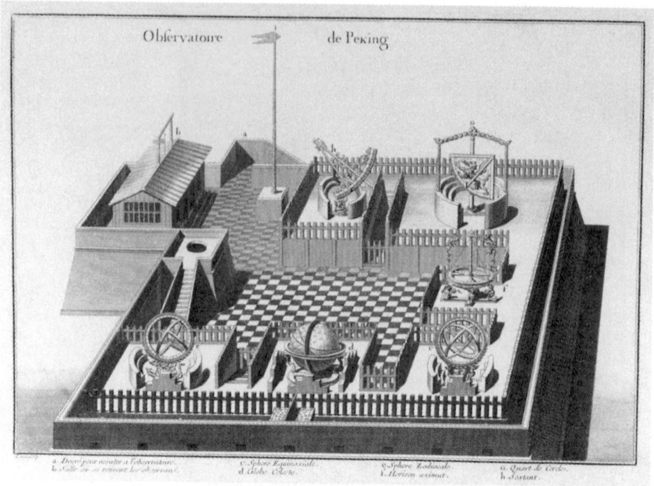

北京古觀象臺。與湯若望神父同屬耶穌會的南懷仁（Ferdinand Verbiest）神父整修了位於北京城東方的觀象臺，新增六分儀、四分儀等其他天文儀器。（©TPG）

由王翬及其助手所繪，約於一六九八年完成的〈康熙南巡圖卷〉局部細節。畫面中，泰安州的地方要員聚集在祭壇周圍，等待康熙皇帝的來臨。（©TPG）

康熙帝讀書像。崇尚儒學，研讀儒學經典，康熙享有「聖君」美名。（©TPG）

《牡丹亭》一幕。《牡丹亭》為明代劇作家湯顯祖的代表作。女主角杜麗娘在此幕正在繪畫自畫像，服侍的女僕在一旁觀看。（©TPG）

八大山人的〈魚石圖〉（一六九九）。八大山人與同時期的畫家常透過畫作，抒發隱晦的反清思緒。（©Metropolitan Museum of Art）

無名氏，〈雍正祭先農壇圖卷〉。此畫卷描繪了雍正帝於農耕時節開始時，在北京城內先農壇獻上牲禮的畫面。（©TPG）

第三章

康熙政權的鞏固

三藩之亂，一六七三至一六八一年

滿清之初，皇帝皆是沖齡即位。皇帝若要成功掌權，就必須迅速茁壯。順治十三歲時趁著多爾袞突然辭世而親掌皇權。順治之子康熙在第一次挑戰鰲拜時，也只有十三歲；一六六九年，康熙十五歲時在太皇太后與一群滿洲侍衛幫助下，以跋扈與欺君罪名將鰲拜治罪下獄。鰲拜旋即死於獄中，康熙自此親理朝政迄一七二二年，成為中國歷代最受推崇的統治者之一。

幼年皇帝主政之後，問題紛來沓至，其中最重要的就是如何在滿人治理之下統一天下。雖然吳三桂於一六六二年已敉平南明在西南的勢力，但是西南並未徹底整合到北京的官僚架構中。對北京而言，西南各省地處偏遠，朝廷鞭長莫及；且西南地帶位處副熱帶山區，騎兵作戰不易；此地邊境非漢人的少數民族多達數百個，且每個都為了保護家園而負隅頑抗；再者，朝廷在此也沒有忠心的官員。諸多因素致使順治與鰲拜不願把滿洲軍隊投入此一區域，反倒將中國的西南與南方委由一六五〇年代晚期轉戰此地的三位漢將治理。

這三位將領之中，尚可喜與耿繼茂均係於一六六三年歸順滿清的「漢軍」，是滿清問鼎中原的同盟。尚、耿二人分別向清廷輸誠，特別是在一六五〇年，他們從明朝擁護者的手中奪回廣州，並屠戮了廣州城內的守軍。第三位將領是吳三桂。尚、耿、吳三人都受封為王，其子嗣皆蒙朝廷優寵，納娶滿洲貴族之女為妻；他們三人治下的領土猶如獨立王國，被稱為「三藩」。吳三桂據雲、貴兩省，以及部分湖南、四川境域；尚可喜鎮廣州，下轄廣東全境與部分廣西；耿繼茂以沿海的福州為根據地，統理福建一省。

三藩實際統治的面積約為西班牙加上法國，大約相當於美國南方的喬治亞州加上德州。在三藩的領地內，朝廷雖然派任各級行政官僚，不過實際上，舉凡軍務、民政、興辦科舉，與當地原住民之間的關係往來、徵收稅賦等權力完全掌握在三藩手中。三藩王不僅保有地方稅收，獨占互市貿易的利潤，還不時向朝廷索求鉅額的財政補助，以換取他們對清廷繼續效忠。截至一六六〇年代，三藩王每年接受朝廷的財政補助超過一千萬盎司的白銀。

清廷不久即發現，三藩顯然將爵位視為世襲。一六七一年，尚可喜身患重症，便把軍權移交給兒子尚之信。同年，耿繼茂過世，其子耿精忠繼承了統治權。雖然現有的史料零碎片段，不過還是可以窺知，康熙皇帝親政之初便開始思索如何處理三藩的問題，而他身旁的群臣不論滿漢，對於如何處理三藩問題卻莫衷一是。康熙不似群臣的戒慎，他為了國家長治久安，不懼以兵戎相見。所以，當已屆垂暮之年且久病纏身的尚可喜奏請告老歸返遼東故里

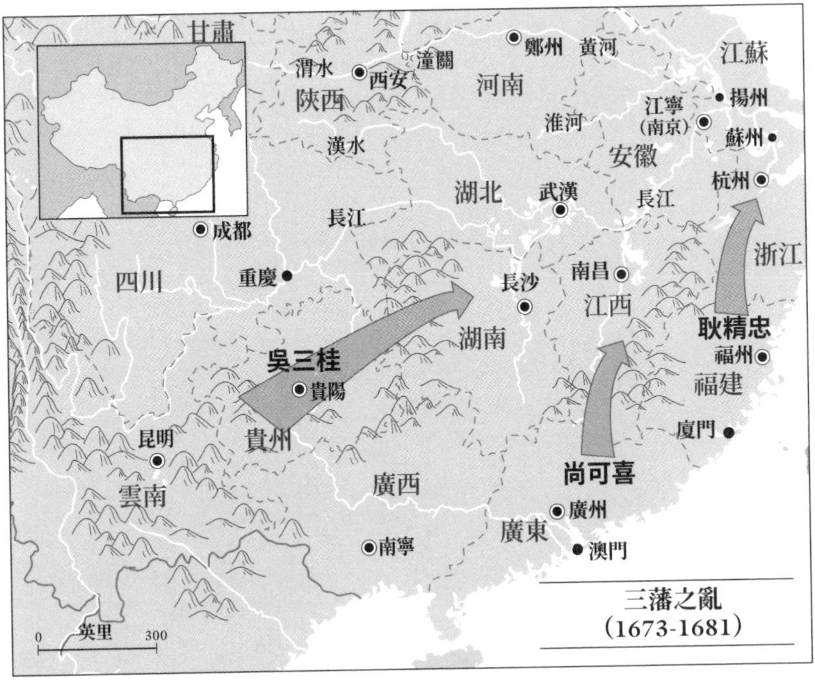

三藩之亂
(1673-1681)

時，康熙見機不可失，便欣然同意尚可喜的請求。吳三桂與耿精忠意欲刺探康熙的心意，亦上書請求撤藩，康熙同表首肯。其實，撤藩的請求只不過是用來試探康熙對於藩鎮存廢的觀感；一俟康熙做出撤藩的決定，雙方之間的公開決裂就勢所難免了。

若干康熙的重臣勸誡吳三桂平和撤出根據地，吳斷然拒絕，而於一六七三年十二月叛變，建國號「周」，並將大批的兵力部署在湖南。耿精忠於一六七四年舉兵叛清，率軍固守福建，並派兵進入浙江。尚之信軟禁其父（尚可喜不改對清廷的效忠），於一六七六年加入反叛的行列，他在廣東部署重兵，並揮師北上江西。三藩之亂正好考驗南方和西南方漢人對清廷向心力的矛盾情結。一六四〇年代與一六五〇年代戰亂的倖存者，已經與清政權和平共處，現在他們必須選擇是否繼續效忠清廷，或是轉而寄望於吳三桂的「周」朝政權。吳三桂下令恢復明代舊俗，蓄髮易衣冠，藉此喚起漢人的忠誠意識。對於誰應為周朝開國君主，吳三桂也沒把話說死，且暗示假若能夠尋訪到朱明族裔，會立即擁其登基。況且，吳三桂以「周」為國號，周朝在西元前一千年統治華北，並深受儒家所推崇。吳三桂致書康熙，倘若康熙能撤離華夏，在滿洲與朝鮮建立一王朝，那麼他可以恩赦康熙。康熙當然拒絕了吳三桂，並處死留在北京充當人質的吳三桂之子吳應熊以洩恨。

吳三桂的軍隊兵強馬壯，又坐擁龐大的行政與經濟資源，比起先前南明的福王、桂王，吳三桂及其擁護者更有勝算。更何況，整個南方與西部，忠於滿清政權的漢人已被包圍，而且人數也居於劣勢；雖有不少人不願向三藩稱臣——有的逃入山區，有的裝病，還有人自殘——但多數仍迫於環境屈從三藩。三藩興亂幾乎瓦解了清朝政權。至少表面看起來，滿人幾乎斷送掉長江以南的控制權，若是如此，整個王朝就會一直處於分裂狀態。

不過由於下列五大因素，中國依然維持一統（這對後來世界歷史的發展，亦具有同等重要的意義）。第一，一六七四年在湖南起事後，吳三桂顯得舉棋不定，未能迅速果決揮師北上。第二，康熙雖然年少，不過卻有能力團結朝中各大勢力以資後盾，擘畫長期的作戰方針與防守戰略。第三，部分滿洲武將雖然年輕，未經戰火洗禮，但仍英勇、頑強地反擊吳三桂

（康熙本人並未御駕親征）。第四，三藩王彼此不能協調作戰，而藩王又都無法單獨持續攻擊清軍。第五，三藩無法號召明室的擁護者，因為他們了然於胸，昔日三藩曾積極與滿人合作。

況且，三藩本身的品行也無法扮演好匡復明室的新角色。吳三桂逐漸陷溺於逸樂；另一方面，暴虐無道的尚之信曾縱獵犬噬人，比起先前的反賊張獻忠，更是有過之而無不及。耿精忠則是生性軟弱無能，於一六七六年向滿清俯首稱臣，自此之後，三藩就無法採取協同行動。翌年，尚之信繼耿精忠之後向滿清乞降，尚之信的投降，顯然與吳三桂堅持派人入粵任官有關，而尚之信向來以廣東為禁臠。

吳三桂最後在一六七八年稱帝，但為時已晚。同年年底，吳三桂死於痢疾，結束了六十六載風風雨雨。吳三桂的孫子以吳的名義繼續作戰三年餘，後死守昆明城數月，於城破時自刎而亡。吳三桂的追隨者，連同耿精忠、尚之信一起伏誅。儘管康熙接受了耿、尚二人的投降，並保留藩王的頭銜，但康熙斷難容忍像耿、尚這類的人存活在世間。

一六八一年，三藩之亂敉平，曾經主張對三藩採取強硬路線的大臣即受到康熙重用：雖然康熙君臣決定撤藩幾乎葬送大清基業，不過他們最後的獲勝意味著中國從此將更為強盛。康熙嚴懲支持叛亂的重臣要員，毫不留情，但下令寬宥戰爭中的俘虜。誠如康熙所言，他們不過顯露出「一時貪生畏死之恆情，若大兵所至，概行誅戮，非朕救民水火之意。百姓無由自新」。皇帝同樣寬待在戰亂中遭「賊逆」（康熙通常稱之為「賊」）擄獲的婦孺：「但賊營婦女，多係擄掠脅從，破賊之後，凡所擄難民子女，許民間認領。」1

隨著藩王盡誅，樹倒猢猻散。新任的總督與巡撫——多數為綠旗營漢軍——被分派到叛亂的各省就職，將之整合進康熙治下。這些地區的賦稅開始流進北京的府庫，隨著財政大權的收回，南方與西南的科舉考試亦回歸由朝廷舉辦，人才也慢慢回流到中央。不過飽受兵燹之災的生活很難在短時間恢復舊貌。三藩之後整個康熙年間，湖南、雲南、廣西、貴州等地仍為邊陲地帶，而康熙對此區的不信任感依然長駐心頭。只有少數出身上述省分者被授予高官厚爵。康熙本人雖愛遊幸，不過足跡也不逾江南。康熙口中的「南方」是南京與蘇州，易言之，真正的南方與西部省分並不在他巡幸的範圍之內。三藩之亂帶給康熙的震撼，以及他決定三藩「告老還鄉」之後，黎民百姓又是如何生靈塗炭，令康熙後悔莫及，終年都無法忘懷。不過，康熙從未後悔作出撤藩的選擇。

臺灣與海上的中國

臺灣融入中國的歷史始自十七世紀中葉。明末，臺灣依然鮮為人知：海象危殆，颱風頻仍，沿海淺灘處處，對海岸地區有天然防護之效；且西部平原連綿錯落，四處瘴癘橫行，後有崇山屏障，與世孤絕。臺灣本地不友善的原住民令外來的探險家或移民望之卻步。不過還是有少數來自廣東、福建各港口的商賈涉險渡海，與原住民買賣鹿皮、被視為強效壯陽藥的碎鹿角，並在島上的西南部形成小型聚落。中國與日本的海寇也在臺灣西部找到棲身之處。

一六二〇年代，臺灣登上國際政治的舞臺。一度，遇難的海員與傳教士是島上唯一的歐洲人。當時，葡萄牙人曾一探臺灣，名之為「美麗之島」（Ilha Formosa）；但後來決定作罷，而以澳門作為在東亞活動的根據地。西班牙人在北臺灣的基隆（雞籠）建立小型據點；信奉新教的荷蘭人則在一六二四年於臺灣南部安平小鎮（今臺南）修葺「熱蘭遮城」（Zeelandia）。迄於一六四〇年代，荷蘭人驅逐了島上的西班牙人與殘餘的日本海盜，而在臺灣、東印度群島（East Indies，今印尼）的荷蘭帝國，以及中國東部沿海的商賈官員三者之間形成貿易網絡。由於受到貿易利益的吸引，有部分漢人移民先後聚集在西班牙人、荷蘭人據點四周，其餘則赴臺灣西部平原拓荒墾殖。荷蘭人鼓勵漢人來此開墾，雖然很少漢人商賈會永久定居於臺，冬天時他們會回到中國沿海，荷蘭人得獨自建立有組織的經濟發展系統，並以封建制度管理島上的原住民。

一六四〇年代、一六五〇年代間，臺灣島上的荷蘭人盡量避免介入殘明勢力的抗清活動，然而隨著沿海戰事的發展以及這些戰事與南明擁護者密切相關，荷蘭人無法置身於這場戰爭之外。當時，權貴富室的鄭氏家族是游移於福建、臺灣、日本南部海域的海盜兼貿易商，鄭氏家族的首領*最後受荷延殘喘的南明政權封爵。鄭芝龍雖然於一六四六年投降清廷，不過他那性格剛烈的兒子鄭成功卻拒絕隨父降清。在南明政權四處逃竄之際，鄭成功仍率領部艦予以力挺，到後來，即便南明已遭清軍驅逐逃往西南內陸地區，鄭還是始終奉朱明為正朔，也以行動力圖反清復明。

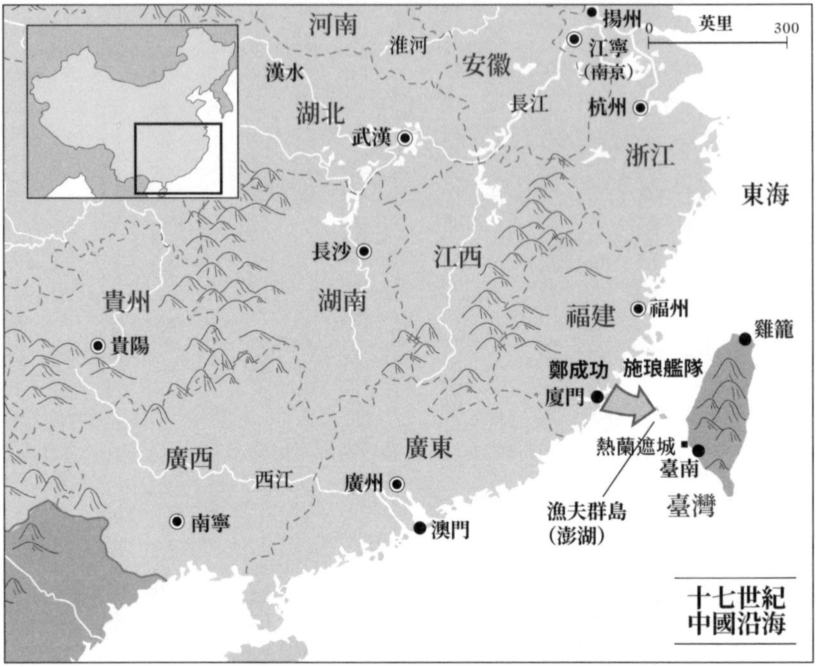

十七世紀
中國沿海

這位傑出的海將即史上所稱的「國姓爺」（明朝賜鄭成功國姓，西方人把閩南語發音的國姓爺譯成Koxinga），出生於一六二四年，母親是日本人，所以鄭成功的成長背景也反映了國際貿易與文化關係的多元。鄭成功父親的貿易網絡從長崎（Nagasaki）綿延至澳門，在位於廈門附近的營壘中可以發現基督教與佛教聖像並存的禮拜堂，還有從澳門的葡萄牙人手中逃脫的黑奴充當護衛，而船隻可以直抵營壘之內。

整個一六五〇年代，鄭成功的船艦一直都在華東沿海地區與滿清作戰，在他的掌控下，廈門成為一個國際轉運港。鄭成功甚至組織十家銷售絲、奢侈品以及糖等商品的商行，以交換海軍所需軍品與火藥來補給船艦。鄭成功直到一六五九年猛攻南京，才遭逢軍事重挫。滿清大軍逼臨廈門，鄭成功毅然決然決定攻打熱蘭遮城。或許是受到曾擔任荷蘭通譯、並熟悉熱蘭遮城防衛部署的漢人相助，鄭成功順利包圍熱蘭遮城；雖然鄭成功輕易就占領熱蘭遮城周圍的田野，殺死荷蘭人並擄掠其女子，不過堡壘裡的荷蘭人卻負隅頑抗了九個月之久。到了一六六二年二月，荷蘭人才投降，並與鄭成功達成協議，荷蘭人全部撤至荷屬東印度群島的巴達維亞城（Batavia），而荷蘭人留給鄭成功的財貨與現金估計價值逾一百萬盎司白銀。

鄭成功的功業並不持久。由於他不歸順清朝（他的母親被清軍殺害已久），父親與諸弟在北京被處死。消息傳來或許加劇他原本反復無常的情緒，於是他開始凌辱臣屬，不假詞色，嚴待兒子，後於一六六二年辭世。

雖然鰲拜等顧命大臣在一六六一年悍然強令沿海居民遷徙，不過仍無法令臺灣歸降滿清。滿清曾與荷蘭人聯手圍堵仍在福建沿海的鄭氏家族殘餘勢力，不過兩次預備在一六六四年與一六六五年征討臺灣的計畫都無疾而終。滿洲鐵騎畢竟不善於海戰，況且一六七三年之後，大批清軍被三藩之亂所牽絆，使得臺灣的鄭家可以繼續發展、繁榮其貿易與商業勢力：

＊ 譯注：鄭芝龍。

隨著沿海居民的遷入，漢人人口在鄭成功兒孫治下迅速膨脹，總數已逾十萬人，生產大量米、糖，並從事頗有規模的製鹽、精糖、造船等商業活動。

即使三藩之亂結束後，康熙仍無力從鄭家手中奪回臺灣，於是令鄭芝龍麾下的水師將領施琅率軍遠征臺灣。施琅早在一六五〇年代就歸降康熙。康熙這步棋非常高明，施琅不僅能征善戰，而且施琅降清之時其父兄兒子皆遭鄭成功殺害，施琅勢必全力以赴。

施琅按部就班，謀畫戰略，而從三百艘戰艦這個數字可以窺見，儘管當時中國海上力量還有待發展，但是潛力實不容輕忽。一六八三年七月初，施琅率艦出閩，在澎湖群島附近大敗鄭氏。

三個月後，臺灣投降，康熙或許不願見到平三藩時血流成河之烈，因此厚待投降的鄭氏家族與降將，授之以爵，並允其定居北京。鄭氏殘部多調離臺灣，用以充實北方邊防，以禦俄人。關於如何處理臺灣，朝廷百官曾激辯多時。有人建議應該完全放棄臺灣，不過施琅則是力陳以臺灣為屏障，使中國免受荷蘭戰艦的侵擾，因為荷蘭戰艦「重以夾板船隻，精壯堅大，從來乃海外所不敵」。康熙最後裁決將臺灣納進帝國版圖。臺灣成為福建省的一個府，府治設於臺南，府下設三縣，每縣設置知縣一名。康熙也派遣一支八千人的清軍永久駐防島上，而島上原住民部落與狩獵場域受到朝廷的尊重。除此之外，清廷還審慎限制漢人移民臺灣。

康熙這種矛盾的措施，反映了清朝（之前的明朝亦然）有關海外貿易與殖民政策的舉棋不定。中國的統治者對外貿基本上是不信任的，認為此類貿易活動會帶來紊亂失序，擔心貿易活動會將軍情洩漏給外國強權，造成貴重的白銀大量外流，滋生海寇和犯罪。因此，即使鄭氏家族敗亡之後，清廷放棄強制遷移沿海居民的政策，不過仍透過廈門等沿海城市實施特許與限制船隻噸位的措施，以控制與臺灣之間的往來。

但對於華東沿海昌盛的商業世界，這些政策並不實際，結果徒讓東部沿海地區職掌海上、沿岸貿易的要員坐享暴利。據稱，漢族包衣吳興祚透過父親的人脈，在福建的官場上扶搖直上。一六八〇年代之初，吳興祚為了取得兩廣總督的職位，藉此掌控廣州城的大部分外貿交易活動，支付的賄款總計超過一萬盎司白銀。吳興祚得到一千特派官員之助，將大批人口遷回沿海，近乎五十萬英畝的土地重新分配給三萬逾人。吳興祚還監督抄繳尚之信在廣州的隨扈、商賈的家產：其中一名商人所積累的家產超過四十萬盎司白銀。

國家從合法的對外貿易中可課徵十分龐大的稅收，而歷代也不乏統治者善加利用之。但是除了設置四個海關衙署（分別位於廣東、福建、浙江、江蘇），以及試行對外國進口商品課徵百分之二十的進口稅外，清政權未能建構必要之機制，而是採用佣金制或專賣。隨著十八世紀更強勢的西方貿易商抵達中國之後，這項決定就產生致命的後果。

清廷嚴禁移民臺灣，卻無法貫徹這項措施，結果臺灣表面上受行政管理機制羈縻，實際上則淪為難以駕馭的化外邊陲、紊亂不堪的失序社會，從康熙一朝的記載可一窺渡臺開墾的人士：一群來自福建省的兄弟以低價向原住民承租土地，以漢人的灌溉方法大大改善土質。

施琅的一位親戚至北臺灣定居，他用自己的家產去開發荒地，並從人口較為密集的南臺灣僱用遊民。一個來自廣東的漢人娶原住民頭目的女兒為妻，並充當岳父的通譯，後來他將部落的土地租給其他漢人移民牟利。凡此或許不能算是傳統漢人的典型例子，不過他們卻有助於擴建中國傳統帝國。

勸服儒士

南明諸王的頑強抵抗、鄭氏家族所獲得的擁護，以及三藩之亂的迅速蔓延，幾近成功：這些都說明清政權並不受漢人擁戴。康熙從即位之初，一方面要在滿洲貴族面前展現自己的武藝精湛，且滿腹雄才大略，另一方面也設法讓漢人相信，他對漢人傳統文化的推崇。藉著謀求兩者的平衡，來處理此一問題。

要引起滿洲人的共鳴比較容易。康熙幼年罹患天花而無恙是其得以繼位的原因之一。康熙身強體壯，對狩獵、射箭之術興趣濃厚，並精通騎術，因此康熙能策馬遠行，深入滿洲人的發源地。曾經與康熙並轡完成這趟旅程的精銳侍衛與滿洲貴族，一直都對主子忠貞不貳；雖然他們關於國家政策曾有過迥異的歧見，不過在康熙早年遭逢的種種危機中，他們一直堅定擁護康熙。康熙的祖母（也就是皇太極的遺孀）十分寵愛康熙，她憑恃著家族的關係，大權在握。康熙的皇后與眾嬪妃（康熙十一歲初婚，娶一位與鰲拜敵對的顧命大臣之孫女）的家族勢力，成為康熙政權的有力後盾。康熙在北京城內滿人信奉的「薩滿教」寺廟舉行隆重典禮；重用滿人與漢人，命滿洲貴族執掌「內務府」藉以抑制宦官的勢力；宮中雜役則由漢人包衣來擔任，而不是太監。

然而，要爭取漢人人心就較為棘手。滿人說他們於一六四四年入關的目的，就是要為明崇禎皇帝復仇，不過多數漢人無法接受這番託辭。縱然滿人所言屬實，但根深柢固的忠君思想，讓不少漢人在聽聞崇禎皇帝駕崩之後自裁殉國；雖然深知自己終究性命不保，仍有許多人執戈反抗滿人；有更多的漢人寧可選擇縱情山林，遺世獨立，不願侍奉新朝。

這種辭官退隱的作法用儒家思想能合理化解釋，而康熙亦正是立足在儒家思想上，去面對漢人的抵制行為。儒家訓誨在中國社會裡具有不爭的地位。不過到了十七世紀中葉，對於儒家思想的真實底蘊為何，看法已經有了相當大的差異。西元前五世紀，孔子身為中國儒家文化的思想發言人，強調個人與官場間的道德與人格尊嚴。他主張正義與忠誠，須透過正確的方式來強化天地人間的關係。孔子曾論道，有德者不應侍奉無道之君，假若有必要，有德者必須為捍衛理想原則而成仁。他更指出人們應該要關注社會中的問題，適當尊重已逝的先賢，但不應該企圖了解上天與靈魂的力量。

孔子與政治家跟弟子的論述，後來由其門生匯集成《論語》。孔子在《論語》中的形象精明又有活力。他常會找出自己及身邊的人的性格缺陷，始終相信人可以改正向善，對道德典範跟教育的核心價值更是貢獻良多。孔子相信人活得越老，智慧也會越長，並詳細記錄這段自我知識的發展過程。孔子逝世後的幾世紀後，有五本據信曾由孔子彙編的著作問世，也就是儒家經典「五經」。五經當中有一本記錄禮制，兩本為史書，一本匯集詩作，最後一本《易經》為占卜之書。隨後在十二世紀時，《論語》跟其後代弟子的論述《孟子》，及其他兩本講述禮儀跟道德的著作，合稱為「四書」。「四書五經」裡的基本倫理概念，讓其成為追求道德生活的經典之作，透過記載更可窺見早在約一千五百年前的周朝，中國就已經百花爭鳴，達到啟蒙民智的高峰。

接下來的幾世紀，許多人為四書五經加注，也有人汲取西元五世紀後中國盛行的佛道思想及其他中國哲學，重新詮釋修改經典的些微細節。與此同時，包羅萬象的儒家經典演變成學說，四書五經成為國家科舉選士的必讀書籍。儒家思想重尊卑，認為父母對孩子有絕對的權力，夫妻及君臣間也須遵從上下位階。尊卑概念只允許男人報考科舉，儘管女人富有才學也無法擔任一官半職。清朝盛行的儒學強調這世間的「理」，但「理」又獨立於生命的「氣」之外，且更為崇高，也因此衍生出「理／氣」二元論，藉此來闡述人性乃至於藉此建構出中國的整個形上學結構。

自從康熙圈禁顧命大臣鰲拜之後，康熙表現出對儒家豐富遺產的崇慕之意。一六七〇年，康熙頒布十六條箴言，意在總結儒家思想的道德價值。「聖諭十六條」強調社會關係的等級秩序，以及仁慈、服從、儉約、辛勤工作的美德。康熙又挑選一群滿漢大學士，與之精研四書五經。從朝廷的記載可以看出康熙的進步，遇有疑難處便與學士們一起討論。皇帝研讀儒家經典、勤練書法的消息被「走漏」給群臣知悉後，群臣盛讚康熙是「聖君」。滿漢人大學士還把「聖諭十六條」翻譯成通俗的白話，以利康熙的倫理觀點向黎民百姓傳播。

朝廷的權力之所以至高無上，部分因素在於掌控了科舉考試。順治恢復了這套考試制度，康熙則是每隔三年開科取士，即使三藩作亂期間，科考也並未中輟。不過令康熙感到不快的是，許多滿腹經綸的博學之士不願參加科考，藉以表明他們身為明朝遺民，不願出仕而背叛明朝。一六七九年，康熙提出一個巧妙的解決辦法，在每三年的科舉取士之外，他又下令各省薦舉人才，參加朝廷的「博學鴻詞特科」，以網羅高才博學的賢良。雖然還是有人堅持不赴北京參加考試，有人則是不願被列入薦舉之林，不過這項舉措還是收到成效。特科共錄取五十名，大部分的學者來自江南；同時，為了刻意表彰這群名儒碩彥對前朝的忠貞，高中特科者均奉命入館佐修明史。

儘管康熙皇帝盡其所能籠絡前朝的山林遺老，不過許多漢人仍對新朝心存觀望。有不少文士私自蒐集明史相關資料，以期自撰歷史不受朝廷監控。因此，如揚州、江陰英勇抗清的城鎮雖是功敗垂成，不過其事功皆能載入史冊，流芳百世。有些曾經在家鄉抗清的學者，不理政事之後便撰寫晚明東林黨或類似學社的改革儒士的事蹟。

這段期間，有三位儒士以其作為、文章而負盛名。一位是湖南人王夫之，他在一六五〇年返回故里之前，曾經有數年在西南桂王的流亡朝廷為官。王夫之傾力攻擊王陽明信徒的個人主義式哲學，認為陽明學派陷溺在個人意識中尋求道德，結果斲喪了時代的道德意識。王夫之同時還撰寫了一部關於桂王小朝廷的歷史，並細加品評先前政權的專擅，這些文字若是讓清軍發現的話，王夫之恐怕難逃殺身之禍。

第二位是浙江人黃宗羲，他是東林黨與其他改革派的忠心擁護者，其父於一六二六年遭宦官魏忠賢下令殺害。黃宗羲有數年在東部沿海地區隨南明藩王作戰，並在山區內修築防柵以阻擾清軍的前進。黃宗羲在一六四九年退隱，專心治學。黃宗羲不僅細心撰寫明朝重要人物的傳記，還試圖分析政府的制度結構。他主張回復遠古的理想社會，由儒士擔負社會的行政工作，並以道德教化來管理，取代當時過分集中化的體制。大部分的中國政治思想家在探索改革之道時，均傾向於思考如何改善介於皇帝與百姓之間的宦官與官僚的行為，但黃宗羲本人卻獨樹一格地認為應該限制帝權。

這三人當中以顧炎武最為知名。顧炎武一六一三年生於江蘇，由守寡的養母撫育成人，顧母以嚴守道德禮教而聞名於鄉梓，顧炎武恪遵儒家思想的倫理誡律。晚明時期，顧炎武曾通過鄉試，但眼見當時的政治、道德亂象，便潛心鑽研傳統的經世致用之學、政府體制與軍事兵法。一六四四年，顧炎武曾經短暫輔佐福王抗清。顧炎武的母親因不願屈從新的征服者而絕食殉國，令顧炎武深為感動。她留給顧炎武的遺言是：「我雖婦人，身受國恩，與國俱亡，義也。汝無為異國臣子……」[2]

雖然顧炎武並未踵繼母親絕食殉國的義行，不過他確實將母親遺言銘刻在心，餘生（他死於一六八二年）都在旅行、反思、研究。他甚至離開蒼翠蓊鬱的江南家鄉，遷居不毛之地——陝西。顧炎武著述立說，一如同時代的王夫之，以抗衡強調形上學二元論與直觀意識，造成道德空洞化流弊的儒家主流學派。顧炎武單騎走遍大半華北地區，考察耕作方法、開礦技術與商人的票號制度，以觀察所得寫下一系列的文章，試圖為嚴謹、實證的學術研究奠下基礎。

顧炎武在卷帙繁浩的著作中，主要關注的議題集中在政府體制、倫理學、經濟學、地理與社會關係，並十分重視「樸學」，他認為樸學是考證中國古代學術遺產真實意蘊的重要工具。顧炎武特別推崇漢代（西元前二〇六年至西元二二〇年）學術不事雕琢，法度嚴謹，且無虛玄矯飾。儘管顧炎武聲名鵲起，但他依然不參加清廷舉辦的所有科舉考試（包括一六七九年的特科），也不參與由康熙所推動的編修明史工作。顧炎武辭世後，許多學者推崇顧炎武是一位嚴謹通透的治學典範；顧炎武的著作在十八世紀對中國思想有深遠的影響。

然而不獨文士、武夫反抗清廷。有許多清初畫家也以藝術作品表達心中的憤慨和對新政權的疏離。透過大膽的創新、古怪的畫風以及留白的運用，呈現出一個蕭瑟失衡的世界。孤松奇絕，荒山嶙峋，林木鬱鬱，以厚實的筆法躍然紙上，偶有孤鳥游魚，這都是此類藝術家常取材的主題。其中幾位出類拔萃的畫家，如石濤或八大山人，他們均與朱明王室有血緣關係，在滿清入關後遁入深山僧院。八大山人以沉默來表達對滿清政權的抗議。他在自家門上寫了一個「啞」字，從此默然不語，即使是大醉或熱中創作時放意狂笑或仰天長嘆，也不曾開口說話。但石濤則是漸漸涉身社會之中，開始與其他的學者、藝術家論交，即使是這些人曾經侍奉滿清政權，他偶爾也會受託為富裕雅士設計庭園，最終徘徊於官場邊緣。

我們的確可以循著清廷籠絡文人的脈絡來寫一部歷史。那些並未出仕或參加科舉考試的文人，仍有可能被好友的承諾或金錢所引誘。編修書籍最能凝聚文人的精力。康熙延攬博學俊彥，使之編寫字典、百科全書，記錄朝廷巡視，蒐羅古文與古詩。也有王公大臣贊助學者從事地理研究與地方誌的編修，於是學者遊歷不輟，蒐集寫作材料，然後返回舒適宅邸提筆撰寫。也有官員聘儒生任幕僚，責輕事少，便有更多閒暇創作，或為小說家，或為短篇故事作家，或為詩人、戲曲作家。其結果就是在異族的改朝換代下，中國文化依然能在十七世紀末大放異彩。

最後，透過孔尚任的藝術手法，明朝遺民抵抗與忠君的題材終於為康熙一朝所接納。孔尚任生於滿人入關後的一六四八年，是孔子第六十四代子孫。孔尚任的父親是明代知名的學者，孔尚任本人深受明朝覆亡與明代遺民的事蹟所吸引。孔尚任在四十幾歲譜成一齣廣為流行的戲曲《桃花扇》，情節描寫一位耿直的文士與其所愛的女子，如何經歷南明福王朝廷的苦難折磨。這位女中豪傑抗拒南明權奸的求歡，以扇子敲擊奸邪，致使血灑扇面。一位畫家將扇面的血跡綴飾成桃花盛開的模樣，這齣戲就是以此為名，從桃花扇這個出色生動的隱喻可以看到，孔尚任眼中隱伏在晚明時代道德與知性生活背後暴力與美感的交融。在《桃花扇》的劇末，晚明的抗清行動徒勞無功，高風亮節的遺老紛紛遁避山林，不願接受清廷的招降入朝為官，這對戀人也遁入空門。劇末的一幕，這對戀人與一位友人同嘆：

千古南朝作話傳，
傷心血淚灑山川，
仰天讀罷招魂賦，
揚子江頭亂瞑煙。[3]

到了一六九〇年代，《桃花扇》已經在康熙的朝廷之上傳唱，孔尚任的戲曲深受宮廷中人所喜愛。孔尚任為文捕捉到聽眾的情緒：

名公巨卿，墨客騷人，駢集者座不容膝。張施則錦天繡地，臚列則珠海珍山。……蓋主人乃高陽相公之文孫，詩酒風流，今時王謝也。故不惜物力，為此豪舉。然笙歌靡麗之中，或有掩袂獨坐者，則故臣遺老也；燈搖酒闌，欷歔而散。[4]

此類人物或許滿腔念舊情懷，不過終究得與異族和平共存。

廓清邊疆

外國的壓力（至少來自某些外國技術）在清初已愈加隨處可見。即使對外國風土民情了無興趣的人，生活也可能受到外國器物的影響而改觀。例如，孔尚任還沒寫《桃花扇》時，視力已開始慢慢衰退；他曾以詩描述他如何重拾文人生活，字裡行間滿溢欣喜之情：

西洋白玻璃，
市自香山嶼。
制鏡大如錢，
秋水涵雙竅。
蔽目目轉明，
能察毫末妙。
暗窗細讀書，
猶如在年少。[5]

孔尚任拜自澳門進口的歐洲技術之賜而重獲視力，這得多虧朝廷並未下令摧毀這座葡萄牙人的基地。一六六〇年代期間，「遷海」政策為朝廷征討臺灣戰略的一環，因此下旨命水師封鎖澳門，所有居民悉數撤離，嚴禁葡萄牙的船隻進出，並以夷平澳門相要脅。但是，地方官員鑑於居民的經濟利益，並未貫徹朝廷的旨令。另一方面，通過外交使節多次覲見，加上京城耶穌會士的支持，並在一六七八年呈獻康熙一隻非洲獅子，康熙龍心大悅，葡萄牙人終於說服朝廷讓他們繼續保有澳門，作為在東亞從事貿易活動的根據地。不過對葡萄牙人的寬待並沒有澤及俄羅斯人。晚明官員與順治皇帝的閣臣十分清楚，俄羅斯的獵人與移民逐漸遷入東北邊境地帶。一支俄國使節團曾與朝廷交涉，希望允許俄國定期派遣貿易商隊到中國，不過康熙慮及此舉可能會讓俄國影響到邊境部落對朝廷的忠誠，曾試圖將數個邊境部落南移，遷離邊界，建立一塊無人的緩衝地帶以使中俄隔絕，這樣的設想或許是效仿摧毀明鄭所採取的遷海政策，不過此計終因耗費人力財力且不切實際而作罷。

事實上，康熙已經籌思多年，準備對俄羅斯人在黑龍江（Amur River）流域的雅克薩（Albazin）城發動攻勢。臺灣在一六八三年歸順之後，部分殘餘的鄭家軍被送往北方，參與攻俄戰事。鄭家軍的海戰戰術對康熙幫助甚大，因為康熙需要利用水師巡弋北方河道。南方戰事告捷後，康熙下令集中兵力攻擊雅克薩城，經過一番激戰，雅克薩城在一六八五年被清軍攻陷。在當時，雅克薩與其說是城鎮，不如說只是個軍事要塞，於是康熙下令清軍棄城撤退，離去前必須焚毀俄國屯墾移民種植的大批農作物，但不知為何清將彭春並未從命。於是，雅克薩西方大城尼布楚（Nerchinsk，跟雅克薩一樣位於石勒喀河〔Shilka River〕河岸，俄國第二大貿易基地）的駐軍將領便命人在冬季來臨之前前往收割，並重新占領雅克薩城。

康熙聞訊大怒，遂於一六八六年第二度下令攻擊雅克薩城，但遭俄人頑強抵抗。不過，俄國的統治者擔心面對清軍堅決反對，他們是否能取回這片龐大的領土，於是決心求和。雙方透過精通拉丁文與滿文的耶穌會士居間翻譯，於一六八九年在尼布楚會面簽約。就其長遠的效果來看，《尼布楚條約》是中國歷史上最重要的條約之一，因為條約所畫定的疆

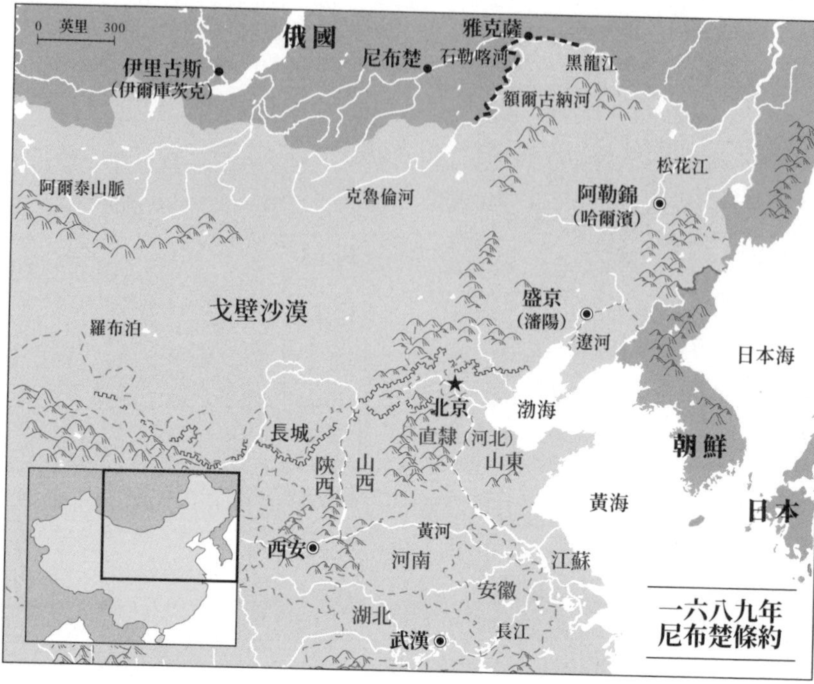

一六八九年尼布楚條約

界大致維持至今。兩國在最富爭議的區域，從北自南便以格爾必齊河（Gorbitas River）與額爾古納河（Argun River）為邊界。俄國放棄雅克薩城並將之焚毀，整個黑龍江流域盡歸大清所有。兩國的逃兵各自遣回，雙方互市貿易，但是貿易商人必須持有清廷核發的有效文件。

藉由武力征戰，臺灣被畫歸為中國的版圖，澳門的葡萄牙人雖未與大清簽訂條約，但仍獲寬宥而得以維持原有的半獨立狀態。不過就俄國的例子而言，中俄雙方是以主權對等國家的地位簽訂條約。清廷這種作法雖然背離了傳統中國一貫的對外模式，不過值得注意的是，

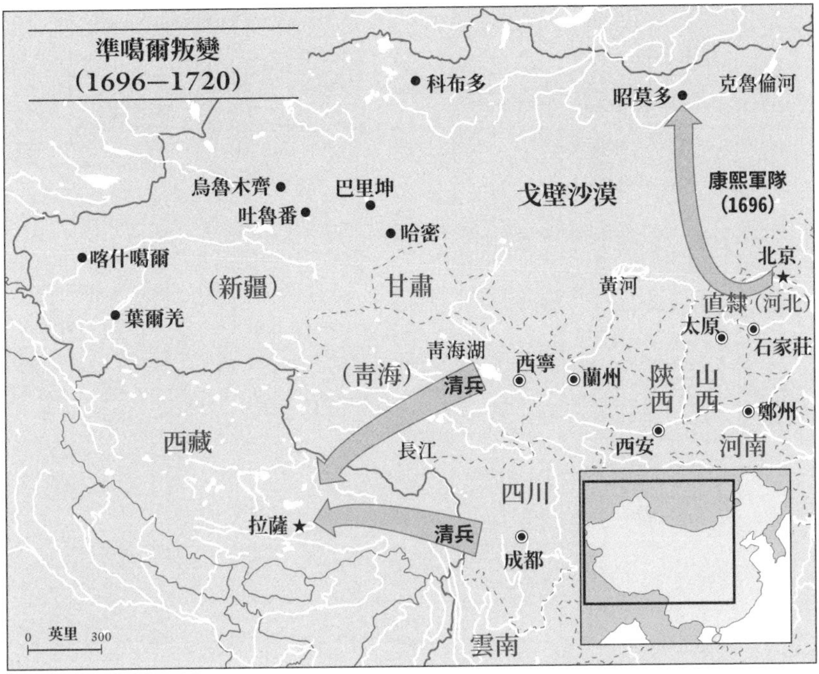

自從清朝開國以來，朝廷對待俄國的事務並不是交由職司荷蘭、西班牙、葡萄牙諸國之夷狄關係的「禮部」負責，而是責成一特別的衙署「理藩院」來處理。理藩院是由皇太極所設立，本來是為了處理與蒙古人進行外交與商業往來時所滋生的問題。將涉俄事務委交理藩院，象徵朝廷承認這是特殊個案，對於涉及遠北邊界糾紛，必須以不同於對待東南沿海的方式來處理。

大清之所以與俄國簽訂條約，主要是考量西部的準噶爾（Zunghar）部落：清廷深怕俄國人會與這些強悍的遊牧戰士結盟。準噶爾部落篤信藏傳佛教（準噶爾部視達賴喇嘛為精神領袖），而噶爾丹（Galdan）又是一代雄傑，準噶爾部在今日外蒙古和青海人煙罕見的地區徙牧，可說不受羈束。到了一六七〇年代末，噶爾丹依序占領喀什噶爾、哈密、吐魯番，控制了這些廣為人居的回民城市，以及旅行商隊往來中國與地中海之間的通衢。這些地方的部落與噶爾丹交惡，在被噶爾丹擊敗後東逃，壓迫到甘肅。準噶爾部落戰士大舉遷徙令康熙惶惶不安，唯恐俄國與準噶爾部落結盟。

然而結盟一事並未成真，康熙在簽訂《尼布楚條約》之後，派其皇兄福全率兵攻打噶爾丹。在長年征戰之後，康熙決定御駕親征，痛擊噶爾丹，而康熙之所以敢冒險，可能是康熙認為成功擊敗俄國乃得力於他本人，而不是其將領的謀畫。清軍糧食輜重補給得宜，約有八萬大軍，兵分三路西進；康熙御下的部隊橫跨戈壁沙漠，把準噶爾部驅逐到克魯倫河（Kerulen River）以北，一六九六年，噶爾丹被逼入死角而在昭莫多（Jao Modo）一役中戰敗。隔年，噶爾丹歿，所屬部眾紛紛歸附清廷。

成功綏服準噶爾是康熙皇帝親政以來的全盛期。此時康熙四十二歲，他樂於享受這場戰爭所帶來危險的刺激快感；戰事結束後，康熙即刻修書給北京朝中的一位寵臣*，信中提及朗朗晴空、美味珍饈、瑰麗奇景，無不令康熙感到愉悅。「今噶爾丹已死，其下人等俱來歸順」；一六九七年春天，這位皇帝在信中敘述，「朕之大事畢矣……蒙天地宗廟護祐成功，朕一生可謂樂矣，可謂致矣，可謂盡矣。朕不日到宮，另為口傳，今筆墨難盡其大概而已。」[6]

但是在對外政策方面，每次解決後總是會帶來新問題，該區域的權力政治沒有因為噶爾丹的死就重拾和平，康熙也發現自己在達賴喇嘛遭謀害後，推舉出不適當的繼任人選時，又身陷準噶爾各部大汗之間複雜的鬥爭中。不過這也讓康熙以正義的報復為名出兵西藏（猶如一六四四年清兵入關的藉口）；他下旨兵分兩路，一經由青海湖，另一取道四川入西藏。一七二〇年秋天，這兩支軍隊在西藏首府拉薩會合，忠於清廷的達賴喇嘛即位。從此以後，中國開始以軍事介入西藏的政治。

與此同時，由於臺灣島上生活不定，以及清廷統治失當，一名隨同官員抵達臺灣的奴僕，名叫朱一貴的福建人，與五十名歃血為盟的弟兄高懸反叛大纛。由於時代動盪不安，也因為他姓「朱」，是明室的國姓，所以朱一貴的叛變吸引了數百名追隨者，並一度占領縣治，在臺灣自立為王。不過朱一貴的政權只維持了兩個月，最後被水師提督施琅之子率軍擄獲，而在三十八年前率先攻占臺灣的正是施琅本人。儘管清廷無法徹底根治當地的基本問題，但至少證明他們能夠迅速、有效地回應邊境爆發的兩次危機。一七二二年，康熙皇帝駕崩，西藏、臺灣兩次戰役也顯現朝向西南和東方延展的極限。《尼布楚條約》簽訂之後，保住滿洲人祖宗的龍興之地，論勢力之深之廣，史上只有少數朝代能與清朝相提並論。

＊ 譯注：敬事房總管顧問行。

遺禍

康熙皇帝的威名建立在他追求統一不遺餘力以及對外政策的魄力。康熙對自己的決斷力頗為自豪，因而時常獨排朝中滿、漢大臣之議；當捷報傳來時，康熙便自居功績。不過，在幾件大事上，結果也不盡如他所願，留給後繼者一個治絲益棼的亂局。其中又以三方面為最：環繞在太子胤礽周圍的爭議，與天主教傳教士的關係，以及農村地區的行政管理。

康熙親政之初，亟欲避免一六四〇年代攝政王多爾衮、一六六〇年代鰲拜把持朝綱的歷史重演。因此，當康熙的皇后於一六七四年產下胤礽，康熙即冊立他為儲君。因為胤礽的生母難產病歿，所以胤礽的出生便有了命定的意味，胤礽與其他異母兄弟十分疏遠。

胤礽所受的教育是要為天下表率，依循儒家道德誡律，兼修滿洲人擅長的騎射之術。康熙挑選最博學的大學士任太子太傅，詳細查考功課，並重視太子品行操守的涵育和文史的修養。胤礽漸漸參贊政務，一六九六至一六九七年，當康熙御駕遠征噶爾丹時，胤礽坐鎮北京。康熙甚至一度表明有意退位，好讓皇太子登基統理天下。

但是康熙班師回朝之後，開始聽聞有關儲君行止的種種謠傳：胤礽素行乖張，暴虐凶殘。康熙巡幸西疆、滿洲、大運河與長江沿岸的繁華都城時，也令諸皇子隨侍在側，而胤礽的任性妄為常讓旁人難以自處。

康熙所面臨的難題之一是無法了解實際情況。朝中文武也因各有所屬而開始明爭暗鬥。七位皇子在年齡、智慧方面足堪與胤礽角逐儲位。各家爭鳴的情況下，滿朝文武不論滿漢，少有人願意吐露真言。於是康熙開始建立新的奏摺制度，以穿透蜚言蜚語的層層迷霧。

皇帝的消息來自京城與各省官員，官員一般是以奏摺的方式向皇帝遞呈訊息。這種小心翼翼擬就的文書由驛丞進呈宮中，由內閣先行抄錄，附上票擬的意見，再轉呈御覽。這是比較公開的制度，但康熙在一六九〇年代開始建立「密摺」制度，密摺係由撰寫官員的家奴送至宮中，由皇帝身邊的宦官呈交，由皇帝私下審視、批閱、密封。然後再把這套程序反過來，有皇帝御筆硃批的密摺再轉交由官員的奴僕攜回。

康熙起初是私下使用密摺，派赴各省的親信包衣詳列各地糧價，以便查核官員報告的真實性，發掘未來可能引發騷亂的潛在因素。十八世紀初，康熙開始擴大這套系統；一七〇七年，少數康熙的寵臣上奏密告胤礽的行止，說胤礽如何志得意滿，以皇帝自居，又凌虐臣屬奴僕，還命親信遠赴南方購買童男童女，帶回宮裡供他狎戲。康熙一直隱忍不發，但是到了一七〇八年，已經有太多不利胤礽的證據，康熙不能再有遲疑。康熙一怒廢黜胤礽，拘之於「上駟院」，並命四子胤禛監視胤礽；胤礽的黨羽，以及涉入的朝臣一一逮捕、伏誅。

之後康熙陷入猶豫躊躇的痛苦循環之中。最後康熙相信對胤礽的指控並非真有其事，而是受人鎮魘，於是在一七〇九年釋放了胤礽。但是到了一七一二年，又發現不利胤礽的新證據，包括意圖謀害康熙（只因康熙顯然不會為了傳位於胤礽而退位，他才起了弒父殺機），康熙再度下令逮捕胤礽。終康熙一朝，不再冊立儲君，並嚴懲妄再議立太子的朝臣。廟堂之上流言充斥，康熙諸子各有其黨，大清的未來蒙上一層陰霾。

天主教士也鬧出皇權與特權問題。康熙自從結束鰲拜的攝政之後，開始任用耶穌會士：康熙令耶穌會士監管「欽天監」，垂詢地圖的繪製與工程建築等事務，並允許他們在北京城內與各省傳教。特別是在一六九二年後的十年間，康熙下旨接受基督教，耶穌會士開始期盼他們在中國的傳教能有轉機。不過康熙堅持耶穌會必須同意，中國人祭祖祀孔是國家禮制，而非宗教儀式，此故，改信基督教的中國人仍可繼續祭祖祀孔。因為康熙所持的界定襲自明朝知名耶穌會傳教士利瑪竇（Matteo Ricci）的觀點，所以在華的大多數耶穌會士均無從辯駁。

然而不同教會的天主教神父與傳教士，不管是在東亞或羅馬都強烈反對。他們認為康熙是以無上的權威介入宗教教義，耶穌會士的態度會破壞基督信仰的完整。羅馬教皇克勉十一世（Pope Clement XI）為了補救，指派一位年輕但深受信任的主教鐸羅（Maillard de Tournon）前來中國了解情形。一七〇五、一七〇六年間，這位羅馬教皇的特使在北京多次覲見康熙，舉行一連串的會議，可想而知，雙方看法南轅北轍。於是鐸羅主教禁止天主教士遵從康熙的諭旨，否則將被逐出教會，康熙於是下令驅逐所有不願接受康熙的提議，領取准許在華傳教證明之「印票」*的神父。雖然大多數耶穌會士均具結並領取印票，不過還是有逾十二位聖方濟修會（Franciscan）、道明修會（Dominican）等的傳教士拒絕簽署而被逐出中國。由於雙方均態度強硬，結果中斷了教會在中國的影響勢力，阻礙西方科技向中國傳輸。若是雙方的立場軟化，那麼到了十八世紀末，天主教教會接受了伽利略（Galileo）的科學發現，而傳教士開始把新的天文學帶到中國來，中國人的思想模式與對待自然的態度說不定也會有所改變。[7]

至於稅制與農村地區行政管理等重要方面，終康熙之世並未有建設性的轉變。康熙的唯一建樹大概是撥大量金額給部分營旗，讓旗主可以透過商館、當舖或商業上的交易做長期投資，之後再將本金還給皇帝，剩下的錢則分給營旗家庭，或拿來舉辦婚禮或節慶。康熙自一七〇三年起實施此政策，無疑幫助了許多旗人。[8]但此一創舉實屬罕見，畢竟康熙帝或許已經認定無法全面普查土地。在稅制方面，他也遵循晚明舊制，以丁役折換等值的銀兩來納稅。稅銀僅有少部分留在地方，用以支付官吏與僕役的薪俸，或是地方上的災難救助和建設經費。所以，地方上的官吏必須另行徵收額外的稅賦來補充財政，不過大部分的稅款都被官吏中飽私囊，作為冰敬、炭敬之用，期許相關權責衙署放鬆監督與考課。此稅務弊端造成經濟蕭條，導致土地及穀物價格嚴重下跌。當時中國飽受經濟緊縮及停滯之苦，回顧順治統治

＊ 譯注：印票係由內務府統一發給，用滿、漢兩種文字書寫的「千字文」印票，票上寫著：「西洋某國人，年若干，在某會，來中國若干年，永不回復西洋，已經來京朝覲陛見。為此給票。」發票的順序是按《千字文》的「天地玄黃，宇宙洪荒……」排列。票由內務府發給，顯示康熙是將在華的傳教士視為家臣，據此，把天主教會納入中國政治是康熙的一貫作法。所以，康熙時代的所謂「中國禮儀之爭」，不僅涉及中西文化思想的差異，同時亦是滿清皇帝皇權與羅馬教廷教權之爭。詳見李天綱著，《中國禮儀之爭：歷史、文獻和意義》（上海：古籍出版社，一九九八），頁七〇至七二。

時，可謂經濟的黃金期。[9]

結果，康熙雖然在統一政治、廓清邊疆方面立下顯赫功績，不過在農村地區，成千上萬的中國人依然處在痛苦的深淵中奮力掙扎。各地總有少數匪幫四處打家劫舍，因為民兵缺乏武裝，所以他們幾乎橫行無阻，來去自如。縣裡的貪官汙吏橫徵暴斂，需索無度。有關土地契約的法律訴訟往往纏訟數十年，孤兒寡母若是遭到族裡男人的欺凌，往往求訴無門。私仇常引發暴力相向，鬧出人命，但庶務纏身的地方父母官又無暇無人來審查凶案。

康熙皇帝並未追究江蘇、浙江兩個富庶省分拖欠國庫的稅錢，康熙或許是思及鄭成功在一六五九年戰役中受到地方漢人的支持，也可能是因為江蘇與浙江兩省是儒家文化的心臟地帶。為了維持表面和諧，康熙經常寬待處理地方積欠國庫的案例，即使沒有遭受天災人禍，也減徵錢糧。雖然康熙推行「迴避制度」，明定官員不能在家鄉任官（避免他們以權謀私），不過康熙對於密奏他親信家族的成員，或是自京城告老還鄉的大臣貪贓徇私，總是置若罔聞。

奇怪的是，康熙在位的最後十年，似乎由衷相信農村已是一片欣欣向榮，地方官員皆能善用手中的資源適切處理政事。朝廷除了土地稅之外，又壟斷鹽、人參、玉等商品，加上富商的「自動」捐輸，以及對商品轉運的課稅，而使國庫充盈，朝廷財力也開始充裕起來。康熙相信人口的多寡為衡量繁榮的標準，但是地方官吏唯恐如實呈報，戶部也會如實課稅，所以往往隱匿虛報。於是康熙斷然在一七一二年實行滋生人丁永不加賦的政策，依農業耕地來訂定徵收之差徭的人口數，無論人丁增加多少，朝廷不再增加稅收。此後，地方官員才敢據實呈報真正的人口數，不必擔心稅賦增加。

如同順治，康熙不再對土地占有情形進行全國普查，因此中國的地稅系統在兩方面固定下來：各省入籍的地目是以一五八一年萬曆年間所做的普查為根據，而每一單位土地應納的租稅是以一七一二年的數據為基準。這讓康熙的後繼者幾乎無法理順財政。縱使北京已經開始掌握人口實數，康熙對國泰民安深感安慰，但財政的根本弊端還是存在。

「今朕躬抱病，怔忡健忘」，康熙於一七一七年一份諭旨真情流露告訴文武百官，「故深懼顛倒是非，萬幾錯亂。心為天下盡其血，神為四海散其形，既神不守舍，心失怡養，目不辨遠近，耳不分是非，食少事多，豈能久存。」[10] 康熙寫下這段悒悒不快的話語之後，又活了五年，是中國有史以來在位最久的統治者；但是松鶴之壽，帶給康熙的卻是日薄西山的落寞。一七二二年十二月，康熙崩於北京宮中，儲君之位未定。撫今追昔，實難想像康熙臨終時是多麼鬱鬱寡歡，才會置國本問題於不顧。

注釋

1 史景遷，《康熙：重構一位中國皇帝的內心世界》（*Emperor of China: Self-Portrait Káng-hsi*., New York,

1974），頁三三一。

2 裴德生（Willard Peterson），〈顧炎武的一生，一六一三至一六八二年〉（The Life of Ku Yen-wu, 1613-1682），見《哈佛亞洲研究雜誌》（*Harvard Journal of Asiatic Studies*），第二十八期，一九六八年，頁一四二。

3 孔尚任著，陳世驤、阿克頓（Harold Acton）譯，《桃花扇》（*The Peach Blossom Fan.*, Berkeley: University of California Press, 1976），頁二七八。

4 宣立敦（Richard Strassberg），《孔尚任的世界：中國清初的一位文人》（*The World of K'ung Shang-jen: A Man of Letters in Early of Ching China.*, New York: Columbia University Press, 1983），頁二七五。

5 前揭書，頁二一九。

6 史景遷，頁一六五。

7 請參閱：詹嘉玲（Catherine Jami），〈帝國控制與西學：康熙帝的功績〉（Imperial Control and Western Learning: The Kangxi Emperor's Performance），見《帝制晚期中國》（*Late Imperial China*），第二十三卷第一期，二〇〇二年，頁二十八至四十九。

8 關於八旗部隊經商的狀況，可參閱：戴瑩琮（Yingcong Dai），〈營運生息：盛清時期軍隊經商考，一七〇〇～一八〇〇〉（Yingyun Shengxi: Military Entrepreneurship in the High Qing Period, 1700-1800），見《帝制晚期中國》（*Late Imperial China*），第二十六卷第二期，二〇〇五年，頁一至六十七。

9 萬志英（Richard von Glahn），《財源：一〇〇〇～一七〇〇年的中國貨幣與貨幣政策》（*Fountain of Fortune: Money and Monetary Policy in China.*, Berkeley: University of California Press, 1996），頁二一一至二一五。

10 前揭書，頁一四八至一四九。

第四章

雍正的權威

清朝的經濟與農村稅制

康熙駕崩之後，雍正即位，他在位時間雖不長，卻是腥風血雨，詭譎多變，影響甚大。雍正踐祚之初，就有陰謀篡位的流言，雍正自稱康熙駕崩前已將大位傳給他。康熙大去之時，除了雍正之外，諸皇子並未在側，而且九門提督*也是雍正親信，所以沒有人公開質疑雍正繼承嗣統；但是終雍正之世（一七二三至一七三五年），僭取皇位的指控從未間斷。

不過，雍正謀篡皇位之說並無實據，況且也有證據顯示康熙對雍正信任的程度勝過其他皇子。康熙與雍正（名為胤禛）常一起討論政務，一同出遊。誠如前述，雍正還一度奉派看守二皇兄，也就是被廢黜的王儲，以當時的政治情勢，這其實是一項極其敏感又危險的任務。

雍正登極之後，逮捕妒恨他繼承王位的幾位皇子，藉以穩固統治權威。（雍正先是以升官加爵來杜他們之口。）廢儲胤礽與另外兩位遭雍正下獄圈禁的皇子，不久之後歿於獄中。

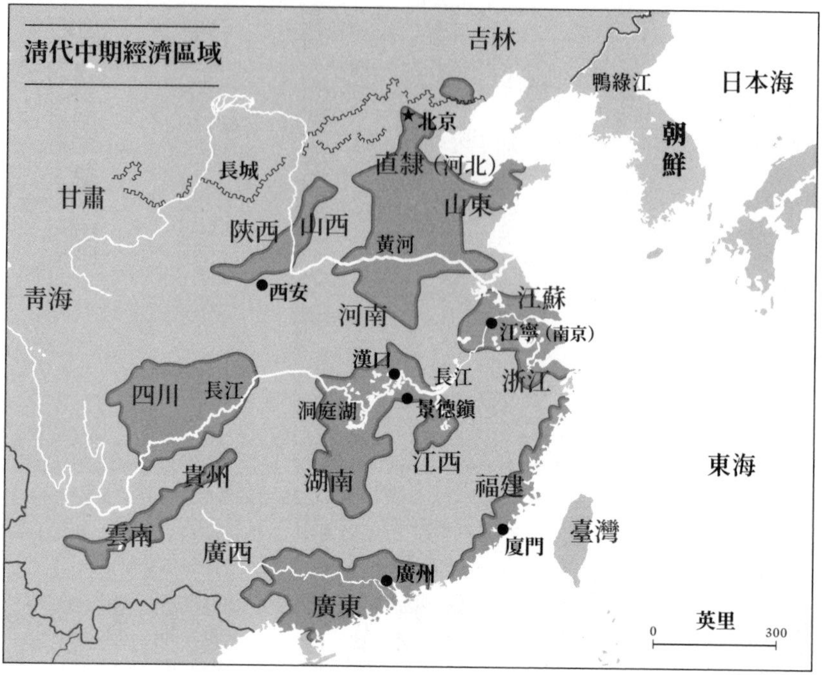

（是否是被殺害或遭惡意虐待致死則不得而知。）其他的皇子不是被禁錮就是受到嚴密的監控。雍正只信任十三皇弟胤祥**一人，委任他為總理事務大臣，並封為親王。

不管是因為心虛，或是出自防患於未然的實際考量，從中都可看到雍正的帝王心術。雍正處事不厭其細，每天都花許多時間在政事之上，他通常於凌晨四時至七時讀史書，七時用早膳，後與朝臣議政到午後，然後批閱奏摺至深夜。雍正不似父皇康熙酷愛木蘭秋獮，也不愛巡幸江南。雍正的主要嗜好似乎只是研習佛教義理，他不但是個虔誠的信徒，更研究佛學，並至北京城西北的圓明園鬆弛身心。康熙大都用滿文書寫，而雍正似乎偏好漢文。雍正書法寫得快速而流暢，表達亦正確通順。

但表面上的穩定不應該讓我們忽略掉一個事實：中國仍不是一個徹底統一的國家。中國的幅員廣袤，各地區的經濟變革、家族組織類型、交通運輸效率、宗教禮俗、商業的發展，以及土地運用和土地所有權的模式等等，都因地而異。由是觀之，欲全盤探究中國的歷史，理想上必須以區域特性為基礎，一一涵括所有變項的資料，才能精準呈現出變遷模式，並分析它們與朝廷治策的因果關係。

儘管這項工程令人望之生畏，不過仍有多項研究顯示，這條路是可行的。特別是以經濟整合為單位，而非傳統省、縣行政區的畫分來分析中國，則我們所立足的資料是當時統治者與官僚階層所沒有的，而我們從這套資料也獲致了不同的觀點。研究這方面的學者將中國區分為九個所謂的「大經濟區」（macroregion），而每一個大經濟區橫跨數個省分，皆有一個「核心」，此核心是依主要城市繁榮的經濟活動、高稠的人口密度、具備運送糧食與商品的細密運輸網絡而定。每個核心地帶環繞著人口密度相對稀疏、較不發達的「邊陲」地區，區

* 譯注：步軍統領隆科多。

** 譯注：鑑於諸位親王阿哥名字的第一個字「胤」與雍正御諱同，所以雍正登極後，為了避御諱，均易為「允」。本書提及人名時，並未做出雍正登基前、後的區隔。

隔開不同大經濟區的核心地帶；同時，這些邊陲地帶也是非法宗派或盜匪滋生聚嘯，而朝廷力量鞭長莫及的區域。[1]

九大經濟區之一在東北，位於南滿，即滿人入關之前的龍興地帶。兩個位於華北，一在陝西的西安，另一則是北京至魯西這一區域。有三個經濟區分布在長江流域，即以南京為核心的東部沿海地區、長江中游的漢口、長江上游的四川盆地。第七個經濟區位於東南沿海的福建省。第八個是在嶺南地帶，以廣州為核心。最後一個經濟區地處中國西南，包攝雲南、貴州兩省。我們不用在此贅述這九大經濟區，概略觀察其中三個，便能析辨是什麼因素影響了十八世紀中國社會與經濟發展的模式。

首先，位於華北的經濟區，即北京四周與魯西，綿延至河南與江蘇北部，這一地區雖為京畿所在，但是都市化程度卻低於其他的經濟區：經濟運作的模式是以小地主為主。黃河夾帶泥沙淤塞河道，時常氾濫，但是洪災賑濟的成效也遠勝於京城以外地區。隨著紡紗、織布技術的改進，棉花成為本地區頗有價值的經濟作物，而此地的棉紡織業大多是以家庭為基本單位的小型工坊為主，能控制環境的溼度，使脆弱的纖維不至於斷裂。煙草的種植也跟玻璃製造、煤礦業、釀造技術的發展一樣普及開來。社會條件的轉變，大運河上從事糧食運輸的工人與船民，土壤的貧瘠，以及土地所有權的分割，這些因素致使本地區犯罪滋生，當地動亂時有所聞。

反之，長江流域中游的經濟區人口密度較低，未開墾的土地較多。這時正有大量人口從其他區域移入，於是出現龐大的「客居」人口，他們希望融入當地，但又心懷故土，而另外一群居民則是少數民族，他們往往因為失去原有的土地而感到不滿。長江沿岸繁榮的漢口市，票號、行會林立，是一座商業城市而非行政中心，逐漸成為跨區域的糧食集散地。往南的景德鎮發展為工業重鎮，所製的瓷器深受士紳所喜愛，也大量出口至西方。不過，除了這種商業發展的盛況外，農民則是建堤以防堵洞庭湖的洪澇對耕地造成災害，再加上地方士紳主持的大型填土工程，居民殫精竭慮，奪走天然水道，最後往往導致洪水無處可去，一發而不可收拾。

第三是以福建省為主體，涵蓋浙南與粵東的東南沿海經濟區，影響社會經濟發展的因素又不相同。此一經濟區得臨海之便，商人與臺灣、東南亞國家的貿易活動中獲得龐大的利潤，而發達的貿易往來使廈門港具有國際都市的風貌，信用業務與銀行機能高度發展。而茶葉產量豐富，更增加了此一地區的繁榮。不過，由於歷史的淵源與地理的因素，此一經濟區民風剽悍，地方色彩濃厚。有勢力的家族控制整個村莊，不同家族之間的敵視對峙屢見不鮮，甚或造成死傷。巨室之家通常樓高牆厚。這一地帶的佃租普遍較高，在滿布梯田的山巒間，新移民或內陸貧窮農戶之間總是關係緊張。濃厚的地方口音與方言，使得本地人與外界溝通不易。這一地區進士及第的人數越來越少，以致本地士紳在全國的地位下滑。朝廷將這一區域視為潛在的動亂根源，在此地駐有重兵，其中包括八旗軍，以及由地方上漢人所組成的「綠營」。

每一經濟區各有內部的經濟邏輯，因此常因為經濟區之間的差異出火花導致衝突。假若中央集權的政府無法緩和或控制衝突的話，便會分崩離析或爆發內戰。一六三〇年代至一六八〇年代之間就曾發生類似的事，農民叛變，明朝遺老、鄭成功的勢力以及三藩都曾在不同的經濟區核心建立暫時的據點。因此，政府的要務就是要透過意識形態與行政機制，若有必要還須輔以軍事力量，而將各個經濟區整合在一起。假使各經濟區之間的貿易往來發達的話，那麼這項整合的工作會比較容易，如同十八世紀末的情形。經濟關係的緊密強固了政治的紐帶，最後也改變了清代國家與社會的本質。

另一項造成清代中葉社會與經濟結構更形複雜的因素是人口急遽成長。雖然康熙意圖通過一七一二年人丁稅的改革，詳實統計人口，但所取得的數據還是不可靠，也難以與昔日數字比較。不過，可以肯定的是，明初，約一三九〇年前後的總人口約莫在六千五百萬至八千萬之間。然而到了一七九〇年代的乾隆末年，總人口數已經突破三億大關。但明清過渡時期也導致人口無法穩定成長。

事實上，就在一六二〇年明萬曆皇帝駕崩後至康熙敉平三藩之亂（一六八一年）這段期間，中國人口因異族入侵、內戰、盜匪滋擾、天災、灌溉系統失靈以及疫病爆發而驟減。至於驟減到什麼程度，我們無法確定。晚明的總人口可能已遠遠超過一億五千萬；而在一六七〇年代，中國的總人口可能已經大減為略多於一億，但確切的數據並不可得。

這段天災人禍時期的人口驟減卻造成十八世紀的經濟復甦與人口的成長，因為許多地區

人口數字：河北、山東與全中國[2]

年代	河北	山東	全國
1573(est.)	4,625,000	5,644,000	150,000,000
1685(est.)	3,297,000	2,111,000	100,000,000
1749	13,933,000	24,012,000	177,495,000
1767	16,691,000	25,635,000	209,840,000
1776	20,291,000	26,019,000＊	268,238,000
1790	23,497,000	23,359,000	301,487,000

＊這是一七七三年的人口統計數字。事實上，從一七七六年至一七九〇年間，山東省出現異常的人口下降，可能是這段時期的天然災害與地方叛亂所致。

都有良田待租與待耕。在康熙一朝，華北曾經遭蹂躪的荒地和歷經兵燹之災的天府之國四川已重新開墾。雍正在位期間，墾荒者陸續進入西南地區，到了乾隆時代，漢人無視於朝廷禁令，大批遷徙至滿洲南部以及長江流域與漢水沖積的丘陵高地。此外，還有移民乘桴渡海抵達臺灣，甚至遠赴馬尼拉或東南亞。

在乾隆一朝，我們看到各地人口迅速增長。假設康熙晚年的人口回復晚明的一億五千萬水準，那麼到了乾隆末年，中國的總人口已經翻了一倍。附表中是河北與山東，以及中國總人口的統計數字。

分析人口成長的變化，可以發現重要的社會與政治意義。雖然在這段期間，過去荒廢的耕地已紛紛重新墾殖，也開發了新的耕地，但是自康熙中葉迄乾隆晚年，人口總數成長為三倍，但是耕地面積卻僅成長為兩倍；個人所擁有的土地面積縮小。加上中國人並不是把家產全數留給長子，而是採取所謂的「平均繼承」制度，將家產平均分配給諸子，所以社會上不容易出現大地主。在華北、北京這塊經濟區，每個家庭所擁有的土地面積，根據十八世紀的數據，平均約只有二點五英畝；耕地面積超過二十英畝者十分少見，有四分之一或更多的農戶本身沒有土地。因此，中國仍然是一個勞力密集、以小農經濟為主體的國家，農業技術沒有創新。

遷移至長江、漢水流域丘陵高地或滿洲南部森林地帶的家庭依循家鄉的作法，為了農耕而砍盡樹木，未考慮到此舉對生態環境所造成的負面效應。雖然他們所開發出來的土地面積十分可觀，但是密集農耕的結果便是土壤流失與林地的消失。山腰地帶受到河水沖刷，導致河道淤塞，而下游的耕種區域則有河水氾濫成災之虞。加上農民大都以人的排泄物充當肥料，使得偏僻的山陵地帶已經枯竭的土壤不容易恢復（而鄰近人口稠密城鎮的耕地就有可能），往往只好任其荒蕪。

十八世紀中國人口因生態改變而急遽上升：即自「新世界」輸入各種新品種農作物。例如乾隆中朝，中國沿海地區廣泛栽植甘薯、玉米與馬鈴薯盛行於南方和西南地區。花生種植在晚明的華南與西南地帶大為盛行，及至乾隆晚年，花生已經成為華北地區的重要作物。這些農作物都有助於提高農村勞動者的熱量攝取；更因為這些農作物在貧瘠多山或沙質的土壤地區也能長得很好，使得某些不適合種植其他植物或營生方式較少，因此生產力低落的地區也得以出現人口迅速成長的現象。

道義屯位於南滿的瀋陽北方，從留存的檔案文獻，我們對其人口與年齡的統計資料可以看得比較清楚，也可讓我們了解乾隆晚年農村家庭的生活脈動。因為道義屯人口出生資料是每月登錄的，嬰兒多集中在二、三月出生，我們可以推斷，女性大都在初夏受孕，亦即在春耕與秋收之間的農閒時期。有三分之一的男嬰未滿周歲即夭折，半數的男嬰無法活到二十歲。所以，道義屯男性的「預期壽命」（life expectancy）大約是三十二歲，僅有百分之四左右可以超過六十五歲。女性的年齡分布與男性大致相同。

道義屯統計數據特殊之處在於讓我們清楚知道女性產下男嬰的年齡。這些令人詫異的是，統計數字顯示女性在接近三十歲時有可能懷孕。這說明了由於糧食的短缺，使得女性承受了來自父母與經濟的雙重壓力，所以在女性最容易受孕階段的初期反而無法懷孕生子。

從這些數據可以發現人口造成的社會與文化效應。因為兒童疾病、營養不

女性生育的年齡：道義屯，1792年[3]

生育年齡	幼丁數
15-19	87
20-24	226
25-29	255
30-34	191
35-39	118
40-44	68
45-49	23

這些數據僅限男嬰。依據滿清八旗制度，道義屯是擁有軍事單位的村莊，故其人口普查的重點在於可能的徵兵人數。不過在其他地區，人口普查的重點同樣是放在男性而非女性的人數上。

良，甚至飢荒時期的殺嬰行徑——以及官宦之家的三妻四妾，使得道義屯（在其他地區也是如此）的適婚女性少於男性。這對家庭結構造成的衝擊不言而喻：在道義屯，幾乎每一位逾三十歲的女性，不是已婚就是守寡，而卻有百分之二十的男性孑然一身。中國人對家庭的理想化，雙親對子女無微不至的呵護，以及中國人對祖先慎終追遠的美德——這種種難以抹滅的信念，對數以百萬計的獨身男性而言卻是永無止歇的心靈折磨。而女性就算想要設法終身不婚也不可能。這只是對社會不滿的情緒之一，而又因為主流的社會價值觀遏制了這股潛在的怨懟，使它無法宣洩出來。

税制問題

雍正皇帝在位短短十二年間殫精竭慮，欲解決當時政治的積習流弊，這些問題在今日也仍然重要，包括農村的官僚結構與財政問題，如何建立有效且可靠的訊息流通系統，以及強化朝廷中央的行政能力。而此三者實乃環環相扣，互為因果；假使能夠成功駕馭這三者，便能有效統治中國的廣土眾民。

雍正登基開始，對於如何著手進行似乎已有定見。雍正的父祖皆是沖齡即位，但他繼承大統時已是四十有五，既無監國大臣在旁橫加掣肘，又有豐富的政務經驗，親眼目睹康熙朝開始衰頹。基於本身的需要，雍正漸次擴大康熙朝初設的奏摺制度範圍，並正式確立了密摺制度。在日常庶務方面，地方一仍舊制，以奏摺上呈六部和大學士，但是各省督撫高官多以密摺遞呈雍正，報告地方的行政業務細節，也透露關於其他官員的事跡。終康熙一朝亦並未深究財政危機的弊端，雍正開始了解到府庫虧空到什麼地步，於是敦促群臣提出改革財政結構的建議，並在「戶部」之上另立一小型的財政稽核官署*，由十三皇弟胤祥受命主掌。

財政危機千頭萬緒，即使在位者手握絕對大權，也無法靠一、兩則諭令就能解決。一七二三年朝廷的財政歲入約為白銀三千五百萬兩，其中約有六百萬兩是來自各種商業稅，兩千九百萬兩取自「地丁」稅，其中有百分之十五至三十留歸各省地方事務之用，其餘悉數上繳中央；不過留歸地方的經費幾乎都被分配到一些全國性的計畫上，例如軍費或朝廷驛站的支出。結果僅有不到總額六分之一的稅錢是真正被地方官用在地方的政事上。或許有人會認為，只要提高「地丁」稅，增加國家財政收入，就能紓解財政短絀的窘境；但是雍正為了克盡孝道，並未試圖變更康熙在一七一二年所定的稅額標準。況且，滿洲人也承襲了傳統的政治理論，認為輕徭薄賦才能造福天下蒼生，才是皇帝愛民的表現。改革的另一阻力來自戶部的官員，他們有自己的行政程序與執行方案，並且經常接受「冰敬炭敬」，他們當然不希望有所改變。

現行的稅制不僅固若磐石難以撼動，同時還充斥著形形色色的陋規惡習。上層階級通常

* 譯注：「會考府」。

就是富有的大地主，在康熙時代，富有的地主往往透過變造所有權人名、假借人頭戶、轉讓所有權、質押所有權等手段規避稅賦，所以很難稽查他們到底擁有多少財富。況且，農村的經濟權力大都掌握在魚肉鄉民的一小撮地主手中。這些地主往往勾結省城裡的官吏，將稅賦轉嫁到貧農身上，讓貧農承擔不成比例的稅賦。面對如此惡劣的處境，農民幾乎沒有任何申訴的救濟管道，而實際上已被侵吞的錢兩則被視為是一種「拖欠」——亦即歸咎於農民拖欠，沒有按時納稅。

一七二五至一七二九年間，雍正一改康熙的寬仁作法，下定決心改革地稅，並打破處於中介之地方官僚的權力網絡。他決心擴張國家權力使之有效深入農村。誠如雍正在一七二五年的諭旨中所言：「以小民之膏血，為官府之補苴，地方安得不重困乎？此朕所斷斷不能姑容者。」[4]

雍正通過地方上呈的奏摺，以及委派官吏——通常是較不可能受地方士紳影響的滿族或漢軍——分任各省巡撫、府庫要職明查暗訪，慢慢累積相關的正確資訊。之後，雍正建立一套官員所能接受的解決辦法，亦即「火耗」*，按地丁稅的一定比例徵收，徵集而來的耗羨銀歸入省的藩庫，所有其他濫徵的規費和餽贈皆被視同非法。一省藩庫所徵集的稅銀依固定比例在省內重新分配。一部分用於提高地方官員的薪俸，稱之為「養廉銀」，部分稅銀則撥給州縣政府，用來興建灌溉溝渠、造橋鋪路、創辦學校，或者提列為不在戶部預算範圍之內的其他值得或必要的地方建設經費，包括補助在天災中損失的牲畜，改善獄政，製作政府公報，修繕下水道、公共墓地、闈場，以及購置寺廟的香燭。

若是仔細考察這些改革的成效，我們就能概略窺見當時中國各地區的差異不小。雍正的稅制改革，在北方省分如山西、河南、河北成效最為卓著。這些地區的農民多為獨立的自耕農，土地的登記較為容易，地方官的作為亦受到較嚴密的監視，而迫使他們必須改變陋習。除了居間勾結不法的地主與部分貪贓受賄的胥吏之外，每一個人都是改革的受惠者。比起過去盛行的橫徵暴斂歪風，現在以地稅為基準課徵百分之十五至二十的耗羨銀，對農民、甚至大地主而言，稅賦負擔也沒那麼沉重。此外，新制的實施也使官吏的固定收入比過去提高許多：以知縣為例，此時每年的薪俸為六百兩至一千兩不等，而不同於改革之前的每年四十五兩。所以，官吏更能安心推動政事，政務的運作更為流暢，地方官有了真正的自主權得以處理特定的計畫。

在南方、西南地區，改革就沒那麼順利。這些地區的基本稅額相當低，因為有許多新的移民，且人口稀疏；但官僚的員額卻居高不下，所以無法與同級的北方官吏享有相等的薪俸

＊　譯注：根據清史學者孟森的注解，所謂「火耗」，指謂本色折銀，畸零散碎，經火鎔銷成錠，不無折耗，故取於正額之外，以補折耗之數，重者每兩數錢，輕者錢餘。詳見王元化主編，《孟森學術論著：清史講義》（杭州：浙江人民出版社，一九九八年），頁二〇六。

待遇。新稅制若要運行，就必須授權給地方官員向開墾礦產與控制鹽務的行商課稅，或在中國各地的通道、運河、河流設置關卡徵收過境稅。不過即使朝廷授予地方徵收這些稅目的權利，但因路途遙遠、所費不貲，許多地方官員也未能將耗羨轉交給省裡監管財政的衙署，反而懇請上司允許他們，在繳回剩餘的耗羨稅銀之前，先把他們根據薪俸新制應得的薪水與地方開銷所需經費從稅銀中扣除。可以預見，這會導致先前那種朋比分肥的陋習死灰復燃，妨礙有司依各地的真正需求全面而公平地分配稅銀。

在中部長江流域的省分，特別是江蘇、安徽、浙江與江西這幾省，新制實施寸步難行。在這些地區，住著許多已經告老還鄉但仍握有權勢的官員及其親族，這些人持有的土地根本就沒有確實登載，還仗著京城的人脈來恫嚇地方官吏。之前康熙對這些地方的縉紳特別寬容，以致到了雍正朝中央要加強控制，他們並不會逆來順受。由於阻力是如此之大，雍正不得不特別指派一名滿族要員，率領七十名經驗豐富的稽核官吏，全面清查這些省分府庫裡的錢糧，確實丈量田地。

清查後發覺瀆職的情形遠遠超出想像，錯誤登載或重複登錄的案件極為複雜，恐怕永無釐清的一日。稽核官員發現某些案件，地主將土地登記在數百個人頭下，以為地方官吏不會細細追查每一位小地主所拖欠的丁點稅錢。假若稽查官員要赴現場查驗，地主就藉故拖延，百般刁難，或封路，或斷橋，甚至掀起騷動，以暴力橫加阻攔。在押待訊的人，也會被人所救。從稽核官員沒收的帳冊可看到，豪門富室得地方財政官員之助，幾乎不繳一文稅金。即使證據鑿鑿，稽核官員也難以讓這些貪官巨富被定罪，至於要收回千萬兩稅錢，更是難上加難。

這股抗拒改革的阻力正說明了稅制改革的方向是正確的，改革者認為，隨著稅制改革的持續推展，廉潔官員的戮力勉行，以及雍正的激勵支持，大清中央官僚體系的效能可臻至新的境界，便能在一六四四至一六八三年所奠下的統一宏圖和之後外交政策的成功上，建構一個真正長治久安、永續運行的政府體制。假若朝廷能控制、經營最繁華省分的資源，必能造福黎民，強固國本。

中央與權力網絡

統治者很少只關心一個問題，雍正亦無法只專心處理中部省分的農村稅務體制和行政管理的問題。他必須再次強化朝廷在邊境的軍事力量。朱一貴在臺灣叛變雖旋即於一七二一年平定，但如何有效維持臺灣的安定卻是一個複雜的問題。為了強化控制，經過幾番討論，雍正決定進一步細分臺灣的某幾個縣，也允許先前赴臺墾荒者可將妻小接至臺灣團聚，以求社會穩定。雍正同意漢人得向臺灣的原住民訂約承租地，同時也為臺灣的原住民畫定若干保留區。

清廷也與俄國人重新商議，避免《尼布楚條約》因西伯利亞南部發現豐富的金礦爆發激烈衝突而形同具文。一七二七年，雍正派出數名滿人要員前往談判，與理藩院的官員合

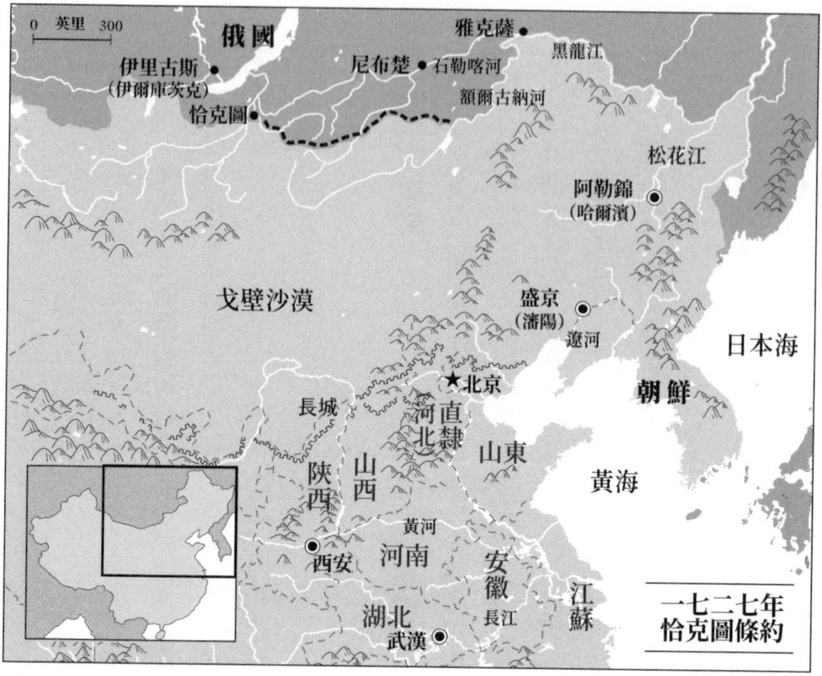

作，於恰克圖（Kiakhta）市與俄國人簽訂一紙補約。根據《恰克圖條約》，中、俄雙方以恰克圖至額爾古納河之間為界，畫定屬於大清的部落；恰克圖是兩大新興邊界貿易城鎮之一。條約內容規定，每隔三年允許一支俄國商隊至北京一次從事買賣，同意保留俄人於北京的東正教教堂。北京城內原有一些俄國人群居，但是先前的戰爭中，這些俄國人多被逮捕，此時他們已被納入旗民之中。《恰克圖條約》的條文特別鼓勵俄國人學習漢文。雍正也加強控制最後一個仍由滿洲親王貴族擔任旗主的滿旗，並開始認真正視西藏內部問題與西南苗疆少數民族的部族糾紛。

準噶爾部曾在一六九六年被康熙擊潰，此時又死灰復燃，雍正視之為長期的隱憂。雍正深信，唯有在西疆步步為營，構築工事，才能夠鎮壓準噶爾部。然而補給線綿延千里，清廷難以祕密進行軍事部署。朝廷之中耳目多，雍正政策諮詢的對象——「議政王大臣會議」——又無法保守祕密。北京城內四處充斥著蒙古親王公主、旗人將領、旅行商隊以及忠於藏傳佛教的喇嘛，這些人都有可能洩露軍機。所以雍正在籌畫用兵之初，密商的對象僅限於少數幾位他最信任的「內中堂」（這一職銜使他們同一般「外朝」的官僚區隔開來）。

這一決策核心包括三位重要成員，即雍正所信任的皇弟胤祥（他也主持「會考府」），以及兩位漢族的大學士張廷玉、蔣廷錫。張廷玉是康熙最信任的顧問*的兒子，能說一口流利的滿洲話，曾任戶部尚書；蔣廷錫也曾任戶部尚書，同時還是馳名全國的畫家。張、蔣同為進士及第，皆因學識淵博而入翰林院。兩人均出身於富庶的江南，張廷玉是安徽人，蔣廷錫是江蘇人。照傳統標準來看，張廷玉與蔣廷錫才幹卓絕且位極人臣，在滿清得天下逾八十年後，異族皇帝行事舉止猶若漢人，兩人也忠心不貳。到了一七二九年，胤祥、張廷玉、蔣廷錫這三位大臣綜理剛成立的機密衙署「軍需房」**三人之外還有一班有經驗的滿、漢中級官僚襄贊，從各部（以戶部為最多）調來。並非所有的大學士都知道軍需房的政務細節，一直

* 譯注：張英。

要到雍正之子乾隆即位之後，軍需房才以「軍機處」之名為人所知，並凌駕各部之上。[5]

一如處理稅制問題，雍正私下再次建構了行之有效的網絡來強化個人權力，繞過六部及所屬衙門獲得資訊、作決策。何以雍正要祕而不宣地越過例行的管道呢？或許是雍正和身邊的臣僚，唯恐在西征繁瑣且軍費浩大的後勤準備事宜上，財政分配的問題易落人口實，所以不讓六部知悉。也有可能是他們不想讓人知道軍事行動的規模。我們可以發現軍需房記載的物件極為詳細，包括運送一定數量兵卒所需的軍備物資可能需要多少騾、駱駝和馬車。

另一理由是，內中堂必須經常票擬密摺，有時這些密摺也須歸檔；畢竟雍正也無法把這些細微末節記得清清楚楚，滴水不漏，只將這些密摺存放在受到嚴密護衛的特設衙門之中。此外，雍正亦能透過所謂「廷寄」***的草擬與前方的將帥互通訊息，廷寄的內容經過討論，由內中堂起草後，以加急祕密送出。廷寄的設計為皇帝省下不少時間，因為皇帝還必須批閱密摺，每天約有五十至上百份。所以祕密起草的廷寄，讓皇帝有更多時間寫些體己話，向遠方將領表示對他的信任。「卿出邊越旬矣，諸凡如意否？鞍馬風霜卿好麼？」皇帝向駐守在西疆的岳鍾琪將軍詢問道，「官弁兵丁人馬安泰否？」或者，「軍營出行吉期選擇發來。」[6]

最終採行新措施是基於國家安全的考量，也是為了防範兵禍由內而生，危及皇帝。雍正深知需要獲得旗人支持，並進行商業投資。從康熙開始至一七二〇年代，共撥出超過兩百萬兩給駐守北京城及其他省分的軍隊，當作資金以維繫軍隊[7]，但危機依然四伏。例如，雍正即位之初，他最不信任的一位皇弟在西藏戰役之中擔任大將軍。雍正親信年羹堯率軍駐防在四川、甘肅等地，也因涉及雍正幾個兄弟的謀反，而於一七二七年被雍正敕令自裁。取代年羹堯的岳鍾琪雖然深受寵信，不過他是抗金名將岳飛的後人。為了防範身旁武將的潛在威脅，雍正的行事必須謹慎小心。

長期籌畫的征討準噶爾戰事並不順遂。一七三二年，岳鍾琪自中軍所在的巴里坤（Barkul）出兵。雖然在烏魯木齊大捷，卻無法抵擋敵軍對駐防在哈密的反擊。岳鍾琪的同僚，靖邊大將軍傅爾丹輕敵冒進，一萬大軍在科布多（Khobdo）附近中了埋伏；雖然傅爾丹逃過一死，但是他折損近五分之四的兵力與眾多部將。岳、傅兩位將軍皆因這場敗仗以及貪瀆之罪遭雍正下令處斬，不過雍正最後還是免其死罪。由於戰事失利，以致朝廷必須再花

** 譯注：有關雍正時期「軍機處」制度的研究，一般採取官方說法，認為雍正皇帝為強化君權，有目的地設立權力集中的「內廷」機制——軍機處，且歷經了三階段嬗變：「軍需房」（雍正七年設）、「軍機房」（Military Strategy Section）、「軍機處」（Grand Council）。不過據近人考證，揆諸雍正時期的文牘，未見軍機房一詞，且襄贊皇帝的內廷，亦即所謂的內中堂，其所秉承的業務亦非制度化，而是臨時交付。有關軍機處制度演化的歷史以及軍需房等名詞的中、英文對照，詳見白彬菊（Beatrice S. Bartlett），*Monarchs and Ministers: The Grand Council in Mid-Ch'ing China*, 1723-1820., Berkeley: University of California Press, 1991）

*** 譯注：又稱「寄信上諭」。

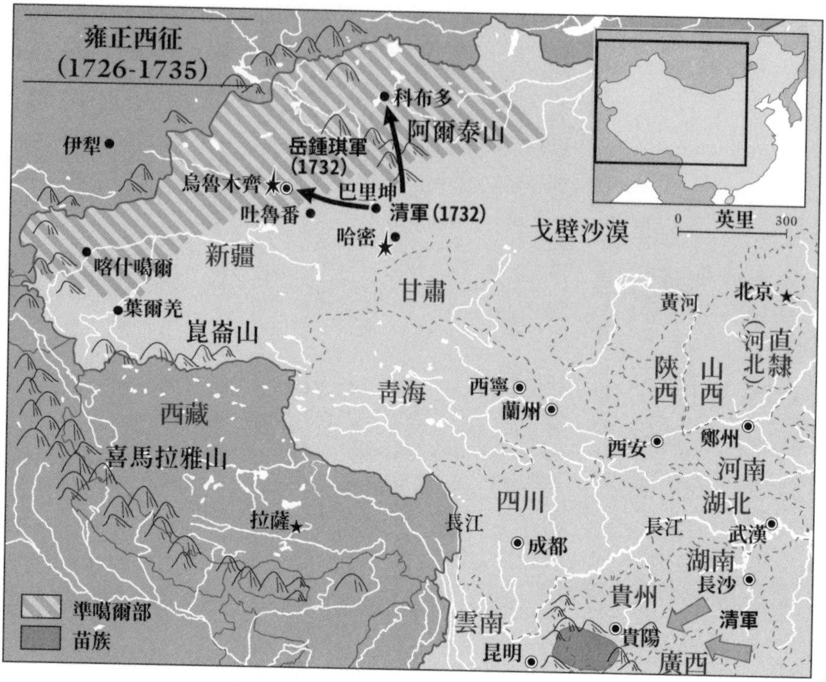

三十年來解決該地區的邊界問題。

雍正也以新的聯絡管道來協調對西南苗疆民族的作戰。三藩之亂平定之後，許多漢人移居雲南與貴州兩省，把世居當地的村落居民趕進山裡，而銀礦、銅礦的開採更破壞了當地原有的社會組織形態。一七二六年，雍正任命鄂爾泰為雲貴總督。鄂爾泰出身滿洲鑲藍旗，擁有豐富的行政經驗，滿語漢語流利，他經常上呈奏摺與雍正交換意見。從奏摺中可看到鄂爾泰欲打破苗疆土著的力量，沒收其土地，而將之納入州縣的行政層級結構之中。凡抗拒者一律遭清軍的圍剿；歸順朝廷雖然失卻土地，但朝廷皆授以官銜，享有朝廷命官的俸祿。

一七二八年，鄂爾泰受到雍正皇帝不次拔擢，被授予雲南、貴州、廣西三省的總督，期使他能迅速掃蕩廣西境內各部落勢力。從雍正對鄂爾泰奏摺的硃批中可以看出，雍正經常黽勉鄂爾泰殫竭心力，彼此討論棘手的難題，以及評斷當地官員的表現。一七三二年，鄂爾泰大致敉平了西南，隨即奉召返回北京「軍需房」供職。胤祥與蔣廷錫兩人於鄂爾泰在西南的時候先後歿故，鄂爾泰接下遺缺。於是鄂爾泰與張廷玉就成為雍正在北京城中最倚重的股肱大臣。

綜觀雍正一朝的財政整飭、訊息往來系統的建構、建軍備戰等等事件的發展始末，我們可以一窺清朝是如何藉著大權獨攬與專制統治的手段而發展的。自滿清入關至雍正時代已近一世紀，滿洲攝政王或皇族貴冑，甚至旗人的權勢已不如往昔。諸位皇子雖然仍構成威脅，但已在雍正的股掌之間。一般官僚體系在許多方面都能發揮功能，但在要求速度與隱密時就可能是一種障礙，然而雍正並不這麼做。專制君主常新設官署，以安插心腹，獨占決策大權，雍正選擇的是一種更迂迴的方式，設置一個不起眼的衙門，容納各種品第的官員，讓不同職司者一起議政，不過這只能算是他們的兼職，因此俸祿還是來自於他們所隸屬的一般部門。雍正敏於操縱祕密組織，也相信這一套。就雍正看來，操控這些組織代表真正掌權。

道德權威

雍正皇帝並不只注意行政事務的管理，更關心道德與文化的價值，許多重大決策也反映了他個人的道德信念。雍正似乎對自己果斷頗為自恃，而從其諭旨也可看出他對權力的基本看法和皇權至上觀念之間的關聯。我們從雍正對各項議題的決斷便可看出端倪：天主教教案、呂留良案、續衍康熙《聖諭》成《聖諭廣訓》、刊印《古今圖書集成》、對佛教的興趣、對勞動者與鴉片煙癮者等問題的處置，以及除豁了所謂的「賤民」階級。其實雍正所扮演的正是儒家聖王的角色，但另一方面卻又難掩滿洲征服者那種專擅躁急的特性。

在處理天主教傳教士問題上，雍正比起康熙晚年更為嚴峻。這不僅因為「禮儀之爭」使中國境內的天主教團體分崩離析，更因為有兩位自信能令雍正改宗的耶穌會士與雍正最忌憚的一位皇子有過書信往來。當雍正獲悉這件事情後，遷怒於認識這兩位傳教士的學者與整個天主教教會。除了少數在宮廷供職的傳教士之外，各地的傳教士均被驅逐至澳門或廣州。有些地方的教堂被移作學堂或客棧。由於雍正本人三令五申，反對樹立朋黨，並不時公開抨擊結黨營私的歪風，他對教會涉入黨爭自然是深惡痛絕。不過，雍正仍沒有對天主教下達最終的明確禁令，只是從道德的制高點提出諭令，就像他曾於一七二六年的硃批諭旨中寫道：「遠夷慕化而來，惟宜示以恩德，萬不可與之爭利。」[8] 雖然在這段期間僅有一位傳教士遭處決，但是整個教會的言行舉止都格外謹慎。教會的影響力迅速沒落，傳教士在朝廷所擔負的角色僅止於天文曆法與畫師。

朝廷對呂留良案的處理夾雜著仇恨與悲憫。呂留良是一位激進的反清學者，曾行醫，後出家為僧，歿於一六八三年。呂留良在遺言中叮囑，勿以滿人的衣冠入殮安葬。呂留良鄙滿輕夷的著述流行於華中一帶許多人深受影響，其中包括年輕的教席曾靜，他濡染了呂留良的強烈排滿思想，也相信雍正篡謀皇位的傳言。一七二八年，曾靜意圖策動在四川督導進攻準噶爾兵事的岳鍾琪起義反叛雍正。岳鍾琪先是對曾靜虛應故事，佯裝心有戚戚焉，然後把密謀細節向雍正奏報。

雍正在審理曾靜案時讀了呂留良的著作，方知他僭取皇位的流言已是甚囂塵上。雍正怒不可遏，從三方面處理曾靜案：將呂留良的屍體掘出施以裂刑，呂留良的後人或是發配為奴，或是流放邊疆；寫下批駁呂留良嚴正聲明，證明雍正是康熙親手挑選的王位繼承人，並將此辯駁書頒布於全國的各府州學，明令凡有功名者皆須閱讀*；但意外的是對曾靜本人，僅以涉世未深、易受煽誘之名，從輕發落。[9]

雍正在別的方面也有意將自己塑造成兼具儒家仁君與嚴父的形象，像是他進一步闡釋康熙所頒布的《聖諭》十六條。康熙希望透過淺顯易懂的方式，讓他的子民理解《聖諭》十六條中的真諦，過上順從平和的生活。雍正長篇累牘，一一演繹每一條聖諭，並準備講詞，令地方上的儒生每月下鄉宣講兩次。雍正苦心編撰的道德訓律特別著重整合地方社群，以期

* 譯注：即《大義覺迷錄》，其中包括論述整個案件的上諭、曾靜自己的口供，以及曾靜所寫的懺悔著作《歸仁錄》。

「完錢糧以省追科，解仇忿以重身命，訓子弟以禁非為；尚勤儉以惜財用，務本業以定民志；和鄉黨以息爭訟，隆學校以端士習，黜異端以崇正學。」所有參加鄉試的人均須熟記這些經過闡釋的道德律令，以及皇帝對這些律令的評述。雍正身邊的一群臣僚還將這些道德律令予以通俗化，而使一般白丁與不講漢語的少數民族皆能通曉。雍正以為，這些道德教化若能深入全國各地，就能端正百姓的思想和行止，強化忠君愛國的信念。諸如此類道德勸化的政策在後來的歷史中一再出現，無論是十九世紀中葉的太平天國之亂，抑或是後來的中國國民黨與中國共產黨政府，皆無例外。

雍正對《古今圖書集成》一書出刊，雖然流露出氣度狹小的一面，但是他推動此書編撰計畫的嚴肅態度，卻是清代政治文化化和文化政治化價值觀的重要展現。《古今圖書集成》這部鴻篇巨帙的百科全書，是儒士陳夢雷嘔心瀝血，積數十載的努力成果。陳夢雷先後受到康熙皇三子與康熙本人的贊助，在幾十名文人學者的幫助之下，蒐羅歷來有關自然現象、地理、歷史、文學、政府體制等方面最好的著作。《古今圖書集成》是人類歷史上亙古未有的巨著，總共有八十萬頁，字數逾億。康熙賓天時，為了刊印這部龐然巨著所鑄造的印刷銅版已經完成。

雍正並不願意讓這項豐功偉業的光環落在胤祉身上，故以陳夢雷曾經被迫輔佐福建藩王耿精忠為由，安上叛國罪名，而將陳夢雷流放到東北。雍正徹底抹煞了陳夢雷編輯《古今圖書集成》的功勞，也刻意湮沒胤祉曾參與《古今圖書集成》編輯的事實。雍正又耗費四年的光陰，「重新修訂」這部百科全書，書成之後仍以康熙的名義刊印；雍正最信任的內中堂之一*列名為修訂本的主編。

雍正對佛教問題的處置，再次看到他的兩面性格：既要扮演虔誠的信徒，又是一位專制君王。最能吸引雍正的佛教宗派是禪宗。禪宗早在一千年前就已經流入中土。禪宗透過一套嚴格的冥想與內省功夫，最終了悟人世實為虛幻縹緲。禪宗亦相信人人皆有佛性，堅定意念與集中心思，均能達致明心見性的境界。雍正皇帝對禪宗的思想十分禮讚，定期在皇宮裡與十四人修禪，當中包括雍正尚且信任的五位阿哥、俗家大臣若干人、道士一人、和尚五人。雍正下旨選錄刊印佛教經文典籍。兩位晚明禪師對禪學義理所作的演繹在雍正年間深受禪宗信眾的歡迎，不過雍正卻直斥這兩位禪師對佛教經典的闡釋是邪魔外道，下令銷毀其著作**，強逼派下信眾與他們斷絕關係，不得再鑽研其作品。

我們可以看到雍正的社會價值觀也滲入勞動關係。在十八世紀，蘇州四周與江南一帶是聞名遐邇的絲織與棉布集散中心。這些地區碾布作坊的勞工均屬身強體壯的男工，他們以重達千斤的滾筒來碾壓布匹。這群所謂的「踹匠」工作辛苦但工錢微薄；踹匠每天須碾壓

* 譯注：蔣廷錫。

** 譯注：即漢月法藏的《五宗原》與潭吉弘忍的《五宗救》。

六十八呎的布，但每個踹匠僅能收到十一文銅錢（約百分之一銀兩）。當時，市面上的一擔米基本價格約為一銀兩，在這種經濟條件下，踹匠的工錢所得就只能勉強餬口度日。

康熙年間，踹匠曾經數度停踹罷工，他們不僅要求提高工資，還籲請興建醫院、孤兒院與會堂。聚眾罷工的踹匠一無所獲，他們的帶頭者紛紛被施以笞杖之刑，儘管如此，踹匠還是分別於一七二三年、一七二九年兩度發動罷踹。由於蘇州府周圍加入停工行列的強悍踹匠已逾八千人，雍正認為事態嚴重，不過雍正關切的並非是踹匠惡劣的經濟環境，而是唯恐他們與蘇州府以外地區的亂黨合流，雍正還特別嘉許逮捕、拷問二十二名踹匠的江蘇巡撫。

從現存密摺中雍正的長篇硃批看來，他非常謹慎地持續探查此事。他查獲的情資顯示，這些工匠會結交武師、算命師、醫師，以及結交豢養男妓、女妓之青樓的擁有者，甚至還傳言有工人與逃至菲律賓之明室苗裔*互通聲息，在在都令人感到不安。到了一七三〇年，所有的細節都已查明，陰謀者也都服刑之後，雍正才硃批可以上呈奏摺，易言之，北京各部的要員與大學士到這個時候才知悉這件事的來龍去脈。

鴉片煙的問題是雍正從未處理過的新難題。雖然自十一世紀以降，就記載鴉片有醫療與麻醉的效果，但要到十七世紀吸煙流行，再加上被遣往鎮壓一七二一年朱一貴之亂的兵丁自臺灣帶回抽食鴉片的方法，鴉片煙才開始流傳。雍正即位之初便開始重視鴉片煙問題，禁止販賣鴉片煙，不過因為歷來律令之中並無前例，所以多處援引其他法令。於是，鴉片商被視同販售違禁品，戴枷一個月，然後流放邊疆充軍。引誘不知情者光顧鴉片館者，刑同宣揚異教邪說惑眾，應處以「絞監候」**。根據大清律，吸食或種植鴉片者將處以一百下杖刑。

但在一七二九年，一封洋洋灑灑的奏摺傳抵雍正手中，乞請雍正三思鴉片的問題。這一奏摺述及一位陳姓***鴉片商的鴉片被沒入藩庫，課以枷號充軍的刑責。但是陳姓鴉片商喊冤，聲稱他的鴉片是作為醫療之用，並未製成鴉片煙供人吸食。雍正鑑別證據之後，認為確有區分藥用與抽食用鴉片的必要，而官吏應嚴加探查鴉片的用途，究竟係作為藥引或者供人吸食。這位福建的陳姓商人以乾橘餅與一位廣東商人交換約四十磅的鴉片，陳姓商人很可能是個守法的生意人或藥劑師，而不是惡棍。雍正細察道：「若係犯法之物，即不應寬釋，若不違禁，何故貯存藩庫，此皆小民貿易血本，豈可將錯就錯，奪其生計。」[10]由此具體案例可以看出，當世偉大帝國的專制統治者仍密切關注社會問題，試圖維繫經濟公平，並自居為最高的制裁者。

雍正在民生問題方面，最突出的作為應屬解放「賤民」階層。雍正對賤民的除籍，這項

* 譯注：傳說中逃至呂宋的「朱三太子」。

** 譯注：根據中國律法，絞刑與斬刑各自又分為「立決」與「監候」兩種。前者表示刑罰已確定，必須立即執行。反之，後者表示，該項刑罰暫緩執行；在每年早秋於北京執行的秋審時，再進一步考慮對原判的絞監候與斬監候刑，是執行絞刑與斬刑，或者改判其他較輕的刑罰。

*** 譯注：陳遠。

政策適用於若干社會邊緣群體，包括陝西、山西的「樂戶」；浙江省境內的所謂「惰民」；徽州府的「伴當」；寧國府的「世僕」；在東南沿海危險海域採集牡蠣、珍珠的地方族群，被稱作「蜑民」；在浙、閩交界以製麻、靛為生的卑微「棚民」；以及紳衿之家的奴僕，這些人曲縮在社會底層，不准入仕，也不准參加科舉考試。雍正改善賤民卑下地位的真正目的，興許是為了建立一套完整的公共倫理秩序，並非僅是出自內心的悲憫之情。不過雍正在一七二三至一七三一年間頒布的一系列諭旨，令賤民削籍從良，也看出雍正終結歧視賤民的決心。

雍正的諭令一時之間並無法取得預期的效果。縱使法律條文有所變更，但許多賤民都選擇操持舊業，或習於鄙賤而認命。雖然朝廷有旨，一般平民百姓並不熱中接納這些賤民。不過從長遠的角度來看，雍正除豁賤民的作法確實有效果，這些被賤視的群體在清代社會中漸漸能各安其所。

經由此事，雍正認清人性執拗的一面，也意識到他所頒布的諭令未必就能風行草偃，但我們無從得知雍正是否謹記此番教訓。雍正仍堅信自己能勸服他人，也不時訓誡身旁臣僚，至崩殂方休。雍正的「實踐性道德主義」，顯示儒家的倫理價值觀已內化到滿清統治者的心中。

註釋

1 這三個經濟區的個案研究引自韓書瑞（Susan Naquin）與羅友枝（Evelyn Rawski）合著，《十八世紀的中國社會》（*Chinese Society in the Eighteenth Century.*, New Haven: Yale University Press. 1987），第五章。引介與推演大經濟區概念的相關著作，見施堅雅（G. William Skinner）在他所編輯之《晚期中華帝國的城市》（*The City in Late Imperial China.*, Stanford: Stanford University Press, 1977）一書中撰寫的幾篇論文。

2 河北、山東的數據，徵引自黃宗智（Philip Huang），《華北小農經濟與社會變遷》（*The Peasant Economy and Social Change in North China.*, Stanford: Stanford University Press. 1985）頁三三一。全中國的數字，見何炳棣（Ho Ping-ti），《中國人口的研究，一三六八至一九五三年》（*Studies on the Population of China*, 1368-1953., Cambridge: Harvard University Press, 1959）頁二八一。

3 轉引自李中清（James Lee）與伍若賢（Robert Eng），〈十八世紀滿洲的人口與家庭史：得自道義屯的初步成果，一七七四至一七九八年〉（Population and Family History in Eighteenth Century Manchuria: Preliminary Results from Daoyi. 1774-1798），見《清史問題》（*Ching-shih Wen-t'i*），第五卷第一期，一九八四年六月，頁三二一。

4 曾小萍（Madeleine Zelin），《州縣官的銀兩：十八世紀中國的合理化財政改革》（*The Magistrate's Tael: Rationalizing Reform in Eighteenth-Century Ch'ing China.*, Berkeley: University of California Press, 1984），頁八〇。

5 這一小段與本節其餘段落的材料，見白彬菊（Beatrice S. Bartlett），《君王與閣臣：中國清代中葉軍機處的崛起，一七二三至一八二〇年》（*Monarchs and Ministers: The Rise of the Great Council in Mid-Ch'ing China,*

1723-1820., Berkeley: University of California Press, 1991）。

6 援引（經過修改）自白彬菊，〈硃批：中國清代中葉軍機處奏摺制度與中央政府的決策〉（The Vermilion Brush: The Grand Council Communications Systems and Central Government Decision Making）（Ph.D. diss., Yale University, 1980），頁五七與六一。

7 戴瑩琮（Yingcong Dai），〈營運生息：盛清時期軍隊經商考，一七〇〇～一八〇〇〉（Yingyun Shengxi: Military Entrepreneurship in the High Qing Period, 1700-1800），見《帝制晚期中國》（*Late Imperial China*），第二十六卷第二期，二〇〇五年，頁一至六十七頁，尤其是二十四至三十二頁。

8 羅梭（Antonio Sisto Rosso），《派遣至十八世紀中國的使徒》（*Apostolic Legations China of the Eighteenth Century.*, South Pasadena, 1948），頁四〇五。

9 關於曾靜、呂留良案的仔細分析，還有案中關鍵人物遭問訊、判決，到後來所謂「大義覺迷」的過程，以及雍正所下的最後裁斷，請參閱：史景遷，《雍正王朝之大義覺迷》（*Treason by the Book.*, New York: Viking, 2001）。

10 傅樂淑（Fu Lo-shu），《中西關係文獻編年，一六四四至一八二〇年，兩卷》（*A Documentary Chronicle of Sino-Western Relations, 1644-1820*, 2 vols., Tucson: University of Arizona Press, 1966），第一卷，頁一六四。

第五章

中國社會與乾隆政權

「宜日中」

乾隆於一七三六年迄一七九九年之間實際掌權，在位期間是中國有史以來最長的。乾隆與康熙在位期間差不多一樣長，如果再加上雍正朝，則三位皇帝統治的時間從一六六一至一七九五年。若拿康熙、雍正、乾隆三朝與同時期北美的歷史發展相對照，約是從紐約成為英國殖民地至華盛頓逝世，在英國，則是從查理二世復辟到工業革命。因此在西方人眼裡，中國歷史呈現一派穩定、綿延萬世的景象。但如果仔細研究乾隆朝，會發現這段期間其實充滿改革與實驗，也開始顯露出清朝的弱點與壓力，對之後的大清王朝影響重大。

邊患不靖，有耗國力，但乾隆無視於此，在盛世的樂觀氛圍中即位。雍正的皇四子弘曆二十五歲和平登基，克承大統，他並未遭逢令他父親年輕時惴惴不安的黨派之爭。雍正預先將儲君的名字密封藏於匣內，放置在乾清宮中「正大光明」匾額後，所以乾隆繼承王位並無異議。即位前，乾隆便受到父親的信心栽培，以接班人視之，且他自己也有信心能統御大

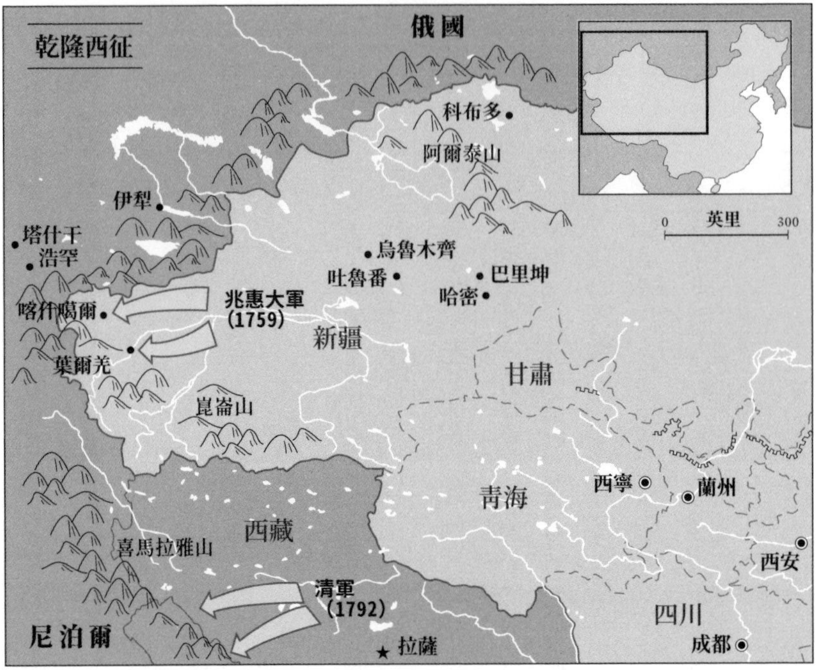

清，創造恢弘盛世。他不僅是清朝的皇帝，更自詡為亞洲多元文化的一統者。針對政治方面，他引入新的宗教、語言、及種族概念，重新思考滿洲過去留下的遺產與權力。

乾隆最重要的成就便是征服西域，並將這片後世稱為「新疆」的地區納入中國版圖，讓領土增加了一倍；也確立了西疆邊界，而與俄國接壤的北部疆界則是早在《尼布楚條約》和《恰克圖條約》簽署後即已畫定。然而這些彪炳功勳卻是費時傷財，也牽動了（如同康熙與雍正時代）川西與藏北的軍事活動。

對西疆的戰事，乾隆相當信任兆惠。兆惠是滿洲旗人，蒙聖寵之前未受重用。一七三〇年代，兆惠官拜大學士，曾在對川戰事督導糧運，後來被派往準噶爾部疏論運糧事務。兆惠勇於任事，作風積極。一七五六至一七五九年間，兆惠先後歷經盟友變節、密使遇害、糧草斷絕以致兵丁互相殘食、被迫在惡劣的地區行軍數百哩等等危難，終於在一七五九年攻克喀什噶爾與葉爾羌兩城。清軍屠戮了準噶爾的殘餘部眾。之後由駐守伊犁的將軍與烏魯木齊的副將統轄治理這塊新疆土。而蒙古各部與清廷的關係更為密切。當兆惠凱旋回京時，乾隆到北京城外的郊勞臺親迎兆惠，這種殊榮少有人臣得享。

與準噶爾、蒙古諸部之間的事務幾乎全委由理藩院的滿人處置，所以西部回疆的行政事務同樣交付滿人與少數經驗豐富的漢軍旗人。這塊地區並未開放給漢族拓墾移民，而是邊防要地。約莫有一萬五千至兩萬名的漢軍、八旗以及十萬名隨扈駐紮在回疆，每年至少耗費朝廷三百萬兩的開銷。此地的回民仍保有自己的宗教領袖，嚴格遵奉飲食戒律；朝廷允許回民蓄留傳統髮式。回民的民政官即所謂的「伯克」（Beg，總督管之意），由朝廷授之以官銜、薪俸。雖然朝廷獨占開採金、玉等貴重礦產，不過銅、貴重石材、硝石、羊毛披肩以及奴隸的買賣依舊十分興盛。另一個可以顯示乾隆往中亞拓展勢力的事跡，是他將新疆回部一貴族女子納為嬪妃。她不但獲准信奉原有宗教，遵循飲食教規，且乾隆出巡華北、江南地區時她也曾數度伴駕。一七八〇年代她香消玉殞後，乾隆下令以特殊規制的墓園安葬，其石棺上以回文鐫刻《可蘭經》經文。[1]

運籌帷幄這場大戰役的軍機處已經不是雍正年間那個祕密的小衙署了。雖然軍機處一仍雍正時代的舊稱，然而其職掌編制都已大幅擴充，權力和名聲也烜赫一時。此故，自乾隆以降，英文把「軍機處」譯為「Grand Council」，俾以與雍正時代的「Office of Military Finance」（軍需房）區隔，因為軍機處的權柄已凌駕於六部之上，甚至超越了「內閣」。乾隆即位後的軍機大臣之中，鄂爾泰、張廷玉是雍正先帝的股肱大臣，大臣維持了政務的持續運作，之後又增加幾位皇帝親自拔擢的官員。終乾隆之世，軍機處的員額一直維持在六至七名。軍機處的運作還靠兩百五十名以上的文職人員，以輪班的方式日夜當差。

此時，軍機處已經成為匯集各地要員奏摺的檔案中心，隨著奏摺的抄錄、票擬，並轉發各部討論，奏摺的象徵意義與真正的功能——聯繫僚臣與統治者的特殊管道——便開始萎縮了。乾隆在奏摺上的硃砂批諭，往往只有「知道了」、「閱」、「轉呈相關部署」等寥寥數語，比起康熙、雍正在批閱奏摺時，往往流露出愷切、親密或憤怒、關心之意，自然是不可同日而語。

不過這並不代表乾隆疏於政事，他確實是一位英主。乾隆定期主持朝政，批示奏摺，巡視江南與滿洲訪求民瘼，籌謀軍事戰略，諭令重大政策。只是乾隆將更多的實際決策權賦予軍機大臣，因而沖淡了康熙、雍正兩朝特有的中央領導權威。

這一點也反映在乾隆的農村稅賦改革措施上：農村稅制的革新是其父皇雍正的施政重點，但乾隆處理此一政事的手法極其不同。乾隆於一七四二年下旨參加進士考試的貢生也要就省級財政分成制度論述己見，乾隆也對大臣提出同樣的要求。結果，原有稅賦政策的精神漸漸不見了。富有省分將部分稅收移轉到貧窮省分，於是富裕的省分失去了強化地方政府的可能誘因，而貧窮省分則更沒有擴大稅基或改革經濟體質的動力。一七六九年，乾隆取消康熙跟雍正增加旗營收入的政策，此舉加深改革計畫的矛盾。之後乾隆更表明，朝廷不應該介入私人的商業行為。[2]

更有甚者，知縣往往保留地方上的財政餘額，不將之上繳省府的藩庫。結果，過去巧立名目的雜賦、各式各樣的攤派，以及不法的「火耗」等弊端又故態復萌。於是「戶部」又逐漸建立了一套制度，地方凡有動用支出之前必須經由北京的有司核定。這不僅造成文牘往來繁雜，瑣碎不得要領，而且重大政務根本就寸步難行。從當時河北省呈交戶部的檔案可以窺見，省級官員必須查核瑣碎如支付橋上守衛四十八兩、船員一百〇五兩的薪俸，以及給兩名寡婦十二兩的撫恤金。

在文化方面，乾隆的作法和雍正差不多。乾隆公開表露孝思，對待皇太后更是禮數周到。乾隆十分孝敬皇太后，多次偕同皇太后南巡，極盡鋪張隆重。甚至皇太后春秋已高，無法再下江南時，乾隆還仿江南風格在宮裡建造了多條街道。他也不容先帝雍正受侮蔑，收回雍正寬仁的諭示，下令將一七二八年間宣揚呂留良思想的曾靜縛於北京東市，凌遲處死。乾隆特別為在三年一次的科舉考試中落榜的馳名學者開設特科，使地方的學宮宣揚儒家的價值理念與康熙的聖諭，也在特定節慶敬老尊賢，表揚貞節烈女。

乾隆自然也有創新之處。他大量蒐集名家墨寶字畫，盡蒐千年來的佳作。後人常怪罪乾隆的書法工整平庸，卻喜在瑰寶上題詩，因而破壞了原作的精妙細膩。乾隆宮中有幾位耶穌會的畫師，又以義大利人郎世寧（Giuseppe Castiglione）為個中翹楚，他畫的皇族肖像維妙維肖，又把狩獵與行伍軍容盡收紙上，糅合了中國繪畫的構圖方式、西方的透視法與用色，獨樹一格。乾隆也命耶穌會的建築師、設計師在圓明園內建造一座西式的避暑行館；還下旨編撰數部重要書冊，其中包括宗譜、歷史、典章儀禮，以便確實保存並珍藏滿洲遺產。此外，乾隆為了宣示大清乃護教者，下令在熱河避暑行宮內仿西藏布達拉宮（Potala）建造了一座喇嘛廟。

乾隆為了保存中華文化，也下旨窮蒐博採歷代的文學與歷史名著，將之編成巨帙。這部叢書包括經、史、子、集四類而被命名為《四庫全書》。《古今圖書集成》因類取裁，歷經康、雍兩代編修，但《四庫全書》則不同，它是一部完整的「文選」，所輯的著作都全文收錄，並附有博古通今的導論。《四庫全書》著錄三千四百五十八種，存目著錄六千七百八十八種，整套書共有三萬六千三百八十一冊，歷時十年始告竣工，是中國書誌學史上最偉大的成就。

編修《四庫全書》具兼審查文學典籍的功能。朝廷下旨廣蒐私人藏書，凡私藏輕滿書籍者皆遭嚴厲的懲處。若有地理典籍、遊記的內容有礙國防，也是悉數銷毀。蒐羅的行動非常徹底，已知有逾兩千部書籍被列冊銷毀，再也無法覓得。也有參與編修《四庫全書》的碩儒，藉著銷毀意見與自己相左的著述，或者在校勘中強調自己的觀點，以宣揚其心儀的思想派別。另一方面，中國學者也藉著審查典籍，挖掘出蒙古、維吾爾族、跟其他邊境民族的歷史，為地理、製圖和文獻學貢獻良多。這些發現也讓中國在邊境民族的文化及歷史層面，發展出新面觀。十九世紀時，對中國多元民族概念影響重大。[3]

我們從乾隆所頒布的諭令與決策，可追索當時一股潛滋暗藏的逆流。乾隆諛詞加身，但自省的功夫卻不夠，他迎合流俗，務虛而不求實，即便是日常的政務也希望臣下加以肯定支持，也沒有能力做出艱難或不受歡迎的抉擇。儘管乾隆堪稱盛世，但國力頹唐幾近崩潰的徵候已一一浮現，從讀書人都要鑽研的《易經》裡，就可看到乾隆的敗象已露。《易經》第五十五卦「豐」（䷶），意為「盛大」、「通亨」，卦辭解釋為：

> 豐，亨，王假之，勿憂，宜日中。[4]

根據古人的注解：

> 日中則昃，月盈則食，天地盈虛，與時消息，而況於人乎？況於鬼神乎？

十八世紀的儒學

若是有人質疑，乾隆當然會說他是以儒家之道來治理儒家的政府體制，且有許多佐證：例如，皇帝與群臣視儒家典籍為倫理智慧的寶藏；儒家經典是學塾與科舉考試所必讀；儒家講的忠孝之道將君臣、父子緊緊相繫；而地方的學者官員宣講儒學，目的也在化育黎民，使其忠於君父。但是，隨著後人對經文的增刪注疏，「儒學」也一直有所變動。在十八世紀，隨著社會與經濟的變遷，儒學也朝向新的方向發展。

十七世紀後半葉，學者致力於探索明朝潰亡的原因，有許多人認為，明季盛行的那種極端個人主義與強調內在道德良知的學術思想，正是明朝覆亡之因。清初康、雍年間，許多任官的大儒、甚至皇帝本人也開始藉著肯定宋朝（西元九六〇至一二七九年）理學的核心價值，以與肇致明朝衰敗的學術風尚相抗衡。他們之所以遵奉宋儒思想，主要是因為宋朝哲學家朱熹主張「理」既是宇宙萬物的本源，也是行為的準繩。朱熹及其追尋者相信，明理有助於安頓人欲，並在公共生活中證成天道。所以儘管宋朝儒學在窮究天道時，必須構設多面向宇宙論的臆想，但是宋朝儒學卻對社稷興亡念茲在茲。再往深層看，即使是有德君子也無法體察天道，這層體認必然使學者自覺無法善盡對社稷的責任，於是焦慮與罪惡之感交集心頭。

一如清初居官的碩儒拒斥明代的思想，而藉著論釋十二世紀宋朝理學找到安身立命之處，後來清代學人亦批駁宋朝理學，另尋安身之所。到了乾隆朝，許多學者開始不從某些特定的著作找立足點，而比較是在方法論上覓基礎。這套方法論名之為「考證」，因為考證是以嚴格縝密的標準，甄別校勘資料。考證派的學者意圖屏棄抽象思辨，而讓學術研究根植在「實據」之上。他們窮究聲韻之學、算術、天文曆法、地理，相信如此才能釐清古聖先賢的真義與意圖，並理解當下生活的真實底蘊。

考證學派的先驅與最先推崇的學者均是康熙年間的人物。顧炎武是前明志士，曾在家鄉抗清，也是此學派的重要人物。誠如前述，顧炎武與清朝可說是井水不犯河水，其後半生遊歷華北，探訪各地的工藝技術、金石資料，仔細摹拓石碑刻文，對樸學的研究頗有幫助。顧炎武詳細記載所見所聞，這與宋明理學慣以道學或玄學問答、格言、論辯、詩歌等「日誌式」書寫（例如朱熹的《朱子語類》、王陽明的《傳習錄》）大異其趣，在顧炎武的《日知錄》，記滿對典籍、珍本的注疏，對地理與金石學的觀察。（十七世紀耶穌會士將西方的學術，特別是數學、天文曆法傳入中國，可能影響到考證學派的研究方法，也讓他們堅信，在個別哲學流派之上還有個「實在」的世界，這點倒是值得注意。）

閻若璩與顧炎武相善，他運用類似的方法整理《尚書》的歷史紀年與語言結構。閻若璩的研究成果雖然在一七四〇年代之前是以手稿的形式流傳，對當時的學者文化卻有如天搖地動之撼。閻若璩仔細排比證據，證明《尚書》（古文經）這部歷來國家掄才所依據的典籍是後人所偽造，不值得推崇。（見閻若璩的《古文尚書疏證》）

到了一七四〇年代，整個科舉制度受到批判，因為僵化的考試並無法為國家甄舉優秀人才，而閻若璩的論述亦凸顯出儒家官學的缺陷。社會的緊張關係更進一步減弱學者對這套制度的信心，因為到了十八世紀中葉，朝廷並未隨著人口成長而提高科舉考試的錄取名額。學子的壓力因而提高，即使通過科考也難以謀事，在在令許多飽讀詩書的社會精英深感挫折。

十八世紀的文人運用訓詁的見解與方法，重新探索儒家的過去。許多學者皓首窮經，研究漢代（西元前二〇六至西元二二〇年）的經文與注疏，比起官學所宗的宋朝典籍，漢代更近於孔子的年代，所以被認為較接近聖人的真義。不過之後又有西漢、東漢的經文何者較為可信的爭論，所以研究漢代經典的學者又出現古文經與今文經之爭。這並不只是深奧難解的詰辯，也開始把經典當成歷史研究的材料，並本著鮮明、銳利的懷疑主義來看待歷史。考證派的著作對十八世紀的政策也有重要的影響，因為學者孜孜不倦有如「蟻行」——一位考證派學者*以此語形容自己的研究工作——積累實證資料，以新的眼光看待水利學、天文曆法、製圖學，以及討論治理的古文之中，使學者能以更敏銳的眼界來評判清代的現實。

到了乾隆中葉，考證學派蔚然成風，書商、印書者、藏書家、圖書樓，以及具備鑽研訓詁學的塾師互有關連。考證學派得此支持，學者與商業世界之間的分際也往往泯而不顯，因為許多富商也贊助考證研究，建造大型的藏書樓供學者參閱文獻。更有考證學者即出身商賈之家，這也反映了新興都會地區的發展，以往涇渭分明的職業界線已不再。

乾隆編修《四庫全書》，綜理文獻甄別、版本校勘以及考據錯誤的過程即由考證派學者所主導，他們運用新的研究結果來貶抑宋代理學（其中不乏科舉中的「正統」理論），又提高考證取向的學者之地位。乾隆對於考證派學者大力蒐羅稀世珍本頗感欣慰，所以特別命人額外傳抄三份《四庫全書》中最稀有的典籍，並下詔在考證學風鼎盛的揚州、鎮江、杭州興建三座藏書樓**存放《四庫全書》，以供學者參閱。

高度學術化使得考證派學者遂形成某種學術精英，而與十八世紀越來越多的落第文人扞格不入。（這類精英的困境以及許多學者的墮落與傲慢，在《儒林外史》中有刻畫入微且詼諧的描述，這部小說寫於一七四〇至一七五〇年間，刊印於一七六八年。）考證的精英世界將寒士、自學文人與女性屏除在外。到了乾隆晚年，縱使是擁護考證傳統的人，也漸漸察覺到考據方法的侷限性。赫赫有名的學者戴震即是考證派的一員，他開始運用純粹的哲學語言，回到那種探索人生目的、動機、欲望與道德行為意義的年代。戴震的知交好友並不認同他這類形上學式論述的重要性，但戴震本人卻認為對這類哲學問題的分析，才是其思想精髓。

雍、乾年間學風特盛，特色之一是女學再度受到重視，不僅男性學者強調應該讓女性受教育，女性之間也熱烈論學。不過，這些討論並非全無受人非議之處。某些男性學者開設女

* 譯注：王鳴盛。

** 譯注：依序為文匯閣、文宗閣、文瀾閣。

塾，但卻遭控只是想要狎玩女徒，受到保守人士的猛烈抨擊。一些觀點敏銳的批評者則是指出，過去在歷史上女性書寫作品也曾興盛蓬勃，廣為議論道德、哲學、史學等各種主題，但後來卻受到整體社會價值觀所限而走偏了方向。受此影響，女性只能囿於閨閣，在文學上遁入內心世界，尤其是聚焦於浪漫情愫與愛情的頓挫。這些批評者認為晚明的女性文學並非女性自省的典範。此時應該讓女性得以拓展見識，對各種知識進行廣博的分析。在他們看來，當時雖然有大量的女性詩集得以出版，但內容受到種種侷限，缺乏可觀之處。[5]

但儒學並不只是哲學問題而已。中國繪畫與書法也總是依託在儒家的價值體系之上，因此，在十八世紀，繪畫與書法的旨趣、風格同樣起了重大改變。略通文墨的人可以透過一七〇一年刊印的《芥子園》這類教人作畫的畫冊，習得傳統的繪畫技巧。藉助這樣一本書，只要是識字的人很快就會描繪梅花盛開的枝蔓、茅舍，或是遠方疊嶂的山巒。而文人畫家的風格也愈趨古拙奇突，有意打破構圖的規範與角色，表現出一種其實是刻意經營的「業餘性格」。這種古拙奇突是十七世紀明朝遺民的畫風，是一種政治立場的傳達；然而到了十八世紀，反而呈現了更富階級意識的面貌。

書法也有很大的改變。考證派學者挖掘、重刊許多前人抄本，而罕見的拓碑摹本也開始流傳，結果復古蔚為風尚。甚至畫作上的落款題字，用筆嶔崎有如刀刻，表現出個人的創意與豐富的學養。所以到了乾隆晚年，隨著讀寫能力在安詳和樂、人文薈萃的盛世漸次普及，第一流的文人發展出別人無法企及的新文化表現模式。

紅樓夢

《紅樓夢》成書於乾隆中期，是中國最偉大的章回小說。曹雪芹的先祖是康熙的包衣奴才，有錢有勢。江寧（南京）的曹家最後以虧空官帑與移轉財產，遭雍正抄家禁產。所以，曹雪芹本人對於清代滿、漢之間的緊張關係自是體認深刻，曹雪芹在一七六三年撒手人間，嘗盡了瓊漿玉液的奢華生活與落拓江湖的椎心之痛。

《紅樓夢》又名《石頭記》，刻畫賈府的生活百態。賈府是富甲一方的漢人家族，其宅邸大觀園內的屋宇櫛比鱗次，所在的城市並未具名，但有北京與南京的身影。賈府發生的許多事，顯然取材自康熙年間：賈府十分熟稔漢人的文化與身段，聖眷隆重而被委以稅務要職，他們與宮裡關係密切，賈府的女兒甚至還是貴妃。但是這部小說並不以如實勾勒出清代日常生活為滿足。這兩個書名其實已點出結構的分殊複雜：由「紅樓」所牽引出的幻「夢」，精妙且神祕地預示了小說中女性的命運；而「石頭」的「記事」，講的是一塊通靈之物，由女媧點化而自有神奇的生命，之後被一僧一道攜入紅塵。

簡單地說，《紅樓夢》是一部愛情故事。賈寶玉的命運與荳蔻年華的林黛玉、薛寶釵糾結纏繞，林、薛兩人各自取「寶玉」的一字而命名。此三人與其餘年輕伴侶從小成長於賈府，寶玉深愛黛玉，無奈在雙親連哄帶騙之下而與比較富裕、健康的寶釵成親，三人的美妙關係也就戛然而止。黛玉因此香消玉殞；最後寶玉雖然進士及第，但還是離開嬌妻，拋棄功名家業，遁入空門。

曹雪芹寫這部小說固然是自娛娛人，但也有嚴肅的宗旨。《紅樓夢》在情節布局的背後，也探究自我認同與人生之鵠的。它還探討交織在所謂成與敗之中不同層次的實與虛。誠如曹雪芹在卷首所言，「因空見色，由色生情，傳情入色，自色悟空。」[6]換言之，「假作真時真亦假」。

雖然這說明曹雪芹意不在「寫實」，不過小說情節豐富、結構複雜，共有一百二十回，除了主角之外，還有上百名刻畫入微的人物，堪稱清代中葉精英生活的縮影，含括家庭結構、政治、經濟、宗教、美學與性事。儘管全書並非全然寫實，而是充滿了曹雪芹憑想像杜撰出來的元素，且字裡行間的諷喻俯拾可見，但若從上述六大面向細細品評，仍可以領略到十八世紀中期清代社會的富麗堂皇，以及繁榮背後的陰暗面。

就家庭結構而言，曹雪芹點出了父親的絕對權威，尤其是在子女的道德規範與學業養成方面。寶玉的授課先生是父親所挑選，嚴格考校功課，寶玉有不檢點或失德之處便加以懲處。甚至只要提及賈父發脾氣，就足以讓寶玉心驚膽顫。母親則沒有父親那麼具有威勢；但是寶玉的祖母兼有持家之能與睿智，以年高德劭而受敬重，主掌家務。

就政治層次而論，賈府的權勢並不只是因為元春貴為嬪妃，也不是因為據高官厚爵，負朝廷之重任。賈府真正的權力在於地方，他們可以運用特權拉攏地方衙署以牟利。地方官吏絕不敢拿自己的頂戴冒險，而起訴賈家的親朋好友，所以，賈府的權勢蘊腐化於其中，使得賈家的年輕一輩以為作奸犯科也可以不受制裁，甚至賈府有人殺了人，也可以全身而退。此類政治權力有自我繁衍的可能，朝中有王孫貴冑為友，進士及第師友相護，會使少年得志位居要津，權貴聯姻而親上加親。

在經濟層面，賈府所能動用的資源超乎尋常人家所能想像。家有銀塊絲綢堆積如山，名家書畫卷軸不勝數。賈府的林園臺榭占地寬廣，在別的地方還擁有土地田產，得僱人定期為賈家收佃租。賈府所涉足的商業領域盤根錯節，再加上朝廷的委差，以及從與洋人做買賣的商人取得的舶來品。賈府裡有成群的小廝、丫鬟操持府內的庶務，賈府若有人出門，則充當隨侍。

在宗教信仰方面，賈府與清代社會都是兼容並蓄。賈府因襲儒家思想的傳統，將其地位與成就歸因於祖宗的庇佑，所以慎終而追遠。婚喪喜慶都極盡鋪張，講究排場。賈府還養了一批年輕尼姑，遇到厄病，則請和尚道士作法，驅除邪靈霉運。寶玉還一度遭惡人魘鎮，連他的通靈寶玉都無法護佑他。賈府裡有一位長者離家到廟裡去求開悟（這位長者後來因服用太多長生不老仙丹而暴斃）。

就美學而論，住在賈府是十分愉悅愜意的，其精緻化的程度令人想到晚明上流精英的生活。賈府的青年男女皆能舞文弄墨，故可無止盡地浸淫在詩趣當中，說笑話、打謎語都有典故。書中主角的穿著、裝扮、園林、配飾無不高雅精緻；品嘗的茶酒、膳食皆為色香味兼備的上品。音樂與戲曲更是賈府不可或缺的一環；府內備有戲班，隨傳隨演，其中也包括明湯顯祖的《牡丹亭》。

最後，有關性事，賈府中人的行為鮮少受限。年輕人或許活在一個青春的世界裡，彼此間的狎戲容或有性暗喻，但基本上是純潔無邪的，然而長輩卻不乏登徒子之流，晚輩耳濡目染，長大後也會效法。賈府不論男女，皆倚仗輩分權力以逞性欲。私通滋生妒恨，愛欲導致情殺。奴僕往往淪為主子狎淫的工具，無處伸冤，只有逃逸或自殺一途。春宮畫作能挑動欲望，這可以從賈寶玉初試雲雨窺知一二。寶玉看罷唐伯虎的〈海棠春睡圖〉後恍惚入睡，做了一個情節詭異、繾綣綺麗的春夢。夢醒之後，寶玉便與襲人領略夢中情事。初入空門的尼姑或賈府內的男伶也會捲入情欲糾葛而無法自拔，即使在傳授儒家道德訓誡的家塾中，男性之間也存在斷袖之愛。

一七六三年曹雪芹歿故，並未完成《紅樓夢》，往後數十年間，只有不同的手抄本在知交親友之間流傳。一直到一七九二年才出現《紅樓夢》全本，由高鶚續補，以活字刊刻印行。全本成書後廣為流傳，讀者可能包括清代中葉上流社會的男男女女，落魄的騷人墨客，和略通文墨、往來穿梭於繁華城市的商賈。

《紅樓夢》呼應了晚明小說戲曲與唐宋詩詞的傳統，我們也無法確定後四十回是否為作者的本意，不過這部小說所表現的原創性令人歎為觀止，論規模與細膩的程度都預示十九世紀的文學巨作。曹雪芹對自己的文學成就已無緣置一詞，但他藉賈母之口道出，何以在他之前的中國小說戲曲總是流於俗套，不可盡信：

賈母笑道：「這有個原故：編這樣書的，有一等妒人家富貴，或有求不遂心，所以編出來汙穢人家。再一等，他自己看了這些書看魔了，他也想一個佳人，所以編了出來取樂。何嘗他知道那世宦讀書家的道理！別說他那書上那些世宦書禮大家，如今眼下真的，拿我們這中等人家說起，也沒有這樣的事，別說是那些大家子。可知是謅掉了下巴的話。」[7]

曹雪芹或許終身鬱鬱不得志，但他絕無妒恨豪門巨賈之意，亦未沾染舊小說的習氣。他的成就屬於他自己。然而，真正諷刺的是，曹雪芹雖已嗅出了隱藏在乾隆盛世背後的頹廢，但這部傳世巨構卻增添乾隆盛世的光彩。

乾隆晚年

猶如應驗了豐卦的警訊，乾隆晚年經歷了一連串的危機。這些騷亂並沒有特定的模式，而是朝廷輕忽民怨，導致情勢緊張。邊疆軍情惡化，地方叛亂，官僚貪贓枉法，皇帝寵信近臣不過是其中數端而已。大環境使傳統的學術價值萌生不確定，國家無能洞察整頓財政與行政管理的迫切需要，而人口持續增長導致土地缺乏，形成空前未有的嚴峻壓力。

乾隆在聖諭裡，對自己於一七五〇年代克復新疆、運籌帷幄之能耐頗為得意，這場戰役在很大程度上有運氣的成分，但的確是一項大功績。然而一七六〇年代出兵緬甸，則是毫無

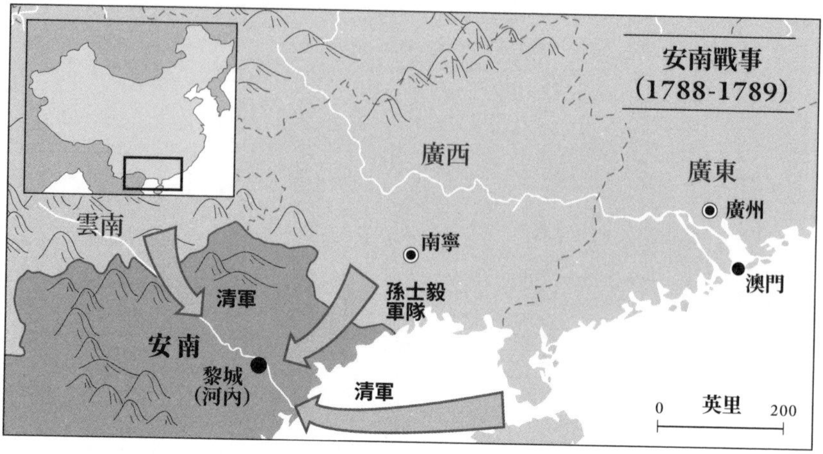

章法，與一世紀前吳三桂在此地追捕南明藩王的銳勢簡直有天淵之別。一七八八和一七八九年，中國與安南兩度兵戎相見，暴露出清廷決策的不足。

一七八八年，阮文惠興兵作亂，據黎城（今河內），安南黎氏王朝出走。黎朝王眷以廣西為庇護之所，向清廷求援。乾隆迅速回應，飭令三路夾擊安南，一路由兩廣總督孫士毅自廣西南下，一路由滇省往東南進入安南，另一路自廣東浮海西行。一七八八年十二月，清軍在孫士毅統領之下入黎城，孫士毅向朝廷報捷，並恢復黎氏王朝。乾隆聞訊大喜，加封孫士毅公爵爵位。不到一個月，孫士毅大軍在黎城歡度春節之際，阮文惠乘機反撲，屠戮孫士毅的軍隊四千餘人，孫士毅受盡屈辱，逃回廣西。乾隆採取務實的應對之道，聲稱黎朝終將覆亡，於是承認阮文惠繼承黎氏而統有安南。從這可以看出，此時中國雖仍有聲威冊封邊境的統治者，但軍事優勢已出現疲態。（這次挫敗後中國再也沒有以軍事力量介入安南內政——直到一九七九年才發動中越戰爭，但仍是以失敗告終。）

不過還是有將領表現卓越，成功擊退來犯的尼泊爾廓爾喀族（Gurkhas）即為明證；廓爾喀軍隊分別於一七九〇與一七九一年兩度入侵西藏。一七九二年，清軍入藏，在幾次戰役之中大敗廓爾喀，逼使他們取道喜馬拉雅山隘路退回尼泊爾。清軍在世界上地理環境最為惡劣的地區作戰，展現出非凡的後勤補給與臨陣退敵的能力。雙方隨即締結和平條約，尼泊爾同意每五年遣使赴京具表進貢，一直延續到一九〇八年。不過這場戰爭耗費不貲，龐大的軍事開銷根本填不平。在抗擊廓爾喀的戰事中，負責調兵籌糧的正是在安南戰役失利的孫士毅。乾隆無視於孫士毅在安南的挫敗，將他調往拉薩，說明了皇帝的個人好惡，勝過對孫士毅能力的真正評價。

外有戰事經年，內有杌隉不安。十八世紀末，中國各地亂事頻仍。其中一次是在離北京不遠、山東省境內的臨清城附近，臨清城是大運河畔南北糧食轉運的集散地。此地靠近東北經濟區的邊陲地帶，人口增長迅速，心懷不滿的農民很容易就與在運河從事漕運、漂泊不定的縴夫和苦力合流。一七四四年，在精於拳腳功夫、以草藥行醫的王倫帶領下，啟靈於「無生老母」的庇佑，起事反叛。這次叛亂與地下民間祕教「白蓮教」有所牽連。白蓮教拜「無生老母」，相信人世間在經歷劫難之後將會臻至千禧的太平盛世，這種想法至少已經流傳了五百年。王倫的教眾遍布各行各業：有許多是農民與勞工，也有街頭賣藝者、車伕、魚販、豆腐商、道士、油商、放高利貸者。我們不能說王倫的起義有明確的政治訴求：王倫雖有農民的支持，不過他並未主張取消佃租或支助貧民，或者平均分配土地。王倫的教眾圖的並不是改善社會與經濟生活的政治處方，而是源自一種對社會主流勢力的敵意，及一時的衝動。

王倫的宣教讓教眾相信他們可以抵擋清軍的攻擊。「千手擒，萬手遮，青龍白虎來護著，求天天助，求地地靈，鎗砲不過火，何人敢擋我？」[8]王倫的預言起先似乎應驗了：王倫攻占數座村莊，甚至還占領臨清舊城，官軍聞風潰逃。最後朝廷調集大軍，包括八旗兵與由漢人組成的綠營會剿逆民；王倫與各式兵眾手執長矛或大刀，不敵官軍的猛攻。王倫的教眾在街上據屋頑抗，最後還是寡不敵眾，紛遭綁縛，而與家屬一同被處斬。王倫在大營引火自焚，一個部眾逃過一死，後遭清軍擄獲，他生動地向官軍供述，王倫在赴死之際，身著紫袍，腕戴兩只銀鐲，身邊擺著長短雙劍，盤腿坐在屋角。王倫的衣服鬍鬚已經著火，卻仍是紋風不動。

王倫舉兵起事的意義不僅止於它產生的立即效應，更是社會潛藏不滿的徵兆，所以應該把王倫的叛亂同中國各地掀起沒有明確災厄或目標的亂事一併視之。祕密會社「天地會」則是自有一套宗教儀式，入會者結拜為同胞骨肉，會眾於於一七八〇年代在臺灣舉事發難*，陷落數座城池，改元建年號「順天」。一六四〇年代，有許多人以「順天」為年號，藉此昭示滿洲已經違逆天意，但此次叛亂似乎是一場福建移民團體為了搶奪臺灣經濟主導權所掀起的民變。一七八八年，清軍平亂，首謀者遭到處決。*

甘肅也在一七八〇年代出現兩次回民叛亂，由反對朝廷指派清真寺教長的「新教」（newsect）教民所發動。**經過激戰，兩次回亂均被官軍鎮壓，苗疆的動亂也被鎮壓。但朝廷也付出沉重的代價，軍事勝利並無法有效泯除宗教、經濟與種族問題的亂源。一七九九年，乾隆駕崩，與王倫及其教眾同樣信奉「無生老母」的白蓮教亦於華中舉事，在四川、湖北、陝西、湖南等地與官軍奮戰。

究竟造成這些動亂的原因，是否跟讓民心潰散的政策有關呢？對此並無確證。不過可以肯定的是，到了十八世紀末，朝廷的運作機制開始渙散遲鈍：義倉十有九空，大運河多處淤塞，八旗武勇戰力不彰，甚或只會魚肉百姓，又無法停止危及生態土地再墾殖，官僚結黨謀私、憑權納賄的弊端益形嚴重。朝廷也可能不願在新興移民或人口稠密的地區設置新的縣衙，官員的壓力也更加沉重。再加上就業的壓力與日俱增，意味著求得一官半職者都想盡辦法趕快彌補回收他們求官時的苦苦等待與煎熬，於是對鄉里農民催逼錢糧，或徵收各色的雜賦。一七九〇年代，白蓮教眾就說這是「官逼民反」[9]。在邊境的戰事中，或彈壓地方叛

* 譯注：史稱林爽文之亂。

** 譯注：史稱蘇四十三、田五起事。

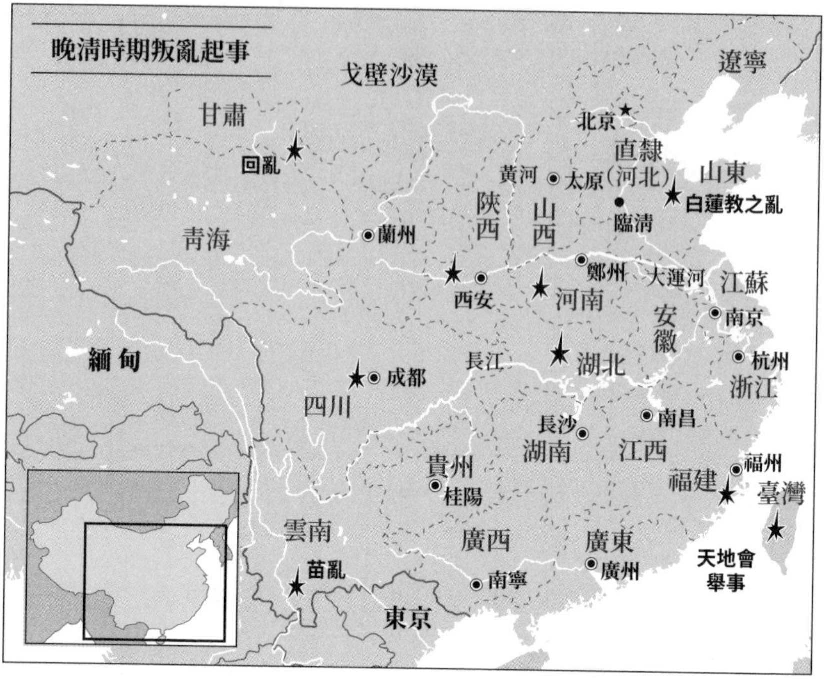

亂，官吏侍職鑽謀的現象也是司空見慣。文臣武將彼此串謀，向乾隆隱匿實情。而乾隆任父皇雍正一手建立的密摺制度流於形式，無法有效偵刺官吏的瀆職行為。

一七七五年，滿人侍衛和珅受年邁乾隆的寵信，官僚貪贓枉法的行徑更加惡化，雖然並不是每一件事皆歸咎於和珅。當時和珅二十五歲，乾隆六十五歲，至隔年乾隆不次拔擢和珅擔任滿洲正藍旗副都統、內務府大臣、戶部侍郎、軍機大臣。一個年輕人能在官僚體系中如此青雲直上，是大清開國以來所僅見，乾隆還將和珅升為戶部尚書（一度還任吏部尚書）、協辦大學士、《四庫全書》館正總裁、步軍統領、崇文門稅務總督，授一等男爵。一七九〇年，和珅的兒子娶乾隆的皇十女。

皇帝與這位寵臣曖昧關係的流言蜚語自然會在朝廷中不脛而走。有人說，和珅與乾隆之間有同性戀的私情，因為和珅長相酷似雍正的一名妃子，而乾隆當皇子時十分迷戀她。一名或許是受到這類傳說影響的朝鮮使節形容三十歲的和珅「相貌優雅，裝扮英俊，但欠缺男子氣概。」一七九三年，英王喬治三世（King George III）派往中國的特使馬戛爾尼（George Macartney）勛爵，描述和珅「年約四十到四十五歲，相貌堂堂而體面，有捷才而健談。」[10]

我們並沒有確切的證據來證明和珅與乾隆之間的曖昧關係。終乾隆有生之年，都對和珅優寵有加。可能乾隆本來希望和珅「為朕耳目」，如同康熙、雍正也都授與包衣奴才與許多官員以密摺上奏之權。因此乾隆在一七八〇年派和珅前往雲南偵刺雲貴總督貪汙一事，一七八一年再派和珅前往甘肅襄助鎮壓回亂。但和珅多病，與乾隆的重臣親信一樣，大多留在北京。大夫診斷和珅之後，表示症狀歸因於惡氣灌入或於體內形成，並在體內遊走，病根難除。和珅鼓起勇氣向西醫求助，傳喚馬戛爾尼勛爵的隨行醫生吉蘭（Hugh Gillan）為他診斷。吉蘭醫生發現和珅染患嚴重的風溼病，自幼便為疝氣所苦，於是吉蘭醫生為和珅製作合適的疝帶。[11]

從馬戛爾尼與吉蘭醫生兩人對和珅的評語來看，儘管和珅講話往往含糊其辭，實則手握大權，頭腦又靈活。而從各式資料也可以窺見，和珅機敏圓滑、富於好奇心，又熟讀經書。不過和珅確實利用職位為自己和友人牟取鉅款。和珅儼然以帝王自居，驕橫跋扈，貪汙索賄。乾隆晚年的許多軍事活動皆遭和珅浮報糧草軍需，中飽私囊的錢銀以百萬計，其中最嚴重的是將帥指揮失當以致費時數年，而且手段殘酷的平定白蓮教戰役。和珅的種種敗行劣跡讓當時既存的問題更加惡化，也使官僚與人民的道德操守日益敗壞。

一七九六年後，和珅的權力更大。乾隆在這一年「內禪」，使其在位的時間不超過祖父康熙在位的六十一年，藉以表明孝思。但乾隆並未完全放權讓皇子治理朝政，即使在他日薄西山之際，甚至已經不再使用乾隆的年號，其意志還是能通過和珅的把持朝綱而貫徹伸張。乾隆最後於一七九九年駕崩，和珅的權力根基旋即冰消瓦解。繼位的嘉慶歷數和珅貪汙罪狀，公諸於世，賜其自盡。在中國最富庶的歷史長河中，這是個悲歌。也凸顯了眼前大清王朝國勢強弱消長的徵兆正漸次浮現。

注釋

1 關於乾隆出巡時伴駕的回人嬪妃，請參閱：米華健，〈乾隆朝的一位維吾爾族回人嬪妃：香妃的歷史意義〉（A Uygher Muslim in Qianlong's court: The Meanings of the Fragrant Concubine），《亞洲研究學刊》（*Journal of Asian Studies*），一九九四年，第五十三卷第二期，頁四二七至四五八。

2 關於這些增加朝廷歲入措施的細節，請參閱：戴瑩琮（Yingcong Dai），〈營運生息：盛清時期軍隊經商考，一七〇〇～一八〇〉（Yingyun Shengxi: Military Entrepreneurship in the High Qing Period, 1700-1800），見《帝制晚期中國》（*Late Imperial China*），第二十卷第二期，二〇〇五年，頁一至六十七；尤其是頁五十至五十一。

3 請參閱：馬世嘉，（Matthew Mosca），〈乾嘉之際中國文人的改寫活動〉（The Literati Rewriting of China in the Qianlong-Jiaqing Transition），見《帝制晚期中國》（*Late Imperial China*），第三十二卷第二期，二〇一一年，頁八十九至一三二。

4 衛禮賢（Richard Wilhelm）與貝恩斯（Cary Baynes）譯，《易經》（*Book of Changes*., Princeton: Princeton University Press. 1950），頁二一三，六七〇。對清代考證學派的論述，主要是參考艾爾曼一本有關考證運動的重要著作。艾爾曼（Benjamin Elman），《從理學到樸學：中華帝國晚期學術與社會嬗變面面觀》（*From Philosophy to Philology: Intellectual and Social Aspects of Change in Late Imperial China*., Cambridge: Harvard University Press, 1984）。

5 曼素恩為我們提供了分析雍乾時期女性作家的豐富資料，請參閱：曼素恩（Susan Mann），《蘭閨寶錄：晚明至盛清時的中國婦女》（*Precious Records: Women in China's Long Eighteenth Century*., Stanford: Stanford University Press, 1997）。

6 曹雪芹著，霍克斯（David Hawkes）譯，《石頭記，卷一》（*The Story of the Stone, vol. 1*., New York, 1973），譯文稍有修改。

7 前揭書。卷三，頁三一。

8 韓書瑞，《山東的叛亂，一七七四年的王倫暴動》（*Shantung Rebellion: The Wang Lun Uprising of 1774*., New Haven: Yale University Press. 1981）頁六〇。

9 恆慕義（Arthur Hummel）編，《清代名人傳略，兩卷》（*Eminent Chinese of the Ch'ing Period*, 2 vols..,

Washington. D.C., 1943）卷一，頁二三一。

10 康無為（Harold Kahn），《皇帝心目中的君主統治：乾隆朝的形象與實情》（*Monarchy in the Emperor's Eyes: Image and Reality in the Ch'ien-lung Reign.*, Cambridge: Harvard University Press. 1971）頁二三五。克萊莫爾一平（J. L. Carnmer-Byng），《抵華的使節：馬戛爾尼勛爵使華日記：一七九三至一七九四年》（*An Embassy to China: Lord Macartney's Journey, 1793-1794*）（London. 1962），頁一二〇。

11 克萊莫爾一平，頁二八一至二八三。

第六章

中國與十八世紀的世界

管理異族

在清朝的官僚結構中，並沒有所謂「外交部」的設置，與非漢民族的往來委由不同的衙署辦理。這種作法意味著貶低異族文化與地理的邊陲性，同時也有防禦異族入侵之意。

在北方與西北方，和蒙古、準噶爾以及俄羅斯人的關係是由皇太極於一六三八年設置的「理藩院」負責，理藩院的官吏悉數由滿人、蒙古人出任，任務是防止邊患形成，因為歷來外患都起於此地。為達到撫綏的目的，理藩院設計了一套複雜的制度來調節中亞商隊的貿易。清朝往往以皇室公主與蒙古親王聯姻，形成一種私人同盟的保護網絡，並輔之以重兵駐守各戰略據點。在回民中，有些來自中亞地區，有些則是漢人，他們受到嚴密監控，不過大致允許他們禮拜；雍正派軍進駐拉薩，經略西藏，信奉藏傳佛教的部落就不再是朝廷的心腹之患。理藩院折衝樽俎，處理「外交政策」問題時嫻熟機巧、經驗豐富，使得屏障北方邊防的長城形同多餘。

歐洲傳教士來華傳教是由北京的「內務府」負責統轄。此一官署負責處理皇帝的各項庶務，包括金銀條塊與食物的儲備管理、皇莊宮殿的修繕維持、織造局與官窯的監督，還有透過專賣商品例如鹽等，以及在各地榷關徵收過境費來賺取額外歲入。一般是由皇室的包衣奴才——通常有錢有勢——直接經辦與傳教士、宗教使節團往來事務。他們在處理宣教過程中所扮演的角色，強調了普遍觀點：管理這方面的對外事務其實是大清宣揚國威的一部分，而非關國家的政策。耶穌會尤其覺得這種處理方式限制了他們的角色，在寫回歐洲的信裡，也試著強調他們的獨立性。若干耶穌會教士，與其他傳教士、中國籍神父受到信徒的保護，祕密傳教。假若他們的行徑被官府知悉，必遭嚴懲。

與朝鮮或是東南沿海這塊弧型地帶接壤的國家，如緬甸、泰國、越南、琉球群島（Ryukyu Islands）等非漢民族的互動往來，是由「禮部」負責處理。

這些國家分享了中國文化的基本價值，使用中國的曆法紀年，其文字源自於中國，尊崇儒家思想、信奉佛教，模仿中國的官僚組織架構。禮部在處理與這些國家的關係時，特別彰顯典章儀禮與符號象徵，中國試圖不以武力征服的方式來控制這些國家。這些國家在給中國的國書中用語卑恭，使節謁見皇帝則行三跪九叩大禮，藉以承認中國在文化與政治方面的優越。這些國家則可以得到中國一定額度的貿易餽賞；這些國家每年定期派遣所謂的「朝貢團」前往北京。在向皇帝呈送貢品之後，隨同朝貢團抵達北京的使節與商人就在中國做買賣，所有的朝貢團成員均須住在禮部管理的客棧，朝貢結束就必須帶著貨品離開中國。

這套系統還是有相當大的彈性。朝鮮朝貢最為頻繁，每年都進貢；朝鮮行旅可以自由與清朝的學者、官吏往來，對北京的社會與文化生活以及儒士的政治態度留下生動的紀錄。日本人一直不願承認中國典章制度高人一等，所以從晚明之後便已停止遣使，加上德川政府亦限制外人在長崎居住和從事貿易活動，所以清朝與日本之間幾乎沒有來往。

朝貢關係之中所蘊藏的軍事意涵出現在一七八八年，當時清朝基於權利與義務而出兵援助安南黎氏。誠如前述，當阮文惠接受朝貢制度而向清政府表示歸順，清朝便放棄黎氏政權，轉而支持阮文惠。在琉球群島上，出現了一種「分割式忠誠」（divided loyalties）的奇特現象。琉球群島事實是受日本南方「薩摩藩王」（lords of Satsuma）的控制，但是在禮制方面，他們還是臣屬於滿清政府，向中國進貢。根據十八世紀的記載，若是大清使節抵達琉球群島，日本船隻就悄然撤退，清使一離開，日本船隻就返回。

處理西北、傳教士、南方異族三種不同的模式反映了中國人的基本信念，認為中國乃「中央」王國，其他的國家皆屬遠離文化中心的化外之邦。此故，中國對外國的訊息並不感興趣，亦不願意仔細研究。縱使在考證運動鼎盛時期，學者對地理、音韻之學的興趣多半也不出中土範圍。中國人對異族的描述一直都混合神話故事與幻想的色彩，常以動物或鳥禽來比喻異族，或冠以輕蔑的用語。

選擇離開中原，遠赴海外經商或旅行的中國人，會被視為數典忘祖；即使中國與東南亞貿易十分暢旺，但清朝始終無意捍衛華人在東南亞或世界其他地區的權益。（臺灣是例外，因為已正式納入中國版圖，成為福建省的一部分。）雖然朝廷也會透過內務府課徵貿易的稅賦，但基本上對於對外貿易可能帶來的利益並不感興趣。朝廷不信任做生意的人，一六六〇年代的例子可看到，為了達到軍事或外交目的，採取嚴峻手段處置沿海地區的百姓。朝廷保有絕對權威，來規範外國人與中國人的貿易往來，上至貿易地點與交易頻率，下至從事貿易的人員與商品的細節，無所不管。

清朝這種觀念與作為，勢必會與西方強權產生摩擦，尤其是英國、法國、荷蘭這些正在擴張版圖的國家，踩在昔日海上強權西班牙、葡萄牙的頭上，而發展成為海權帝國。我們從逐漸出現的第四種管理外國人的模式，即一般所知的「廣州制度」（Canton System），來追索文化對立的過程。清初，荷蘭、葡萄牙的使節團都試圖在中國取得貿易特權，但他們必須屈居「朝貢國」，向禮部登記，並只能定期派遣貿易團來中國。一六三五年起，中國東部海域偶有英國船隻出沒；後來到了清朝，或許一開始英國人也不想與中國建立正式關係，但清廷仍允許英國商人在舟山、廈門、廣州與中國人進行貿易。一六八〇年代，清廷取消沿海貿易的禁令，西方各國普遍不再認為自己是「朝貢國」，也都蒙受其利。為了便於控制對外貿易，並以管制價格來增加利潤，一七二〇年，廣州的中國商人成立「公行」。一七五四年，朝廷下令要求每個行商要具文保證往來的外國夥伴行為端正，按時繳納過境稅。

「英屬東印度公司」（British East India Company）成立於一六〇〇年，英國政府授予該公司壟斷東印度地區的貿易權利，現在，英屬東印度公司大量吸收新的投資，開始在印度半島掠奪土地，很快就從小本經營，一躍成為全球性的企業體。乾隆在位期間，英屬東印度公司的董事和英國政府一樣，開始不滿清朝政府的種種限制。一七四一年，英國皇家海軍艦隊指揮官晏臣（George Anson）承命攻擊位於遠東的西班牙船隻，而他的旗艦遭到暴風雨重創而避走廣州灣，英國政府因此察覺到在遠東擁有一個據點的重要性（例如，葡萄牙據澳門，西班牙控制馬尼拉，荷蘭擁有巴達維亞）。晏臣顯然相信，中國會本著西方通行的國際海洋法慣例，以善意的中立國角色來接濟他。但廣州的官吏卻以一道道的行政藩籬刁難，拒絕接見，或不承認他所提供的訊息，過了幾個禮拜又拿出次級的補給品，卻漫天要價，又不讓他修補船艦。晏臣寫下了他這次蒙受的對待，出版後廣泛流傳，並翻譯成多種語言，使得英國與西方國家對中國心生厭惡。

為了擴展在中國的貿易範圍，東印度公司於一七五九年派遣商賈洪任輝（James Flint）到中國進行協商，洪任輝通曉官話，他向清廷抱怨廣州設下的貿易限制與廣州官吏猖狂的索賄行為。洪任輝鍥而不捨，花了許多錢行賄，先乘坐一艘七十噸的小船「成功號」（*Success*）抵寧波，然後抵達天津，輾轉向北京當局一吐心中怨氣。乾隆起初似乎察納其言，同意派欽差南下。「成功號」與洪任輝分別循海路、陸路返回廣州。後來乾隆改變心意。洪任輝被依違反航行至北方港口的禁令、不當具文請願、學習中文等理由圈禁三年。

十八世紀末，外國商人絡繹不絕，頻頻叩關，清廷的回應就是嚴格執行先前訂下的法規，對所有外國人一視同仁。一七六〇年後，所有歐洲貿易都僅限於廣州一港，除了每年十月至翌年三月的貿易季之外，外商不得居留廣州。雖然許多行商的商譽不佳，或是因過度擴張而告破產，但是歐洲商人只能和清廷特許的十家廣州行商做買賣。西方人也只能向行商投訴或請願，之後再由行商具文向朝廷指定的官員請願，而這官吏就是西方人所謂的Hoppo——「戶部」的音譯*。對於行商的請願，這位官員如果願意，可以逕向巡撫或北京上奏；他也可能以種種程序或措詞不當等理由，將行商的請願留中不發，拒絕上呈。

這套複雜冗長的程序，並不合於西方強權逐漸通行的外交與商業平等的作法。一七七〇年代後，中、西雙方的緊張感與時俱增，特別是英國商人擔心貿易逆差惡化，每年要以價值數十萬英鎊的白銀換取中國的生絲、瓷器、茶葉，所以就開始把印度種植的鴉片運往中國南方的港口，以交換中國的商品。隨著英國人與美國人鍾情飲茶，英國每年外貿入超的數額逐年遞增：迄一八〇〇年止，東印度公司總共購入逾兩千三百萬磅的中國茶葉，總值為三百六十萬英鎊。（一七八四年，美國獨立之初，該國商人就開始得以自由到世界各國進行貿易，他們開始直接派船至中國茶葉市場圖利。但中國限制歐洲人的貿易規定也適用於美國人。）

乾隆晚年，英屬東印度公司在英王喬治三世政府的應允下，決定以符合英國世界強權形象的方式，來改善其貿易處境。派遣馬戛爾尼勛爵為特使，率領使節團前往中國。馬戛爾尼係出身北愛爾蘭的貴族，交遊廣闊，曾擔任英國駐俄國彼得堡公使，具有外交經驗。馬戛爾尼還擔任過加勒比海格瑞那達（Grenada）和印度東方之馬德拉斯（Madras）的總督，行政歷練豐富。搭載英國使節團的是一艘配備六十六門火砲的戰艦，隨行還有兩艘補給艦，每一艘都運載了昂貴的禮品，以炫耀英國非凡的工藝技術。馬戛爾尼的隨行人員約有一百名，其中包括科學家、藝術家、護衛、僕役和來自那不勒斯（Naples）天主教學院的中文教師。

馬戛爾尼的船隊於一七九二年九月離開倫敦，一七九三年六月在廣州短暫停泊。因為馬戛爾尼表示要向乾隆八十壽辰致禮，所以船隊可巡行前往天津上岸。使節團在大批清朝官吏護送之下浩浩蕩蕩前往北京，但其正式地位是「朝貢團」。馬戛爾尼拒絕在謁見乾隆時行三跪九叩禮，同意以晉見英王喬治三世時所行的單腿下跪禮。馬戛爾尼在禮儀方面雖有所堅持，但仍在一七九三年九月於熱河避暑山莊先後受到和珅與乾隆的款待。馬戛爾尼當眾要求英國駐節北京的權利，結束限制重重的廣州貿易制度，開放新岸口進行國際通商，訂定公平

* 譯注：Hoppo應指當時的「粵海關監督」（又稱「關部」）。關於Hoppo一稱的緣起，眾說紛紜。有人解釋，康熙皇帝指派一名內務府代表駐留廣州徵收貿易關稅，這名代表或監督再把徵收的稅銀交送北京的「戶部」，故西方貿易商稱這名監督為Hoppo。也有學者認為，Hoppo係「河泊」的音譯，而河泊所是明清兩代徵收漁稅的機構，被引申用來稱粵海關監督。前者解釋，見穆素洁（Sucheta Mazumdar）《中國的糖與社會：農民、技術與世界市場》（*Sugar and Society in China: Peasants, Technology, and the World Market*）（Massachusetts: Harvard University Press, 1988），頁三〇五。後者詳馬士（Hosea Ballou Morse）著，區宗華譯，《東印度公司對華貿易編年史，三冊》（廣州：中山大學出版社，一九九一年），卷一、二，頁七八之注二。

對等之關稅。但乾隆與首輔無意接受英國人的請求。

乾隆敕諭覆信英王喬治三世，解釋中國不會增加對外貿易，因為中國自給自足：「其實天朝德威遠被，萬國親王來，種種貴重之物，梯航畢集，無所不有。爾之正使等所親見。然從不貴奇巧，並無更需爾國制辦物件。是爾國王所請派人留京一事，于天朝禮制既屬不合，而于爾國亦殊覺無益。」[1]

馬戛爾尼無力抗衡，只能按指定路線前往廣州，離開中國，沿途記下所見所聞，並在日記中抒發個人觀感，這個望之令人生畏的國家，實敗絮其內，有亡國之虞。他以這趟漫長且不快的海上旅程來比喻，頗為貼切。馬戛爾尼在航程中寫道，「中華帝國好比是一艘陳舊、破爛不堪的頭等戰艦，幸賴先後有幾位能幹且警覺的軍官掌舵，才得以航行一百五十年而不至沉沒，它徒然以龐然巨軀令鄰邦生畏。」馬戛爾尼又說，設若駕馭能力較遜，中國將會隨波漂蕩，直到在「岸邊撞得粉碎」為止。但中國並無法阻擋英國，馬戛爾尼認為，因為「企圖阻擋人類知識的進步有如螳臂當車」，清朝的所為就是如此。「人類的精神有一種飛躍的本質，踏上階梯，就會不斷克服困難，至頂點方休。」[2]

整個旅程花費了東印度公司一筆小錢，但東印度公司並未獲得任何回饋。儘管此行馬戛爾尼堪稱稱職，不過就面對面外交關係的新紀元而言，卻不是個好預兆。馬戛爾尼在出航之前堅持年俸一萬五千英鎊，最後從這趟旅程獲得逾兩萬英鎊進項。至少中國並未阻礙馬戛爾尼的晉升之階。

異族與中國法律*

馬戛爾尼在中國所取得的一項有趣收穫是抄錄了一本大清國律例。這部律例被攜回英國，由馬戛爾尼使節團的一位學者翻譯成英文。這或許讓英國的商人明白，中國與歐洲有著截然不同的法律觀，此故，訴諸法律仲裁只會惡化，而非舒緩國際關係的緊張。

中國的法律雖然是依各種先例而定，不過，解釋權在國家。不管是在各省或北京，並無獨立的審判機關：地方上是由縣官來執法。州縣轉呈至府的案件，以及省級政府的案件，最

* 譯注：根據Derk Bodde與Clarence Morris編著之《中華帝國的法律》（*Law in Imperial China*, Cambridge: Havrard University Press, 1973），清代中國司法制度的運作程序可大致歸納如下：

層級	案件種類：死刑案	流行案及涉及殺人的徒刑案	徒刑案	笞杖刑案
1 州、縣	偵察	偵察	偵察	審判
2 府	轉報上級機關	轉報上級機關	轉報上級機關	匯集上報
3a 按察使司	審判	審判	審判	最高上訴機關
3b 總督或巡撫	批示	批示	批示	
4 刑部	複審	最終判決	匯集上報	
5 三法司	最終判決			
6 皇帝	批示			

後轉報至北京的「刑部」再次審理，並作出裁決。原告若對判決不服，得以上訴，但須依循森嚴的層級，逐一上訴至朝廷中央的有司。每個死刑案件均須由縣官報上級審查，嚴格上來說，所有刑案的執行都須皇帝聖裁。但在執行上卻不太可能，而且裁決往往流於獨斷。例如，在地方叛亂中，參與者按例即審即決，以儆效尤，防止其他共犯者劫獄生事。涉及外國人的案件，通常也都迅速處決。

在中國的司法制度中，縣官基本上同時扮演探長、法官、陪審團的角色。縣官必須蒐集研判證據，最後做出判決。對於某些特定犯行的刑判載於律例之中，縣官必須依據律例條文進行裁決。雖然縣官在進行審判的過程中，通常會仰賴通曉法律的幕僚、書吏的幫助，不過中國並沒有專門的法律專業人員或律師。企圖介入刑案審判者會受到懲罰。嫌犯在牢中經常受到刑求，設若拒絕招供，通常會被嚴加拷打。招供後旋即進行審判，除非發現確鑿的證據可佐證無罪，否則就是按嫌犯的自白而斷刑。由於笞杖逼供往往會導致嫌犯死亡或終身殘疾，雖然百姓有時也會因財產、繼承或其他金錢糾紛而對簿公堂，但許多中國人還是非常懼怕司法。

百姓若有爭端，往往會請求地方士紳或宗族耆宿出面排難解紛。在此類案件中，怕吃上官司的人很可能會花錢消災；衙門裡的差役也可能接受賄賂，充實羞澀阮囊，而把大事化小。犯下偷竊、強暴、殺人罪而被起訴者，也可花錢買通書吏、甚至縣官以規避刑責。跟同時期歐洲那些髒汙擁擠的監獄一樣，中國的牢房也令人毛骨悚然，許多人甚至死於非命，但若能賄賂獄卒並且發送食物給獄友，情況就會有所改善。

清代的刑事制度透過朝廷宣揚儒家思想，也體現上下尊卑的社會價值觀。傷害皇帝與皇親國戚的罪行最大，傷害官僚與破壞國家財產亦可能遭懲以重刑，例如遭處死或長期流放。在家族內，父親若傷害兒子，其刑責輕於兒子傷害父親，丈夫對妻子、老人對青年人亦然。根據一判例，有一父親活埋兒子，刑部重新更審本案，並認定吉林將軍判這位父親杖刑乃是錯判。根據刑部的解釋，父唯有當子「無違犯教令」而故殺者才處以杖刑。在本案中，其子謾罵父親已有應死之罪，所以：「雖係故殺，惟子係謾罵伊父，罪犯應死之人。」[3]於是該名父親獲判無罪。

即使沒有刑部更審，這位父親也可能無罪開釋。審判與判決之後，獲判重刑者可以贖金代替刑責而獲得減刑，而贖金多寡視犯罪情節輕重而定：半兩白銀可抵二十笞杖，三兩可抵六十下笞杖，十兩可抵一年半流刑，七百二十兩可抵終身流放，一千兩百兩可抵絞刑或斬刑。贖刑是取決於個人的身分（如老人、幼童）、官階，或支付贖金的能力，但是這類制度設計顯然利於有錢人，因為這筆錢在富室之家沒看在眼裡，但對貧農或城鎮工人而言，可能就等於數星期乃至數年的收入。更有甚者，取得科舉功名的儒生免受肉體刑罰，免於承受用來逼迫百姓招供的酷刑。

清代的司法制度復因地方採行保甲制而更加穩固。每一「保」有一千戶，即十「甲」，而每一甲有一百戶。所有家庭都必須登入保、甲冊籍，由推選出來而輪流擔任的保甲長監視。保甲長要檢查每一戶的入籍資料，如家庭成員的性別、年齡、關係、職業的正確性，並確保地方秩序的維護。保甲長也要監督堤防修護，巡守農作物，或組織民兵義勇。如遇重大犯罪與疑似叛亂，保甲長須向縣府衙門密告求援。保甲長亦須負責徵收所屬保甲家庭的稅賦。他們的工作困難重重，飽受阻力，有時還有危險；在許多地方，沒有人願意出任保甲長，保甲制度已形同虛設。但是對外國人而言，最重要的是保甲制度所體現出來的概念，亦即在社群中，所有成員均須為善良的社會秩序負責，罪犯的鄰居朋友都須連帶受罰。

雖然中國的刑事制度過於嚴酷，但其法律程序的原則足堪與歐洲或美國當時的法律制度相提並論。不過這套體系並沒有為外國人設想。在一般的涉外事務，外國人仍歸理藩院、禮部、戶部或內務府管轄。一開始就假定倘若外國人犯罪，則按大清律處置。

在幾個涉及外國船員失手殺死中國人的案件中，清朝的地方官員起初都接受以支付現金賠償結案。康熙年間，一群英國船員於一六八九年在廣州的灣口附近殺害了一名中國人，地方政府索賠五千兩銀子。經過討價還價後，英國人只願付兩千兩，但遭中國人拒絕，結果這艘船放棄原訂的貿易計畫而駛離中國。康熙在位最後一年，即一七二二年，「喬治王號」（*King George*）的砲兵助手在上岸狩獵時誤殺了一名中國男孩，最後中國人接受了船長賠償兩千兩了事。一七五四年，一名英國水手在廣州遭到一名法國人殺害，雖然沒有中國人涉案，不過滿清官員還是干預了在其司法管轄權範圍內所發生的案子。滿清官員終止與法國的所有貿易活動，直到法國官員交出兇手為止。諷刺的是，乾隆以慶賀在位二十年，以及清廷擊敗準噶爾為由，大赦天下，結果這名兇手很快就被釋放了。

公行寡占的制度確立之後，乾隆晚年所發生的案件大都不利於西方人。一七七三年，澳門的葡萄牙總督審訊非法殺死中國人的一名英國人。葡萄牙總督判決這名英國人無罪釋放，但滿清官員以本案的受害者是中國人為由，堅持有權審理此一殺人案件，滿清官員重審這名英國人，將之處決。數年後，清朝官吏再次成功伸張司法權力，介入一樁外國人在中國領土上殺害外國人的案件：一名法國人在打鬥中殺死了一名葡萄牙水手，這名法國人被迫脫離法國領事的庇護，公開處以絞刑。

商船「休斯女士號」（*Lady Hughes*）與「埃米利號」（*Emily*）這兩個案子對西方人的看法產生重大影響，不得不認真思考如何在外交層次上與清朝打交道。第一個案子發生在一七八四年，即馬戛爾尼勛爵使節團抵達中國的九年前。「休斯女士號」是一艘所謂的「港腳船」（country ship），也就是一艘私人商船，以英屬東印度公司的執照，往來印度與中國間從事貿易活動。當船停泊在廣州附近鳴放禮砲時，誤殺了兩名中國的觀禮者。「休斯女士號」的船長向中國宣稱，他不清楚是哪位砲手誤射禮砲，而中國人則以連坐的觀念，逮捕了該船的商務負責人。中國也威脅停止與西方人的貿易往來。為了達到威嚇的目的，當時在廣州進行貿易的各國船隻，包括英、法、丹麥、荷蘭，以及來自紐約首度在中國海域出現的美國船隻「中國皇后號」（*Empress of China*），包圍岸邊的商館區。但中國人不為所動。面對貿易活動即將終止以及這名商務負責人可能有處決之虞，「休斯女士號」交出可能犯案的砲手。

這名砲手在一七八五年一月問絞。

美國商船「埃米利號」的案子是發生在一八二一年，這是首樁直接涉及美國利益的案件。「埃米利號」船上的一名水手（諷刺的是，這位水手名叫特拉諾瓦〔Terranova〕，即「新大陸」之意），扔了一只陶壺，剛好砸在下方小船一名賣水果的中國婦人頭上；結果這名婦人落水滅頂。當中國要求交出特拉諾瓦時，美國人最初堅持必須在船上審判。就在滿清官員下令禁止美國人在廣州地區進行貿易後，「埃米利號」的船長開始軟化了，或許是因為他的船隻非法裝載鴉片，怕會被沒收。特拉諾瓦被交付中國職司。審判過程中不許西方人在場。最後他被判有罪，隔天即遭處決。刑責之重，處決之速，顯然違反了清律意外殺人的罪刑與處決程序。

案件層出不窮，斷案時有矛盾，致使西方人深信，必須迫使中國人建構一套能適用於外國人涉案的司法制度。但這也正是中國人堅持不讓步的地方。誤解加深了爭執，因為光是從律例無法盡窺中國法律體系的複雜；中國法律需要仔細研究，但真正深入研究的西方人有如鳳毛麟角。更何況，外國人在中國法律體系的地位與時俱變。例如，明朝律法聲稱：若在中國領土，「凡化外人犯罪者，並依律擬斷。」一六四六年，《大清律例》將之修改為：「凡化外來降人犯罪者，並依律擬斷」，這個條文暗示，所有有意與中國進行貿易的外國人均須絕對遵守中國的法律。雍正在位期間，又把準噶爾人、蒙古人、俄羅斯人交由理藩院律法管轄，而其他的外國人都必須服從中國的刑法，因為外國人已「歸附天朝，若有違律情事，懲處一如本朝臣民」[4]。

最後，為了理順涉及外國人案件的審判，刑部保證嚴守毋枉毋縱的原則，而於一七四三年在審理外國人案件上，增加了「收禁成招等項目，原不必悉依內地的規模」[5]的但書。官員認為此一原則有助於「下順夷情」，一七四〇、一七五〇年代處置涉外案件就是依此處理*。但是到了一八二〇年代，西方人認為這條規定在修改後，剝奪了他們複審與上訴複審的法定權利，也無法跟一般中國被告一樣在律法上享有緩刑或減刑的權利。

不光西方人抗議中國法律制度的疏漏。士紳與庶民同樣不滿朝廷在面對外國人要求若干額外與特別待遇時所表現出的軟弱態度。一八〇七年，英國船隻「海王星號」（*Neptune*）的水手在吵架中殺死了兩名中國人，滿清官員與英國「大班」（貿易管理人）達成協議，找出一名水手當替罪羔羊。結果這名頂罪的水手被判處過失殺人的罪名，依據清律減刑的條款，以十二點四二兩贖抵刑責。像是經過預謀似的，廣州城內到處張貼告示，指控官員將自己出賣給「番鬼」（foreign devils）。這次行動由誰發起不得而知，不過他們喊出的主張，逐漸成為中國歷史上一股新興的力量：「排外的民族主義」。

* 譯注：此一原則，係乾隆皇帝諭令上稟處置葡萄牙人在澳門犯案過程的奏摺，爾後確立了清廷處理外國人案件的訴訟程序。關於本案可見《大清律例會通新纂》第四卷。

鴉片

「埃米利號」船長將水手特拉諾瓦交付給中國司法機關，得以幸保船上載運的鴉片，這種行為在當時相當普遍。歐洲、美國在十七世紀對中國茶葉、瓷器、生絲、裝飾品的需求日益殷切，但相對的，中國從西方輸入的棉花、羊毛製品、皮革、時鐘與其他機械產品、錫、鉛等商品數量卻遠遠不及，結果貿易嚴重失衡。西方人主要是以白銀來支付中國商品，白銀大量流入中國是形成乾隆盛世因素之一，對英國政府也是個警訊。例如，一七六〇年代的十年間，流入中國的白銀逾三百萬兩；一七七〇年代成長至七百五十萬兩，到了一七八〇年代，則高達一千六百萬兩。不過到了十八世紀末，英國已經找到新的商品——鴉片，來交換中國人生產的商品。銷售至中國的鴉片數量雖然時有波動，但總體看來有越來越多的趨勢。每一箱鴉片重量約在一百三〇至一百六〇磅之間，視鴉片的產地而定，所以時至一八二〇年代，輸入中國的鴉片數量已足以維持約一百萬名上癮者。我們若將鴉片的進口數量，再加上中國境內本身種植的鴉片（這部分數量較少），就可以感受到中國鴉片問題的嚴重性了。

鴉片能穩定在中國流通必須有幾個條件：首先鴉片要不虞匱乏；也要有人發明抽食鴉片的方法；要有相當的抽食人口使鴉片進口有利可圖；另一方面，政府又無力禁絕鴉片[6]。這些因素結合起來，將中國推入近代史的痛苦深淵。

英國鯨吞了印度之後，刺激了鴉片有系統地生產與銷售。在東印度公司的慫恿，加上將領克里夫（Robert Clive）的幹練與總督哈斯丁（Warren Hasting）兩人的行政手腕，英國於一七五〇至一八〇〇年間，控制了大半的北印度地區，從西部的孟買（Bombay）綿延至東部的加爾各答（Calcutta），再加上南方的馬德拉斯（馬戛爾尼曾擔任馬德拉斯的總督）有數處根據地。英國亟欲尋找新的經濟作物出口以積累財富，發現罌粟在某些地區長得十分茂盛，而且印度的勞動力豐沛，可以用來切開罌粟莢果，汲取裡面的汁液，（經由煮沸）而製成可供抽食的鴉片膏。

東印度公司壟斷了所有印度出產的鴉片，他們選擇了幾家俗稱「港腳商」（country traders）的西方商家，授予買賣鴉片的許可證，東印度公司偏好採取這種間接牟利的方式介入鴉片的交易。港腳商將鴉片賣到中國之後，把取得的白銀存放在東印度公司的廣州代理商那裡，取得信用狀；公司再以白銀購買茶葉、瓷器等中國商品運回英國銷售。如此一來，從英國到印度，從印度到中國，再從中國到英國，形成了一種三角貿易關係，每個環節皆有豐厚的利潤可圖。

鴉片的消費或許是這整個交易過程中一個較為單純的面向。歷史上出現各種抽食鴉片的方法——將鴉片與其他藥草混合來吸食，到十九世

英國輸出至中國的鴉片數量[7]

年分	箱數
1729	200
1750	600（約）
1773	1,000
1790	4,054
1800	4,570
1810	4,968
1816	5,106
1823	7,082
1828	13,131
1832	23,570

紀末將海洛因濃縮成嗎啡片，以及今天的注射海洛因等。在中國流行的鴉片吸食法是將一小球經過提煉的鴉片膏置於火上加熱，然後以一條細長導管來吸食，這可能是因為在清初抽煙草蔚為流行。煙草的種植是由拉丁美洲引進到福建，然後很快就從福建蔓延到山東等地。從康熙時代的卷軸畫作之中，我們可以看到路人三五成群，抽著捲菸漫步市鎮街頭的景象；而受歡迎品牌的商標就矗立在店家門口。將鴉片混著煙草抽食的方法可能在一七二〇年代就已出現，這是由一七二一年派赴臺灣鎮壓朱一貴叛亂的兵丁帶回來的。到了乾隆中葉，有關鴉片與如何吸食的詳細介紹，能識字的人都讀得到。在小型的館舍裡，人們只要付幾文銅錢就可以取得一煙斗的鴉片，然後舒適地斜倚著吸食鴉片，於是鴉片便進到市民與窮人的生活中。

何以在乾隆中葉與晚期，中國人開始吸食這麼多的鴉片呢？因為缺乏相關文獻資料，所以僅能推敲大致；不過可以確信，吸食鴉片能讓周遭世界停頓，模糊所處世界，令時間延伸或消失，遠離複雜痛苦的人世間。根據當時的文獻顯示，鴉片最初吸引的是想排遣無聊情緒或舒緩壓力的人。身陷朝廷繁文縟節禮儀中的太監吸食鴉片；在宮中官府擔任閒差、無所事事的胥吏也吸食鴉片；沒有學習機會、不得出門的官宦之家的女子也吸食鴉片。在縣衙內幹苦差事的書吏，從事買賣的商人，準備、甚至參加科舉考試的學子都抽鴉片。鎮壓農村叛亂的兵丁也可能吸食鴉片。

時至十九世紀，抽食鴉片的風氣迅速蔓延，特別是尋求逸樂的有閒階級。從事體力勞動的苦力也開始抽鴉片，他們藉由抽食或舔食鴉片，以調劑單調而辛苦的工作，以及日復一日負重所帶來的身體疼痛（無情的雇主察覺，苦力若是吸食鴉片可以搬運更重的貨物，所以他們甚至會供給鴉片）。到了十九世紀末，許多農民也染上吸食鴉片的習慣，尤其是那些開始種植罌粟，以補貼微薄收入的農民。

朝廷不知如何處理鴉片問題。誠如前述，第一位禁止販賣鴉片的皇帝雍正，亦了解到鴉片作為藥用也有合法的需求——尤其是在遏止痢疾或赤痢特別有用，然而鴉片在醫療以外似乎就禍害無窮了。雍正的折衷措施分寸不容易拿捏，煽誘吸食毒品或經營鴉片館者嚴懲不貸，「藥用」鴉片則可以繼續公開販售。

在十八世紀，整個鴉片的銷售多為行商所壟斷。但自一八〇〇年，道光頒諭嚴禁鴉片進口或在境內種植鴉片，尤其是一八一三年以後，道光進一步禁革吸食鴉片，鴉片貿易就更化明為暗。吸食者將處以笞杖一百，枷號一個月或以上的刑責。行商從此不敢買賣鴉片，不過外國貿易商發現，只要他們在沿岸幾個定點下錨，就會有人甘冒風險，向他們購買鴉片。廣州以南海灣上的伶仃島停泊了一艘武裝的躉船，而這艘船就成為海上浮動的毒品貨棧。只要用輕巧、吃水淺的「快蟹」、「扒龍」，中國的商家便能穿過水師的監視，之後再循水陸兩路貿易路線販售鴉片。隨著朝廷下令嚴懲，並逼問煙客貨源何來，涉及鴉片買賣者也越來越謹慎，透過許多中間人來隱匿交易活動。根據一八一三年一名遭拘捕的宮內太監向內務府官員透露的供辭副本，扼要道出了取得鴉片的過程：

最初我們直接從回人朱大*那裡得到少量的鴉片來抽。那時我得知，當船進入天津港之後，鴉片的價格就下降，所以我向喀喀斯布庫借了一百串銅錢，另外還變賣騾車以換取現錢，我同我的僕人秦保全一同到天津，找秦的老朋友楊懷遠代為出面。楊以兩百四十串銅錢的代價從張某那裡取得一百六十盎司的鴉片。我給楊三點八個銅錢作為佣金。[8]

假設朝廷費心追查這件案子，可能找到兩名中間人，以及姓張的銷貨者。但姓張的也可能只是名小商人，等到逮捕張姓商人時，大盤商與供應鴉片的外國船隻早就逃之夭夭了。

西方世界的中國觀

迄至十八世紀中葉，中國普遍受到西方人的傾慕。這大部分得歸因於天主教，特別是耶穌會傳教士的著作與書信在西方廣為流傳，這些傳教士在龐大的中國人口中看到傳教的遠景。雖然大多數的天主教傳教士亦察覺到中國若干內在積弊，不過他們大抵延續耶穌會士利瑪竇的觀點。利瑪竇於一五八三年至一六一〇年寄居中國，他十分推崇中國人的勤奮、國家官僚制度的齊備、文化傳統之中所蘊含的深邃哲理，和統治者的無上權威。

康熙年間，在華傳教活動由法國耶穌會士主導，他們對清初的中國更是充滿溢美之詞，意在向「太陽王」（Sun King）路易十四請命，企圖說服出錢出人，支持傳教士。這些諛詞描述傳達的重要想法是，儒家典籍的倫理意涵證明中國是一個深具道德情操的國家，而且曾實行一神論的宗教形式，而這與猶太教跟基督宗教傳統共同所體現的精神相去不遠。因此，稍加努力之後，中國人就可以回復固有的價值觀，不用刻意強迫，他們也會改信基督宗教。在促進中西方哲學與道德價值的同時，中國學者也幫助天主教傳教士們將孔子的經典之作《論語》，翻譯成拉丁文。拉丁文版的《論語》在一六八〇年代完成，一六八七年已經可以在巴黎或牛津的圖書館一窺蹤跡。

雖然在康熙末年，耶穌會傳教士在中國的影響力大幅滑落，而且，在十八世紀，耶穌會在歐洲的勢力也逐漸式微，最後在一七七三年解散，不過耶穌會士對中國政府與社會的敘述仍是歐洲人所能讀到最詳細的資料。德國哲學家萊布尼茲（Gottfried Wilhelm von Leibnitz）就曾經讀過，他對《易經》的八卦十分感興趣。甚至大力抨擊教會的哲學家伏爾泰（François Marie Arouet de Voltaire），也深深被有關中國的論述所吸引。伏爾泰對十八世紀法國教會的權力痛加撻伐，他巧妙地利用天主教提供之有關中國的資料，駁斥天主教教會各種極端的主張。伏爾泰論道，假若中國的確是崇尚道德、充滿智慧、倫理有序、管理良善，假若這皆歸因於儒家思想的浸染，既然孔子不是基督徒，那麼即使是沒有天主教的宗教力量，仍然可以成為一個受人景仰的國家。

* 譯注：引文人名皆音譯。

伏爾泰在一七四〇至一七六〇年間發表的一系列極有影響力的著作中，對中國大加讚揚。伏爾泰在一本小說裡指出歐洲、亞洲兩個不同社會在道德價值觀的呼應。他在一齣戲劇裡指稱，中國人的倫理道德甚至能感化由成吉思汗所領軍的蒙古征服者*。伏爾泰在《諸民族風俗論》（*Essai sur les moeurs et l'esprit des nations*）一書裡，於開篇處便重新省思世界歷史的發展進程，並以相當的篇幅來論述中國。伏爾泰意在強調不同文明的價值，並指出歐洲人的傲慢自大：「對中國禮儀的最嚴重誤解，肇始於吾人以己之風俗度衡彼之風俗：無論前往這世上任何角落，吾人總會帶著因為天生好辯而衍生的偏見。」[9]伏爾泰無法在歐洲人身上找到「哲人王」（philosopher-king），來說明他的宗教與政府體制的觀點，他相信，乾隆皇帝可以扮演哲人王的角色，他甚至還寫詩向遙遠彼岸的這位皇帝致敬。

伏爾泰對中國典章制度的禮讚，是發生在欣慕中國文化的脈絡下。在十八世紀這段時期，歐洲人十分迷戀中國，法文中的「*chinoiserie*」一詞即用來形容對中國的狂熱，但是現在比較是具有中國趣味的裝飾格調與設計流風，而非哲學的探索與政府體制架構的壁畫。在有關中國式的宅邸、林園的畫冊裡，中國式的鑲邊絲綢、刺繡以及色彩絢爛的瓷器中，歐洲人發現了一種有別於新古典主義精密幾何計算與「巴洛克」（baroque）繁複風格的設計。法國的「洛可可」（rococo）風潮融入中國元素，這種文化氛圍崇尚柔和色彩、不對稱性，一種刻意造作的雜亂感，以及夢囈式的官能表現。洛可可的流行風尚在當時的歐洲舉目可見，從中產階級家庭擺飾的「中國風」壁紙與家具，到公園裡的涼亭建築、街上的轎子、中國式的林園造景皆然。

然而隨著晏臣那種憤怒與譏諷文字的出現，這股中國趣味的風尚，不管是在知識上或在審美方面，很快就消失無蹤。啟蒙運動時代的許多重要人物，開始認為伏爾泰筆下的中國不足採信，伏爾泰對中國的狂熱之情已淪為這些哲學家嘲弄的笑柄。盧梭（Jean-Jacques Rousseau）與孟德斯鳩（Baron de Montesquieu）懷疑，中國人並未享有真正的自由，中國人的法律是奠基於威嚇而不是理性，中國的考試制度可能會令中國道德墮落，而非促進道德的進化。其他作家亦表示，中國似乎並未進步，甚至沒有進步的觀念；此種觀點與認為中國日漸退化僅是一步之遙而已。套用法國歷史學家布蘭傑（Nicolas Boulanger）寫於一七六三年，後來翌年被英國激進派的威爾克斯（John Wilkes）翻譯成英文的文章：

> 中國現今所保留的所有古代制度的殘餘，必然會被未來的革命洪流所吞噬；一如部分古代制度在現今中國消失無蹤；最後，直到中國不再有創新的制度，她將永遠落入失敗的一方。[10]

* 譯注：此一戲劇即是伏爾泰改編自元曲《趙氏孤兒》而成的《中國孤兒》。

有幾位歐洲卓越的思想家細思這些有關中國與中國人說法，努力求索中國未來的前景。蘇格蘭的思想家亞當・斯密（Adam Smith）於一七七六年出版的《國民財富的性質與原因的分析》（*An Inquiry into the Nature and Causes of the Wealth of Nations*）簡稱《國富論》（*The Wealth of Nations*）一書曾討論中國的經濟。在分析各國的生產力時，亞當・斯密發現可用中國來與其他國家，特別是歐洲各國與北美發展中社會進行比較。若以人口作為國家發展指標，亞當・斯密的結論是，歐洲國家每隔五百年增加一倍，這個成長即使稱不上劇烈，也算穩定。北美的人口每隔二十或二十五年就增加一倍，因此北美的勞動力不虞匱乏；此故，「新大陸」是「比較繁榮，而以更快的速度向富裕之道邁進」[11]。

中國「長久以來便是世界上最富有的國家，亦即土地最膏腴，農業最發達，人口最多且最勤奮的國家」，儘管如此，中國的發展已經到了極限，「中國的財富已經臻至其法律與制度性質所能容許的限度」。處於如此狀態下，持續的人口成長將會帶來嚴重的經濟後果：「在這樣的國家，工人的工資在過去足以維持生計，養家活口，但因為工人相互競爭與雇主的利益，工資很快就會下滑至一般人道要求的最低限度」。其結果，「中國最下層人民的貧困，遠遠超過歐洲最匱乏國民的貧窮程度」，殺嬰的行為是社會存在的普遍現象。所以亞當・斯密尖銳地論道：「結婚在中國是受到鼓勵的，然而這並不是因為生兒育女有什麼好處，而是因為他們有殺害子女的自由。」根據亞當・斯密的說法，中國拒絕改變，結果使這些問題更形惡化。因為自外於世界經濟的成長，中國正逐步邁向自我封閉的命運：「忽視或輕蔑對外貿易，只有兩、三個港口容許外國船隻停泊的國家，斷難達到與其不同法律和制度國家所能擁有的商業數量。」[12]

德國哲學家黑格爾（Georg Wilhelm Friedrich Hegel）於一八二〇年代初所作的系列著名講義中，把布蘭傑、盧梭、孟德斯鳩、亞當・斯密等人的批判分析，融入到他對歷史初期階段，現已被揚棄之「東方文明」（Oriental Civilization）的論述裡，而中國文明無疑是東方文明之中的佼佼者。黑格爾所建構的「亞細亞社會」（Asiatic Society）概念，對青年馬克思（Karl Marx）與十九世紀末思想家有著深遠的影響。對黑格爾而言，歷史是他稱之為「觀念」（idea）與「自由」的世界展現的過程。自由是「世界精神」（World Spirit）自我實現的彰示，而世界精神在歐洲與北美的基督教國度裡已全然開顯。黑格爾對自己所處的時代深感樂觀，發展出一套貶抑中國過去文明價值的歷史哲學。黑格爾把中國描述為由皇帝或專制君主所宰制的國家，正是「只知道一個人自由」之「東方國家」的典型。在西方的希臘、羅馬，「只知道一部分人（指貴族）是自由的」；幾世紀後，到了黑格爾所處的時代，卻知道全體人們皆是自由的。因為不了解「精神」在世界的進程，所以中國皇帝的「自由」也是「恣意」的，這表現為「殘暴——激情的冷酷獸性——或是欲念的，而這種馴服只不過是自然（Nature）的意外」[13]。

黑格爾寫道，中國的命運部分得歸因於地理因素：「亞細亞東部的廣大土地隔絕於歷史的普遍進程之外。」在一段措詞有力的章節裡，黑格爾提及中國人缺乏歐洲人海上冒險的勇氣，而寧願守護著大平原農業的節律。土地所呈現的僅是「永無止盡的依賴性」，而大海卻負載著人類「超越這些思想與行動的有限範疇……海洋的無限延伸超脫了大地的制約，但亞細亞國家雖然以海為鄰，其輝煌的政治組織卻缺乏這種想法，其中中國即是一例。對亞細亞國家而言，海只不過是大地的盡頭與中斷，他們與海並沒有積極的關係。」[14]勇於海上冒險而積累了龐大財富的福建商人，若是看到此類陳述可能會感到十分錯愕，不過大清帝國對海上冒險興趣缺缺，這點黑格爾基本上是說對了。

在這一連串晦暗的結論裡，黑格爾將中國置在世界精神進程以外。雖然中國曾經擁有過無數的歷史學家，不過他們在自己的框架中研究自己的國家，殊不知中國「置身於世界歷史的發展外，總是認定必須要等到若干條件結合後，自己才會踏上興盛的進步之路」。雖然中國皇帝向其百姓所說的話可能是「莊嚴、宛如慈父一般的和藹」，不過中國的百姓卻「自視卑微，確信人天生就只配給皇帝拉車」。在一段遠遠超越馬戛爾尼對清代歷史命運預言的話語裡，黑格爾為中國的百姓感到悲哀：「身上的重擔把他們壓倒在地，然而這卻像是無法逃脫的宿命：他們出賣自己為奴，吞進難以下嚥的奴隸飯食，卻不以此為忤。」

或許中國在形上學與地理方面尚未陷入完全孤立的狀態。在一段意味不明的獨白裡，黑格爾補充道：「與世界其他面向的關係，就只能仰賴另外的民族將它們找出，並研究它們的特質，始可得知。」[15]由誰或如何去尋找，黑格爾並未明言，不過西方強權挾其船艦、外交使節團與鴉片，很快就會找到答案了。

注釋

1 克萊莫爾—平，《抵華的使節：馬戛爾尼勛爵使華日記：一七九三年至一七九四年》，頁三四〇。

2 前揭書。頁一九一、二一二至二一三。

3 布迪（Derk Bodde）與莫里斯（Clarence Morris）編著，《中華帝國的法律》（*Law in Imperial China.*, Cambridge: Harvard University Press, 1968），頁二九〇。

4 愛德華（Randle Edwards），〈清政府對外國人的司法管轄〉（Ch'ing Legal Jurisdicton over Foreigners），見孔傑榮（Jerome Cohen）、愛德華、張富美（Fu-mei Change Chen）合編，《中國法律傳統論文集》（*Essays on China's Legal Tradition.*, Princeton: Princeton University Press, 1980），頁二二二至二六九。

5 前揭書，頁二二九。

6 范岱克，《廣東與澳門商人：十八世紀中國貿易的政治與策略》（*Merchants of Canton and Macao: Politics and Strategies in Eighteenth-Century Chinese Trade.*, Hong Kong: Hong Kong University Press, 2011），頁十三至十七。

7 數據得自馬士（Hosea Ballou Morse），《中華帝國的對外關係，三卷》（*The International Relations of the Chinese Empire, 3 vols.*, Shanghai and London, 1910-1918），卷一，頁一七三、二〇九；以及張馨保（Chang Hsin-pao），《林欽差與鴉片戰爭》（*Commissioner Lin and the Opium War.*, Cambridge: Harvard University Press, 1964），頁二三三。

8 史景遷，〈清代中國的鴉片吸食〉（Opium Smoking in Ch'ing China），見魏斐德與葛蘭特（Carolyn

Grant）合編：《中華帝國晚期的衝突與控制》（*Conflict and Control in Late Imperial China.*, Berkeley: University of California Press, 1975），頁一四三至一七三（略作修改）。

9 伏爾泰（Francois Marie Arouet de Voltaire），《諸民族風俗論》（*Essai sur les moeurs et l'esprit des nations.*, Geneva, 1771），卷一，頁二一六。

10 布蘭傑（Nicolas Antoine Boulanger）著，威爾克斯（John Wilkes）譯，《東方專制制度的起源》（*Recherches sur l'origine du despotisms oriental.*, Amsterdam, 1764），頁一一六〇。

11 亞當・斯密（Adam Smith）著，康南（Edwin Cannan）編，《國富論》（*An Inquiry into the Nature and Causes of the Wealth of Nations.*, Chicago: Chicago University Press, 1976），頁七〇。

12 前揭書，頁七一至七二、九五。

13 黑格爾（Georg Wilhelm Friedrich Hegel）著，何登（E. S. Haldane）、西蒙（Frances Simon）譯，《歷史哲學》（*The Philosophy of History.*, New York, 1956），頁十八至十九。

14 前揭書。頁八七、九〇至九一。

15 前揭書，引言依序為頁一一六、一三八、一〇一。

郎世寧繪，圖卷〈哈薩克貢馬圖〉局部。郎世寧（一六八八至一七七六），乾隆朝的耶穌會士，也是天賦異稟的畫家。圖中皇帝（坐姿者）接受哈薩克使節贈送的馬匹。（©TPG）

乾隆帝十全武功之中最為顯赫的便是新疆地區的征服與同化。此版畫描繪了清軍在一七五九年向喀什噶爾（Kashgar）與莎車（Yarkland）進發時駐紮營地的畫面。（©TPG）

郎世寧〈心寫治平圖〉（又名〈乾隆帝后妃嬪圖卷〉）局部，乾隆像。（一七三六年）（©TPG）

由耶穌會士為乾隆帝所設計的圓明園，就在北京城外不遠處。（©TPG）

一幅描繪馬戛爾尼勛爵在一七九二年擔任英國使節前往晉見乾隆帝的諷刺畫。（©TPG）

一幅針對馬戛爾尼勛爵前往皇帝營帳晉見乾隆帝的實際情形做出較深刻紀錄的版畫，繪於一七九三年。（©TPG）

法國畫家法蘭索瓦・布雪（Fran ois Boucher）在十八世紀歐洲流行中國風（Chinoiserie）之際所繪的〈謁見中國皇帝〉（*The Audience with the Chinese Emperor*）。（©TPG）

西方商人在廣州西南方，這個清廷准許的受限範圍中創造了屬於自己的一個小世界。丹麥、奧地利帝國、美國、瑞典、大英帝國與荷蘭旗幟懸在碼頭邊的洋行建築上。（上圖）清軍在一八四一年的鴉片戰爭中劫掠了廣州十三行，洋行建築也在同一年盡數化為灰燼。

◀ 查理．戈登將軍，又名「中國人」戈登。英國陸軍少將，曾率領「常勝軍」與太平天國軍作戰。（©TPG）

▼ 英國攝影師湯瑪斯．查爾德（Thomas Child）約在一八七五年所攝〈圓明園殘垣〉（*Ruins of the Yuan Ming Yuan*）。一八六〇年十月十八日，英國的第八代額爾金伯爵（Lord Elgin）率領英軍摧毀耶穌會士為乾隆皇帝設計、擴建的圓明園。同一天，清廷也同意接受英軍一切條件，簽訂北京條約。（©Zeno.org）

任熊（一八二〇－一八五七），自畫像。（©TPG）

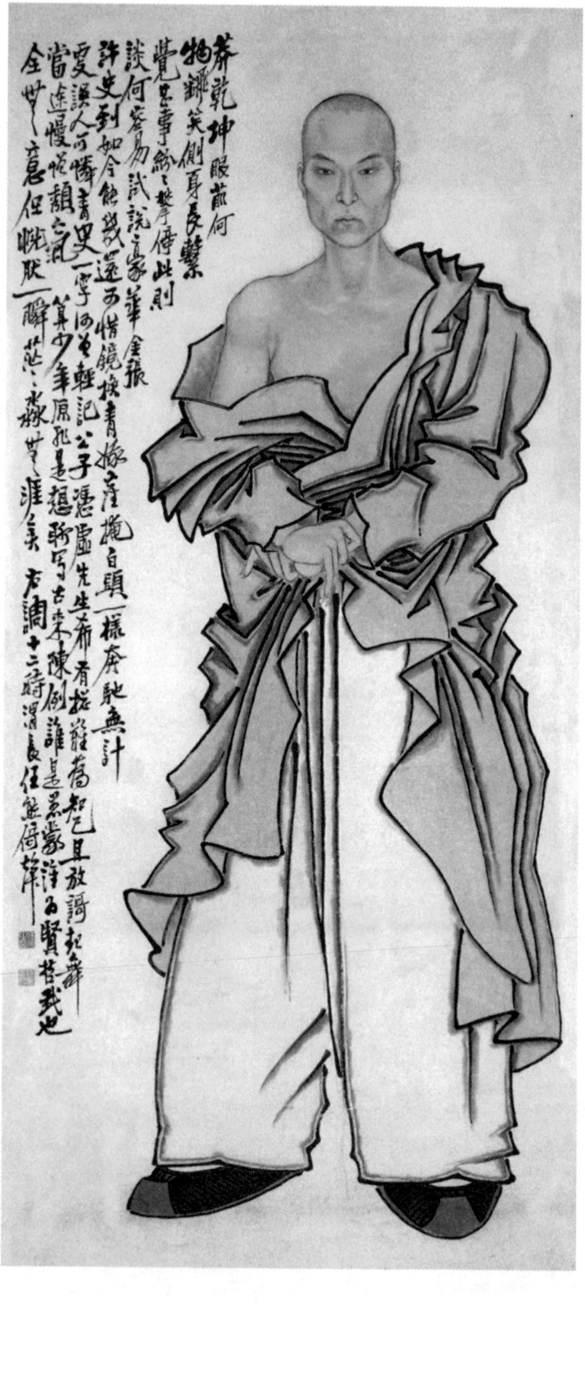

第二部

分裂與改革

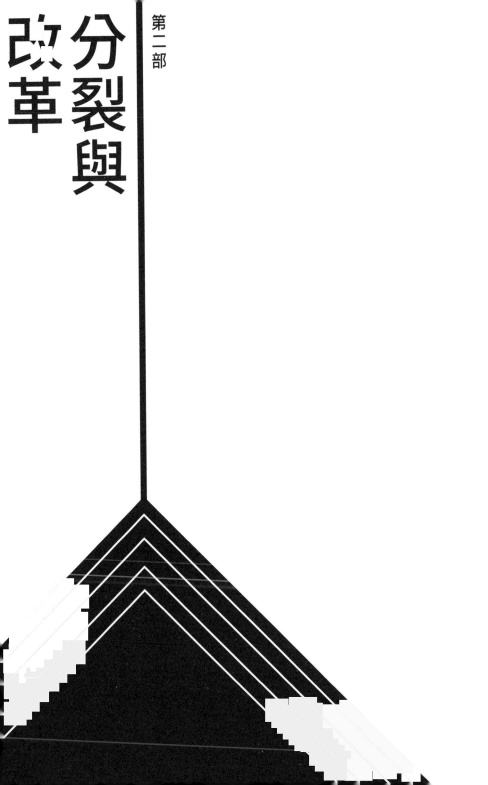

十九世紀初，中國儒士已察覺到社會所承受的道德與經濟壓力。他們秉承儒家智識傳統，主張行政與教育改革，呼籲重視人口急速成長的警訊，同時提倡財富的合理分配。有人也指出了男女之間的不平等，籲請重視女性在日常生活中的角色地位。

鴉片成癮日漸普遍，造成尤其棘手的社會問題。學者、閣臣，甚至皇帝本人對於到底要合法化或禁革鴉片各持己見、舉棋不定。同時，英國大舉投資鴉片製造與流通，而販賣鴉片的所得在整個英國國際收支中的比重甚大，在在都使鴉片交易成為英國外交政策的重要一環。清朝視鴉片為內政問題，決定採取嚴禁一途，於是英國以武力相向。英國擊敗滿清，在一八四二年締結了一紙條約，自此改變了清朝與外國強權的關係架構，結束了長久以來，中國統治者對其領土上外國人的實質控制。

這種乍現的外來壓力，與一波波的內在動盪並行而至，也有推波助瀾的作用。反清的動亂在十八世紀末愈加頻繁。十九世紀的社會失序擴散，帶來更大的動盪，在十九世紀中葉迸發出四次大規模的叛亂，其中的太平天國與捻亂，埋下王朝覆亡的種籽。太平天國奉基督教基本教義與均等原則為圭臬，斲斷了儒家思想與中華帝國的價值命脈，捻亂採行新形態的動員游擊作戰模式，更危及正規軍事機制的威信。另外兩次叛亂分別由西南與西北邊疆的回民所掀起，挑戰了朝廷對鞭長莫及地區之非漢民族的控制能力。然而，有一群忠於傳統中國價值觀的儒士，銳意維繫既有的社會、教育、家庭體系，他們取得幾次重大的軍事勝利，使清朝的國祚得以延續。

這群儒士政治家在屢建戰功之後，開始銳意仿效或採用外國軍事科技與國際法，諷刺的是，他們的努力最終卻瓦解了他們原來力圖維護的價值體系。不過，這樣的結果最先並無法預見，清廷以「自強」為名，實行改革政策，不僅建立的兵工廠、造船廠，還成立現代化的學堂，教授外國語言，聘僱外人在合理的基礎上徵收關稅，試圖招募一支由西方船隻、海員組成的船隊，更設立一個地位等同於「外交部」的總理衙門，這是中國歷史上所首見。

然而，中國的對外關係依然緊繃。中國境內爆發教案後，美國國內隨即發生排華暴行，美國也發布一連串的禁令，於是華人移民的人數銳減。從這些案例可知，縱使個人的努力證明不同種族間是可以和平相處、相互包容適應的，然而在民族的文化與價值目標上，彼此之間仍充滿誤解。

到了十九世紀末，儘管外在壓力與內部動亂交相煎熬，但清朝似乎可能達致一個新的統合。然而以夷之技用於軍事與工業所取得的種種成就，卻被對法與對日兩次軍事挫敗所粉碎，而讓中國沾沾自喜的「現代化」海軍葬身海底。一八九八年激發出的改革熱情因保守勢力的反撲而偃旗息鼓，為一九〇〇年上演的義和團之亂搭好舞臺，中國人內心的仇外情緒被這場動亂所挑起，導致各地攻擊外國傳教士與信徒。拳民雖然遭到外國武裝力量的鎮壓，但「反清大漢民族主義」已被喚起，反映在報紙文章、各式宣傳冊子、經濟抵制，以及風起雲湧的反清起義中。

清朝亟思救亡圖存，推動或可收效的政治、軍事、經濟等通盤改革計畫：其中包括試行西方模式的立憲政府，以西方建制重整軍隊，建構中央掌控的鐵路網絡以加強控制中國的經濟。這套改革計畫不但沒有帶來穩定，反而激化衝突，滋生誤解。各省所成立的諮議局成為批判滿清政權以及孕育新興地方利益的著力點。滿人本想建立一支強悍、現代化的軍隊，並由幹練的滿人將領率領，但這件事並未成真，否則必會威脅大漢民族主義者推翻異族統治的夢想。除此之外，朝廷試圖集中管理鐵路，並向外國貸款以收回路權的舉措，也激怒了各省的投資者與愛國人士。這股怒火被激進派領袖與躁進的追隨者一煽動，清朝驚覺國本已經蕩然無存了。

清廷眼睜睜地面對一九一一年底所迸發的軍事叛亂，到了一九一二年初，滿人別無選擇，只能拱手讓出政權，清朝至此宣告覆亡。不過國家中樞依然懸宕，並無曠世雄傑能填補權力的真空，徒留意識形態敵對、主張相異的集團相互競逐。清朝崩解後，取而代之的並不是一個充滿自信、嶄新的共和政體，而是內戰連綿不絕，思想徬徨無依，這對庶民百姓所造成的傷害，猶勝於自兩百六十八年前明朝滅亡後的動盪。然而在杌隉不安的時局中，治世經國的思想家、自強運動者、立憲改革者、革命分子胸中所縈繞的那份富強中國的美夢尚未黯然消蝕。滿清統治在十九世紀所留下來的積極面在於：中國的偉大不容消失。

第七章

與西方世界的初次衝突

中國儒士的反應

即使在乾隆皇帝駕崩（一七九九年）之前，儒士已逐漸了解大清王朝面臨的國內外問題有多麼嚴重。在考證的實證研究傳統中，出現了新的潮流。若干學者開始希望同道中人多關注眼前的需求與行政管理的問題；也有人開始大膽思索中國的未來命運，懷疑儒家思想的傳統是否蘊含著變革的因子；但也有人認為，考證學派越來越枯燥乏味，流於形式，意欲發展新的切入點來著書立說。

學者文人即使暗存批評朝政之意，也還是可能招禍。文人洪亮吉即是一例。洪亮吉與多位考證派學者交好，曾參與編纂《四庫全書》。洪亮吉熱中功名，京師應試四度榜上無名，最後在一七九〇年以四十四歲的高齡考中進士。洪亮吉曾任貴州學政三年，這段歷練使他對西南偏遠地區有切身體驗，也有助於他持續對京城內的政治派系進行分析。洪亮吉在一七九〇年代寫了一連串的文章，探討了中國所面臨的各種問題。其中之一便是失控的人口成長，以及人口壓力超過生產能力時可能引發的挑戰。洪亮吉也提及城市裡奢靡風尚日熾，貪贓枉法屢見不鮮，以及在鎮壓白蓮教與其他叛亂時所衍生的種種弊端。這些文章並未遭到查禁，不過在一七九九年，洪亮吉因抨擊大行乾隆皇帝與寵臣和珅的政策，被朝廷依「大不敬」之罪名判刑「斬立決」。但新君嘉慶皇帝（在位期間一七九九至一八二〇年*）重查此案，洪亮吉始獲得減刑，改判流放伊犁。

曾查抄和珅與其黨羽家產的嘉慶皇帝似乎看出洪亮吉洞悉了中國所面對的挑戰，於一八〇〇年赦免了洪亮吉。洪亮吉回到安徽閉門讀書，著述立說，最後歿於一八〇九年，但是他那種深入而務實的著述方式卻為後人所繼續。其中又以賀長齡最為知名，他編修了一部治國方策的巨帙《皇朝經世文編》。這不只是一部理論著作，還收錄清初至當時官員的文集，範圍廣及人事考核、薪俸、稅賦、保甲制度、八旗兵的餉錢、義倉與飢荒的賑濟、鹽務的壟斷、通貨、民間宗教、洪災的控制。這部巨帙是以晚明東林黨陳子龍的《皇明經世文編》為範型，於一八二七年竣工，當時的人讀了這部書，王朝欲頹的急迫感油然而生。

賀長齡並不只是清代中葉經世學風的代表人物而已，他還具備豐富的行政經驗與超凡洞見。諷刺的是，當黑格爾論及中國閉海關以自守的同時，賀長齡卻正在擘畫一項大計畫，主張官倉的糧食不走年久失修的大運河，而改走海路由華中、華南運往北方。一八二六年，在他的建議下，逾一千五百艘快捷平底帆船運載九百萬斗的白米，成功地循海路北行。但他的計畫危及仰賴大運河漕運的利益生計，不久就被取消了。倘若其計畫能持續實施，中國商業海運的成長或許相當可觀也未可知。

其他學者則試圖為變革找出合理的說法。龔自珍就是屬於這類文士。一七九二年，龔自珍生在杭州的一個富儒家庭。龔自珍早歲即濡染金石、目錄等考據之學，走的是當時的學術主流，並對「漢學」流派的注疏與文本深感興趣。然而他對社會與政治體制的批判意識導引他轉向《春秋》的「公羊學」。中國歷來的史籍蘊含了一種循環的史觀，因而不容有線性的「進步」史觀出現，這點已有歐洲學者指出。但是公羊之說有別於此，通過「三世」──據亂世、升平世、太平世的嬗替──提出了歷史發展的理論。

龔自珍為人性情熾熱、好發議論，不羈的個性呼應了清初文人的狂逸行止：他放浪形骸，書法狂放，往來有鴻儒白丁，縱情賭局，譏評老成長者；但社會批判識見卻比洪亮吉還要宏闊。龔自珍盱衡世局，痛陳吏治不修、朝儀繁縟（例如叩頭等禮節）、科舉取士迂腐僵化。他也針砭法律不公、財富不均、女子纏裹小腳，沉溺於鴉片，與洋人進行貿易，藉以強調中國正處於「據亂世」的險境。

論到財富的重分配，龔自珍慷慨直言。在久遠的上古，治者與被治者宛若慶典的賓客，

＊ 原注：理論上，嘉慶朝始於一七九六年乾隆內禪，但誠如前述，乾隆退位後仍舊把持朝政，直到一七九九年崩殂為止。

一起參與典禮，共同分享祭品。但迄至商、周兩朝，「三代之極其猶水，君取盂焉，臣取勺焉，民取卮焉」。龔自珍以這個比喻，點出中國社會已演變成持大、小湯匙交相攻伐，而統治者獨霸整個湯鍋的景象。可想而知，這整個湯鍋已「涸而踣」。已經到了再次公平分配湯鍋菜肴的時候了：

> 有如貧富相軋，富相耀；貧者阽，富者安；貧者日愈傾，富者日愈壅。或以羨慕，或以憤怨；或以驕汰，或以吝嗇。澆漓詭異之俗，百出不可止。至極不祥之氣，鬱於天地之間。[1]

龔自珍這類文人從訓詁之學入手，透過研究新的典籍，而對社會展開批判；也有學者取徑較為迂迴。中國最偉大的諷刺小說之一《鏡花緣》，成書於一八一〇至一八二〇年間的關鍵年代。《鏡花緣》的作者李汝珍，是一位來自北京、師承儒家思想的儒士。他先是熱中鑽研音韻之學，但眼見社稷岌岌，於是重新反省哲學思想以及哲學與政治的關聯，也特別注意男女關係的敏感問題。在《鏡花緣》中，李汝珍顛覆了傳統男尊女卑的世界。他在「粉面郎纏足受困，長鬚女玩股垂情」一回中，寫到女兒國的男人戴耳環，忍受纏足之苦，面敷脂粉以取悅女主人，必定是倍感羞辱、辛酸而壓抑。雖然已有其他作家處理類似的觀念，不過沒有人像李汝珍這麼投入。清朝的男性凡是聞見書中林之洋所遭受的皮肉之痛，對於當時女性所承受的苦楚必然也會有一絲同情的。

不知不覺，那足上腐爛的血肉都已變成膿水，業已流盡，只剩下幾根枯骨，兩足甚覺瘦小；頭上烏雲，用各種頭油，業已搽得光鑑；身上每日用香湯薰洗，也都打磨乾淨；那兩道濃眉，也修得彎彎如新月一般；再加上朱唇點上廣脂，映著一張粉面，滿頭珠翠，卻也窈窕。[2]

李汝珍對社會的失序深有體會，這在嘉慶年間的落第或待業文人之間必定相當普遍。十九世紀初，受過教育的人數大幅增長，但朝廷並未提高科舉取士的人數或官僚的員額。如果這些文人沒有個人所得，對變革興趣索然，無權臧否朝政，藝術才能也有限，那麼他們一定過得鬱鬱寡歡。沈復即是一例。一八〇七年，沈復已屆不惑之年，寫下了篇幅不長但卻酸楚動人的憶往文字，刻畫出落魄文人前景黯淡，令人掩卷難忘。沈復於乾隆中葉生於蘇州，閱歷人生，曾設帳收徒、經商、為人幕僚。《浮生六記》的書名頗為貼切，記述沈復輾轉各地，尋覓明主，以及如何懍於父親的權威，如何順從於不同雇主的過程。

不過沈復的生活也並非一片黯淡。他曾多次經商遠行（甚至到了廣州），各地的瑰麗奇景盡收眼底，另外也娶得神仙美眷，鶼鰈情深，攜手相伴二十三載，直至她歿故。伉儷兩人共享美學、閨房、烹調的閒情逸趣。沈復的妻子善詩，才思雋秀，溫柔婉約，她盡其所能地掙錢，以貼補微薄且不定的收入。丈夫雖然有夫唱婦隨的優越地位，而法律與文化思想也支持這種優越性——這已成儒家傳統的一部分——但是沈復所勾勒出的生活卻說明了繾綣親密的婚姻並非不無可能。但這對夫妻終究還是逃不過貧困與失敗的摧殘，而沈復始終都無法明白，何以命運容不得他們夫妻倆快意人生：「人生坎坷何為乎來哉？」沈復捫心自問。「往往皆自作孽耳。余則非也！多情重諾，爽直不羈，轉因之為累。」[3]然而沈復所處的社會對於這類逆來順受的傳統美德，卻是再也不看重了。

中國的政治對策

英國為了不讓法國染指澳門，於是以兵戎相見，但除此之外，嘉慶年間沒有外國勢力壓境，倒是得以緩一口氣。中國人一定以為是因為英王喬治三世收到乾隆在一七九三年的敕論，懾於天朝威儀所使然，但其間的原因並不是如此。此時歐洲爆發拿破崙戰爭，英、法兩國沒有餘裕再來推動在東亞的擴張政策，而中國又沒有別的強敵。一個世紀之後的第一次世界大戰期間（一九一四至一九一八年）也有類似的情形，於是日本人在西方人自顧不暇之際，遂行掠奪中國領土的野心。但在十九世紀初，日本德川幕府仍然實行閉關鎖國政策，並無意對中國施壓。

一八一五年，拿破崙兵敗滑鐵盧（Waterloo）；一年之後，英屬東印度公司即派遣使節團，在阿美士德勛爵（William Pitt, Lord Amherst）率領下抵達中國。阿美士德的使命和馬戛爾尼勛爵一樣，無非就是擴展貿易優惠、增加開放口岸、要求允許外交人員進駐中國。但阿美士德亦步馬戛爾尼的後塵，受到相當無禮的對待。阿美士德已經飽嘗長途跋涉的顛簸，而朝廷方面又堅持他必須行三跪九叩之禮。阿美士德甫到北京一天，就要入朝覲見聖上。於是阿美士德要求給他多一點時間來準備，結果遭到威嚇相向，隨後黯然被逐出中國。

雖然從這件事情來看，清朝似乎不願以理性與西方人交涉，但其實朝中大臣已日漸查覺到與西方往來在政治上的複雜性。我們從廣州和職司兩廣政事官員日益受重視就可看出端倪。鴉片由南方進口，絲、茶也從南方輸出，大量的銀兩在此流通增加了稅收，但也使貪汙腐敗更為嚴重。行商被迫向朝中和地方大員「捐輸」，以繼續享有朝廷所授予的貿易特權。但是這種保障往往並不牢靠，許多行商因向洋人借貸而債臺高築，甚至破產，然後又有新的行商取而代之。「公行」制度的存廢有賴於「公所基金」這種互保機制的設立。行商將其利潤的十分之一提作基金，以備危急之時所需。起初，公所基金是由行商私底下提撥，不過自一七八〇年起由朝廷所支持，並向外國進口的貨物課徵百分之三的稅賦。到了一八一〇年，公所基金向朝廷上繳的銀錢每年已達一百萬兩的水準。

對於吸食鴉片一事究竟應該絕禁還是弛禁，此時已成為中國對外事務與國內經濟的重大議題。而且這項爭議也開始影響京官與地方官吏的派系形成與結盟。嘉慶之後，道光（在位期間一八二一至一八五〇年）繼位，他似乎是個心地善良但無法扭轉大局的人。乾隆一朝因和珅專擅而朝綱隳壞，嘉慶也無力恢復，道光登基之後便急於重振大清國威，而嘉慶曾在一八〇〇與一八一三年兩度下令嚴禁鴉片買賣，但均告失敗。現在，道光皇帝在苦思更為有效的替代方案。

中國的白銀大量外流以支付西方人的鴉片，這嚴重損及國家的經濟，道光到了一八二五年已從御史的奏摺中得知這點。雖然這個現象主要限於東南沿海地區，不過效應卻深入內陸。白銀儲備不足，意味著銀兌銅的價格上揚；由於農民平常是以銅錢來交易，但卻須以銀來繳稅，所以銀價上漲就等於農民納了更多的稅，勢必會引起動亂。一八三四年，英國國會取消了東印度公司壟斷亞洲貿易的權利，情形更是惡化。因為英國國會通過的法案使得所有人都可以來做中國的生意，鴉片買賣量及來自歐洲各國與美國的商賈人數也隨之大增。此外，由於全球性的白銀短缺，外國商人改以其他比較不流通的貨幣來購買中國商品，中國的危機益形加劇。[4]在一八二〇年代，每年約有兩百萬兩白銀自中國流出，及至一八三〇年代，中國每年流出的白銀總數升高至九百萬兩。乾隆年間，一貫千文的銅錢約可兌換一兩白銀；到了嘉慶年間，在山東一地，一千五百文銅錢始可兌換一兩白銀；道光年間，須以兩千七百文銅錢來兌換一兩白銀。

英國政府取消東印度公司貿易特權之後，派遣律勞卑（William John Napier）勛爵為首位駐華「商務總監督」，他在一八三四年抵達廣州，結果又節外生枝，加深了中、英雙方的誤解。律勞卑不願透過行商，而希望逕自與兩廣總督進行交涉。朝廷命官回以：「天朝高官不得與外夷通達書信。」[5]，於是律勞卑下令停泊於虎門的艦隊北上廣州；由於律勞卑死於熱病，這場一觸即發的戰端才告平息。而中國的鴉片進口量依然持續攀升，一八三五年逾三萬箱，一八三八年上升至四萬箱。

一八三六年，道光皇帝諭令臣工針對鴉片問題各抒己見，具章奏報，結果意見相左，各持一端。主張鴉片貿易合法化的人認為，這不但有助於阻絕官員的貪汙舞弊，鴉片買賣所課徵的關稅亦能大大充實府庫。同時也允許中國國內種植鴉片，據信品質會勝過印度鴉片，價格也較便宜，得以逐漸取代外國的鴉片。但有許多官員認為這種看法並不可取。洋人生性殘酷貪婪，而無論鴉片產自何處，中國人並不需要鴉片。他們認為嘉慶年間的禁令不僅不應廢除，更應該嚴格貫徹執行。

一八三八年，道光廣納眾議之後，明令嚴禁鴉片。道光挑選時年五十四歲的福建人林則徐，以欽差的身分趕赴廣州，查禁鴉片貿易。理論上，林則徐是絕佳人選。一八一一年，林則徐進士及第，後入翰林院，先後於雲南、江蘇、陝西、山東供職。林則徐任湖廣總督時，厲行禁煙。直言無諱的龔自珍是林則徐的好友，他在給林則徐的信中提到，吸食鴉片者「宜繯首誅」，而販者造者「宜刎脰誅」。當林則徐奉旨於一八三九年三月抵達廣州時，駐節在強硬派占上風的書院*，並未在學海堂落腳，因為阮元的後繼者已使學海堂變成主張鴉片合法

* 譯注：粵華書院。

化的中心了。

「林欽差」（Commissioner Lin，這是西方人對林則徐的慣稱）為了禁絕鴉片，想辦法動員儒家所有的傳統力量與價值。他在禁煙文告中強調吸食鴉片對身體的戕害，並下令吸食者在兩個月內向職司的衙門繳交持有的鴉片與煙具。林則徐還命令各學官徹查所轄文武生員有無吸食、興販鴉片者；有者嚴辦不貸，餘者仿效保甲制度，派撥五人一組，互相聯保。林則徐亦巧妙利用科舉考試，將六百名地方上的學生集合起來，除了應答儒家經文之外，還要回答鴉片商號的名稱，並就禁革鴉片買賣提出建言。水師營兵也有類似的互保制度。林則徐還擴大保甲制度的組織模式，動員地方的士紳察訪有無吸食鴉片的情事。到了一八三九年五月中旬，已逮捕了超過一千六百人，沒入鴉片約三萬五千磅、煙具四萬三千副；接著在兩個月內又查扣一萬五千磅鴉片與二十七萬五千副煙具。

對於外國人，林則徐也採論理、道德勸說與強制逼迫的手段。我們從林則徐的言論亦可窺知，他並不希望因杜絕鴉片而招致爆發邊釁。林則徐先拿行商開刀，他在三月間私下會晤行商，並責備他們不應出面擔保查頓（Williall Jardinc，怡和洋行的創始人之一）、因義士（Jalnes Innes）等英國巨商會謹守清朝律例，因為這些人確實都在買賣鴉片。林則徐透過行商向洋人傳達諭帖，要求他們交出存放在伶仃島附近等地區躉船上的數萬箱鴉片，同時還必須具文切結，不再經營鴉片買賣。居住在廣州的洋人也必須據實呈報所擁有的搶械數量。林則徐能動用的廣州水師並不足恃，他並不希望過度逼迫外國船隻，但他有把握給地方上的洋人施壓，逼使他們就範。但是林則徐並未針對這批繳交鴉片的外國商人提供任何補償。

林則徐也試著和洋人講理，敦促他們謹守茶葉、絲、大黃（林則徐認為洋人性嗜肉食，而大黃有助消化）的合法貿易，並停止茶毒中國人。在查禁鴉片過程中，林則徐與兩廣總督鄧廷楨合作無間，鄧廷楨頗為樂觀，曾告訴洋人，吸食者都已戒除惡習，販賣者也已做鳥獸散。鴉片既然已無需求，自然也就無利可圖。林則徐呈給維多利亞女皇（Queen Victoria）一封措詞謹慎的信，試圖訴諸道德責任感：「聞該國禁食鴉片甚嚴，是固明知鴉片之害也……設使別國有人販鴉片至英國誘人買食，當亦貴國王所深惡而痛絕之也。」[6]其實英國本土並未禁絕鴉片，許多知名人物如柯立芝（Samuel Taylor Coleridge）往往將鴉片製成鴉片酊來吃。很多英國人認為鴉片的禍害比不上酒，所以林則徐的道德勸說猶如耳邊風，聽者藐藐。

雖然驚慌失措的行商懇求洋人順從朝廷旨令，但是這些外國商人先是藉口手中的鴉片是他人寄存，無權將之繳付官府，後來呈繳了一千箱的鴉片，以求搪塞。林則徐聞訊勃然大怒，下令逮捕英國大鴉片商顛地（Lancelot Dent）。但外國商館拒絕把顛地交出受大清律的審判，一八三九年三月二十四日，林則徐全面斷絕對外通商。所有受僱於洋人的僕役都要離開雇主；在廣州的三百五十名外國人，包括英國駐華商務總監督義律（Charles Elliot）都困在商館中，雖然飲水食物並無匱乏，但其他的用品與訊息就要私運偷帶。這是個令他們惶惶不安的時刻，再加上官軍的號角鑼聲徹夜不絕，更讓他們倍感疲憊。六周後，洋人同意呈繳逾兩萬箱的鴉片，林欽差清點無誤後，便傳令撤去對商館的封鎖，除十六名大鴉片商（包括顛地在內）外，其餘外國人一概獲准離開廣州。

林則徐親臨監繳，甚至四、五月間還住在船上，方便就近處理，並防欺瞞或偷竊情事之發生。林則徐眼前的艱鉅挑戰是如何銷毀近三百萬磅鴉片煙土。他的辦法是命人挖掘三個大溝，每個溝各七英尺深、一百五十英尺長。然後僱用五百名人夫，並由六十名官員在四周巡緝，將煙土球搗毀後倒入溝中，混之以水、鹽、石灰，直到煙土顆粒盡化為止。就在本地人與洋人眾目睽睽之下，這些濃稠的混合物被排入鄰近的河灣之中，隨浪流入大洋。

林則徐為此還特別親撰祭文祭告海神，其中感慨：「誰知毒恣鴆梟，漸致蠻煙之成市；」並且表示海神「本滌瑕而蕩穢，資激濁以揚清。」林則徐也因消化鴉片，致令大海充斥毒物而向海神致歉，他在日記中寫道：宜「令水族先期暫徙，以避其毒」。至於被禁閉在商館在先、又親眼目睹銷毀煙土過程在後的洋人，林則徐在上呈道光的奏摺中寫道：「……夷人經過口門，率皆遠觀而不敢褻翫，察其情狀，似有羞惡之良。」[7]

英國的武力反擊

欽差大臣林則徐與道光皇帝均是克盡職守、勤奮工作的人，儒家那一套上下尊卑與統治手段都已經深入兩人的心中。他們似乎真心相信，廣州臣民與外國商人的個性皆單純如童稚，會遵奉道德戒條而不悖。可惜實情沒那麼單純，當時很多人也看出這一點。即使鴉片還沒銷毀的時候，就有官員直陳，林則徐此舉並不能真正解決鴉片問題，僅能治標而無法治本。一個英國鴉片商回想遭清廷封鎖的經驗，只是淡淡告訴一位友人說道：封鎖商館「幸可作為我們提出賠償的理由」[8]。

中、英兩國以兵戎相見似乎已是一觸即發。前面已經提到一些大的原因：清朝已出現社會失序的現象、染上鴉片癮的人日益增加、中國人對洋人愈來愈不滿、洋人拒不接受清律的規範、國際貿易結構的丕變、西方文人不再傾慕中國文化。其他的因素則關係到林則徐談判的背景，其中亦有林則徐所不了解的影響。外國商人觀察朝廷於一八三六、一八三八年就鴉片問題的辯論，趨於相信中國會合法化鴉片買賣，於是囤積了大量鴉片，並頻頻向印度的鴉片農追加訂貨量。然而隨著一八三八年禁革鴉片的強硬路線抬頭，鴉片市場亦跟著萎縮不振，鴉片商警覺到庫存的問題。

其次，新上任的英國駐華商務總監督改由英女皇選派，而不是東印度公司聘任。倘若中國為難這位商務總監督，這無疑形同侮辱英國，而不是一家普通的商業公司，但中國並未察覺這中間的差別。反過來，商務總監督亦缺乏明確權限約束在華的英國或歐美各國的商人。然而，當他面臨重大問題時，卻能向英國軍隊和皇家海軍直接求援。

在英國這一方，上述兩因素又結合在一起而產生第三個因素：英國的鴉片商積壓了大量求售無門的鴉片，於是將鴉片交給繼任律勞卑擔任在華商務總監督的義律，而義律又將鴉片交給林則徐。英國的鴉片商並不以鴉片被銷毀而傾倒入洋為「恥」，而是向英國政府施加壓力，俾以向清朝索賠。

英國方面也密切注意中國境內鴉片事件的發展。一八三九年初夏，義律就曾發文向倫敦求援，英國外相巴麥尊（John Henry Temple Palmerston）爵士起初對於不遵守大清律例的英國商人並不表同情，現在已經轉而支持英國商人了。巴麥尊在《致大清皇帝欽命宰相書》（*Lord Palmerston to the Minister of the Emperor of China*）中表示，「茲於舊年之間，有某官憲，奉大清皇帝之欽命，輒將在粵省依賴大清國家實信之商人，向之強情殘害。……一經聞知，詫異不勝，抱恨良深」。另外，雖然女皇陛下並未寬赦販賣鴉片的行為，但她「不容住在他邦之本國民人，遭殘受辱吃虧」。[9]

隨著封鎖商館、扣押銷毀鴉片的消息傳回英國，該國各個製造業重鎮中，在中國擁有龐大貿易與商業利益的商人也開始積極遊說英國議會採取斷然的報復。腰纏萬貫的鴉片商查頓甚至還特地返回英國，以壯聲勢，期使新教宣教團體所發起之反鴉片買賣的道德聲浪不致四處蔓延。在華的煙商曾籌資兩萬元作為查頓返國運作之所需，倘若有必要，甚至願意給他更多錢，「因為目的是如此重要，花再多的錢也是必要、值得的」。甚至還有人要查頓，「如有必要，不妨付出高價，期使某家大報能影響視聽加以鼓吹」。然而英國國會並未向中國宣戰，只是同意派遣一支艦隊與動員印度的兵力，以期「滿足需求與得到賠償」，假使有必要，得以「扣押中國的船隻與載貨」。[10]在義律的堂兄懿律（George Elliot）率領下，英軍出動十六艘戰艦，共配備五百四十門火砲，四艘新式的武裝蒸汽船，二十八艘運輸船，四千名軍士，攜帶蒸汽船用煤三千噸，一萬六千加侖甜酒。

此時林則徐仍在廣東查禁鴉片，雷厲風行逮捕、偵刺鴉片吸食者與鴉片商，而鴉片的價格也從五百元一箱，飆漲至一箱叫價三千元的「天價」。若是英商拒絕具文切結不再販售鴉片，林則徐便將英商由澳門逐出。為了因應林則徐的驅逐令，義律移居蕞爾荒島香港，於是揭開了東亞歷史的新頁。廣州的貿易並未因林則徐的動作而陷於停頓，特別是美國人樂於把握機會，居間為英國調停而牟利。美國副領事德拉諾（Warren Delano）讓美國人簽署切結書，承諾不違犯中國法令。一位美國商人解釋道：「我們美國佬可沒有女王來擔保損失，」假使中國關閉其他的通商口岸，他雖會繼續「逐步撤出，但只要找到新的合作夥伴就會再從事買賣」[11]。

雖然貿易往來持續不斷，但林則徐同時也在進入廣州的水道兩旁構築防禦工事，購買新的火砲配置在營壘上，用巨型鐵鍊封鎖航道，並著手加強訓練兵丁。撤至香港的英國人飽嘗當地中國人的侵擾，他們既在水井裡下毒，也不賣糧食給洋人。一八三九年的九、十月間，中、英在香港島的海灣與虎門附近爆發武裝衝突，雙方互有傷亡。中國的船隻遭到擊沉，進一步協商的可能因而中斷。另外亦有一群喝得酩酊大醉的英國海員在九龍殺害一名中國村人*，而義律拒絕將涉案的一干兇嫌交付衙門。清朝官員向來忌憚群眾的示威運動，

* 譯注：林維喜。

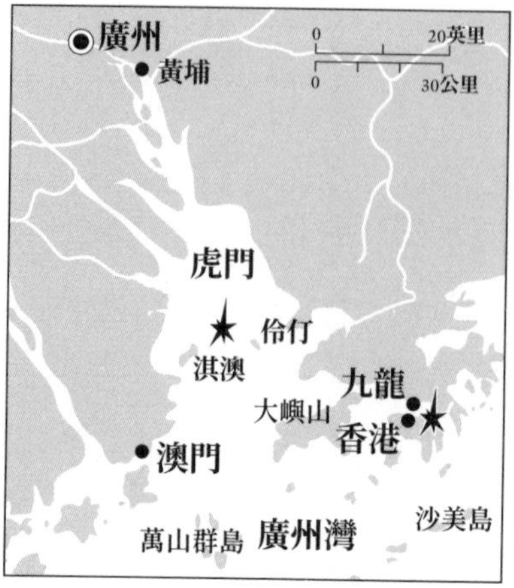

鴉片戰爭
（1839–1842）

但林則徐竟然一反常態，動員一批「武勇」對抗英軍，此舉倒是令人訝異。有一份布告是這麼寫的：「群相集議，購買器械，聚合丁壯，以便自衛。」[12]

一八四〇年六月，英國艦隊在懿律領軍下駛抵廣州。不過令林則徐失望的是，英軍並未攻擊林則徐新近部署的防禦工事，只留下四艘船艦封鎖水路通道，其餘船隻繼續北行。七月，英軍再以兩艘船艦封鎖寧波，並占領浙江外海舟山島上的城鎮，以掐住長江的咽喉。英軍在當地知縣自殺後，於此地留下一支駐軍與一名傳教士通譯，便直至北河河口，逼臨護衛天津交通要道的大沽。一八四〇年八、九月間，英方與深受道光信任的直隸總督、文淵閣大學士琦善進行談判。琦善說服英國人離開北方返回廣州，以利完成協定，道光因琦善成功勸離英軍而龍心嘉悅，擢升琦善為兩廣總督。前一年承命任兩廣總督一職的林則徐，因處置失當遭解職，流放伊犁。

一八四一年一月，琦善與英方達成協議，割讓香港島，賠款六百萬元*，中、英雙方公文平等往來，十天內恢復中、英的廣州貿易。道光接到協定內容的奏摺之後大為震怒，諭令革除琦善的職務，判處琦善「斬監候」刑，後改判流刑。

巴麥尊同樣也不滿義律未能從中國壓榨更優渥的條件。在一八四一年四月的一封私人信函中，巴麥尊撤免義律的職權，拒絕批准這份協定，他叱責這位前任商務總監督：「閣下違背、怠忽所收到之訓令等**；閣下本應善用自身軍力，但卻蓄意不為；閣下明無必要，卻接受低於奉命所應爭取的條件。」巴麥尊特別惱怒義律捨棄舟山，未能堅持索求遭銷毀之鴉片的賠款，而僅僅得到香港這座「荒蕪、人煙罕見的島嶼」。嗣後，璞鼎查（Henry

* 原注：當時廣泛使用的墨西哥銀元在中國已被視為一種流通的貨幣。但中國人本身仍然使用銀錠，而非銀元。

** 譯注：一八四〇年二月二十日巴麥尊曾發給義律、懿律一則「第一號訓令」，其中包括對中國更多的要求。見茅海建，《天朝的崩潰》（北京，三聯書局，一九九五年），頁二〇六。

Pottinger）爵士走馬上任，接替義律擔任在華的商務總監督一職，繼續與清廷交涉。在給璞鼎查的最後一道訓令中，巴麥尊堅持必須與皇帝本人簽署協定。「女皇陛下的政府不容許在英、中的和解過程中，中國人以不合理的舉措取代了人類的合理做法。」[13]

秉承新訓令的璞鼎查於一八四一年八月抵達中國，他發現在中國的局面已有一觸即發之勢。廣州城附近的鄉間爆發三元里事件，這場戰事是由鄉紳組織地方義勇舉事發難，若干英軍死傷。英方隨之摧毀虎門要塞，擊沉中國的舢舨，廓清濱水地帶，占領部分廣州城。英軍在廣州官員同意支付六百萬元後撤離，但這六百萬元是作為廣州城免遭洗劫的贖金，或者是先前義律與琦善達成協議的賠款，抑或是兩年前被銷毀之鴉片的賠償金，雙方並沒有一致的共識。

一八四一年八月底，璞鼎查與英國艦隊一同北上，廈門、寧波相繼失守，英軍又占領舟山。來自印度的英國援軍於一八四二年晚春與璞鼎查的軍隊會合，之後璞鼎查又發動新一波的攻勢，目的在於切斷中國主要河道交通與運河通道，逼迫中國投降。八旗兵勇奮力鏖戰依然無法抵擋英軍的攻擊，六月，英軍攻克上海，七月，鎮江失陷。就在兵敗的消息確實之後，清廷的主戰大員（海齡）隨即舉家自盡。此時，大運河河道與長江下游水路皆遭英軍封鎖。璞鼎查拒絕清廷請和的要求，繼續向長江下游的重鎮、曾是明朝都城的南京挺進，而於八月五日兵臨南京城下。滿清政府立即求和，八月二十九日《南京條約》譯成中文，由時任欽差大臣的兩江總督耆英*蓋用關防親筆畫押。道光於九月覆可條約內容，維多利亞女皇則於十二月底批准該項條約。

我們在進一步評價《南京條約》與《南京條約》善後附約之前，有必要加以強調，一八三九至一八四二年間的鴉片戰爭，在軍事方面有何等重要的歷史意涵。在這場戰爭中，中國人不僅在出乎意料的狀況下初嘗慘敗滋味，同時亦見識到西方軍事科技與戰術的革新。最重要的是當屬蒸汽動力船艦在海戰中發揮作用，這點可由英國戰艦「復仇神號」（*Nemesis*）的作戰紀錄看出。「復仇神號」是一艘非使用銅皮包覆的明輪鐵殼船，靠風力與以木材、煤為燃料的六座蒸汽鍋爐為動力，即使天候惡劣，時速也可以維持在七至八海里。「復仇神號」吃水只有五英尺深，所以能在任何風勢或潮汐狀態下於沿海淺水處活動。在廣州虎門一役中，「復仇神號」即在淺水處往來巡曳，發射葡萄彈（grapeshot）、運送人員，在風平浪靜時拖曳船隻。在上海戰役中，「復仇神號」也把幾艘配備重砲的軍艦拖往遠處海面上，讓它們得以砲轟射程內的上海，並充當運輸輪將英軍直接運抵碼頭。這場戰役還沒結束，類似的新蒸汽船駛抵中國海域；倘若英軍儲備足夠的燃料，這些船隻就能源源不絕地為英軍補充兵力。

但是，大清國亦非只是坐以待斃，甘為西方科技與戰力的魚肉。林則徐職司廣州政務

* 原注：兩江總督下轄江蘇、安徽、江西三省。

時，曾責成文士蒐集廣州與新加坡刊印的書籍，以探訪西方的訊息。林則徐還請一位美籍傳教士*翻譯一部國際公法著作的部分章節。**而且，在一八四二年中英交戰時，英國人也發現清朝官員正力圖追趕西方的新科技。英國人在廈門發現了一艘幾近竣工、仿造英國雙層甲板的戰艦，艦上配備三十門火砲；這艘戰艦幾乎已可下水航行，還有其他同類型的船艦正在趕造。在吳淞，英國人發現五艘中國新造的明輪船艦，船上配有黃銅鑄造的大砲。在上海，英國人扣押了十六門嶄新的、漂亮的十八磅重火槍，槍身之上有準星，從準星孔可以看到燧石的裝置。所有這些槍身被固定在設有鐵輪的木架上。[14]至少若干中國人已察覺，外夷破門而入固然是奇恥大辱，但也未嘗不是一種刺激。

新條約制度

一八四二年八月二十九日，《南京條約》於停泊在長江水域的英艦「皋華麗號」（*Cornwallis*）上締結，十月之後分別經維多利亞女皇與道光的認可始於香港換文生效。《南京條約》是中國近代史上最重要的一紙條約。《南京條約》***主要包括十二條條款，可說是徹底改變了中國傳統的商業與社會觀。

第一條，英國與大清帝國雙方永存平和，「所屬華英人民彼此友睦，各住他國者必受該國保佑身家安全。」

第二條，准許英國人民連同所屬家眷寄居在廣州、福州、廈門、寧波、上海等五處開放的港口，「貿易通商無礙」；且准許英國派設領事、管事等官住上述五處城邑，專理商賈事宜，與各地方官公文往來。

第三條，「准將香港一島給予大英國君主暨嗣後世襲主位者常遠據守主掌，任便立法治理。」

第四條，「大皇帝准以洋銀六百萬圓償補強留粵省之鴉片的原價。」

第五條，取消廣州公行獨占制度，准許英商在上述五個港口「勿論與何商交易，均聽其便」；且由滿清政府酌定洋銀三百萬圓，代公行清還向英商拖欠的債款。

第六條，按數扣除一八四一年八月一日（道光二十一年六月十五日）後「英國因贖各城收過銀兩之數」，撥發「水陸軍費洋銀一千兩百萬圓」，以作為英國作戰軍費的償補。

第七條，前述提及之第四至第六條三條條文總計兩千一百萬圓的賠款，分四期於

* 譯注：即伯駕，Peter Parker。

** 譯注：即瑞士名法學家Erneric de Vattetl的《萬國公法》（La Loi des Nations），翻譯此書原是為了「林維喜案」。

*** 譯注：《南京條約》又名《江寧條約》，下述條文內容的中譯，轉引自王鐵崖編，《中外舊約章彙編》（北京：三聯書店，一九八二年），第一冊之《江寧條約》條，頁三〇至三十二。本章或餘後各章節所提及其他清朝條約的條文內容，出處均與上述同。

一八四五年十二月底前攤還，假若未能按期如數償還者，酌定「每年每百圓加息五圓」。

第八條，凡係大英國人，無論本國、屬國軍民者，「今在中國所管轄各地被禁者，准即刻釋放」。

第九條，凡係中國人，前在英人所據之邑居住者，或與英人有來往者，或有跟隨及侍奉英國官人者，全然免罪；且凡係中國人，為英國事被拿監禁受難者，亦加恩釋放。

第十條，前第二條所列五處條約港口者，「應納進口、出口貨物稅、餉費，均宜秉公議定則例」，一旦英國貨物在其中一個港口按例納稅後，「即准由中國商人遍運天下，而路所經過稅關不得加重稅例，只可按估價則例若干，每兩加稅不過分」。

第十一條，英國派駐在中國的大員，與京內、京外的滿清大臣有文書往來，「用照會字樣；英國屬員，用申陳字樣；大臣批覆用劄行字樣；兩國屬員往來，必當平行照會」。若兩國商賈上達官憲時，不再議內，「仍用稟名字樣為著」。

第十二條，俟奉大清大皇帝允准和約各條施行，並以此時准交之六百萬圓交清，英軍即退出江寧、京口，「不再行擱阻中國各省商賈貿易」。「至鎮海之拓寶山，亦將退讓」。「惟有定海縣之舟山海島、廈門廳之鼓浪嶼小島」，仍由英軍暫時駐守，俟條文所議之洋銀悉數償還，「而前議各海口均已開闢俾英人通商後」，即撤出上述兩處英國軍士，不復占據。[15]

除一八三九年的協約議定以六百萬元作為遭銷毀之鴉片的賠款之外，在條約條文之中再也沒有隻字片語涉及鴉片事宜；同時，一八四三年締結的附約*，僅規定茶、絲、棉、羊毛、象牙、各類金屬與洋酒等貨物關稅的稅率，亦未論及鴉片。稍後簽訂之《南京條約》的附約中，條文規定之五口通商、保護外人貿易的複雜程序中，鴉片的問題再次被略而不談。在一次與清朝主談大臣耆英的私人對話裡，璞鼎查提到，避免中國白銀外流，英國希望大清國能在以物易物的原則上，將鴉片的買賣合法化。耆英答以他不便提出這個問題，璞鼎查說他亦受命不准強推這個議題。

其他列強仔細研究了《南京條約》與其附約的條文內容。一八四三年，美國總統泰勒（John Tyler）基於美國利益與美國在華龐大貿易商機的考量，特命顧盛（Caleb Cushing）為使華全權代表；顧盛是美國東部麻薩諸塞州（Massachusetts）的眾議員，而麻州當地有不少富商與中國有貿易往來。顧盛於一八四四年二月抵達澳門，旋即與升為兩廣總督的耆英展開談判。談判期間雖有一名中國人因故攻擊美國人反遭殺害的意外衝突事件，但耆英很快就與顧盛在澳門附近的小村落締結條約，名為《望廈條約》。

與美國所簽訂的條約內容大抵延續中英條約的精神，但中美《望廈條約》的條款較多，

* 譯注：即《五口通商附粘條約》，又稱《虎門條約》，共有十六條；另附《小船定例》三條，《五口通商章程：海關稅則》十五條，附二十六類貨物稅率。

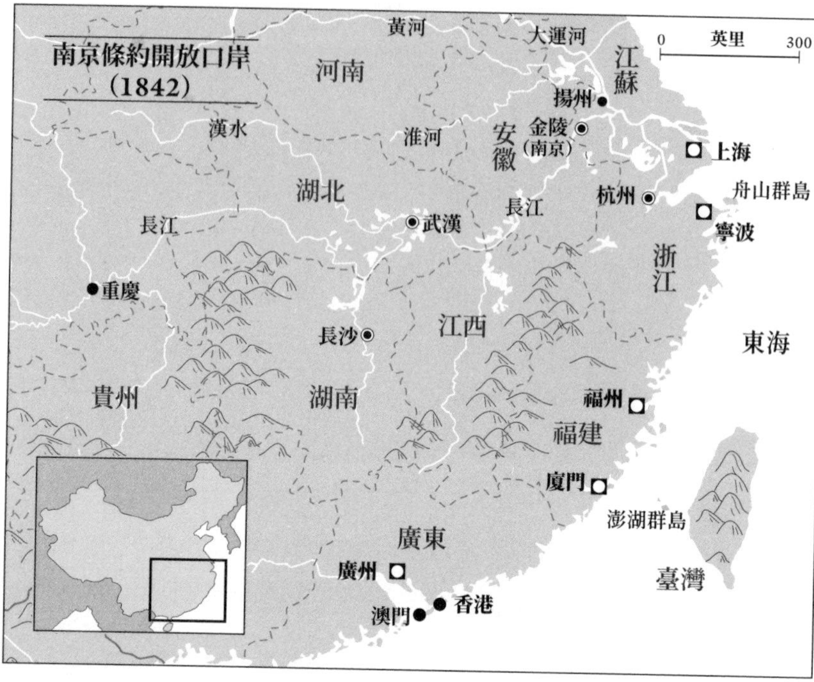

且增加了許多重要的條款。例如，第十七條的條文攸關美國傳教士在華傳教的推展，規定美國人有權在這五個港口設立「醫館、禮拜堂及殯葬之處」。這五個港口不是十七世紀以來便是清軍駐地，就是距離清軍駐地頗近，因此當地官員早已習於應對法庭上的特殊情形，也熟於處理英美及其他未派駐領事人員之國家的司法管轄權問題。第十八條打破中國統治者嚴禁外國人學習中文的傳統，准許美國官民「延請中國各方士民人等教習各方語音」。有關司法方面，在第二十一條亦有言明，嗣後美國人在中國犯罪，「由領事等官捉拏審訊，照本國例治罪。」但是為了避免落英國人的口實，第三十三條規定，凡有美國人「攜帶鴉片及別項違禁貨物至中國者，聽中國地方官自行辦理治罪，合眾國官民均不得稍有袒護」。最後，第三十四條規定，「所有貿易及海面各款恐不無稍有變通之處，應俟十二年後，兩國派員公平酌辦。」[16]

一八四四年十月，法國人以《望廈條約》為範本，亦與中國簽訂《黃埔條約》。但是法國人在條約中也添加新的條款，例如，條文規定，倘若發生不平之事，遇有領事等官不在該地，法國的船主、商人可委託其他強權國家的領事代為處理；法國人在條約之中特別強調「治外法權」的原則——簡言之，即在中國領土上所犯的罪刑，依其本國法律論斷的權力，中法條約中有關治外法權權利的授予，比之顧盛簽訂的條約有過之而無不及。此外，又迫於法方的壓力，耆英取得道光同意天主教弛禁的諭旨，從而推翻了雍正時代的禁教政策；在一八四五年的補充聲明中，耆英進一步將弛禁的範圍擴大至新教。

據此，自林則徐承命任欽差大臣以降的六年內，大清政府不惟無能抵禦強權，捍衛自身的一統，更無法控制自身傳統商業、社會與對外政策。其他歐美各國也循英、美、法所開的先例。英國人並不需要擔心中國與其他國家交涉的內容，因為中國對其他國家奉上的新權利自是不能把英國排除在外。

在一八四三年的附約中，英國人精心設計了一款條文，即第八款有關「最惠國待遇」原則的規定：「設將來大皇帝有新恩施及各國，亦應准英人一體均沾，用示平允。」清政府意欲藉這個條款來緩和強權對中國所施加的壓力。但是這條規定反而使清政府難以覓得外援或收到以夷制夷之效，嚴重窒礙了清政府外交政策的空間。

令人詫異的是，英國與其他外國商人對鴉片戰爭後的商業成果大失所望。雖然這五個口岸皆經過慎選，但福州、寧波兩地外貿的成長遲緩，致令洋人一度想交換成其他前景較為看好的城市。迄至一八五〇年，僅有十九名成年的外國人選擇寄居寧波；在福州的西方人亦僅有十名，其中七名是傳教士。廈門的商業前景同樣黯淡，因為此地的貿易活動向來為臺灣人與菲律賓人所壟斷，故難與歐洲人、美國人的商業需求融為一體。惟有當英國的船隻開始將此地的苦力載往古巴的甘蔗園做工，勞動力的輸出或許還能帶來少許的財富。

俟公行壟斷制度廢止，貿易完全開放之後，廣州的龐大商業利潤似乎指日可待，然而當地有濃厚的反英、排外情結，洋人發現難以在廣州城內尋覓適宜棲居、經商、開設領事館的處所。整個一八四〇年代與一八五〇年代初期，廣州城內反英騷亂層出不窮，英國人也以暴行報復，反覆循環竟無寧日。但朝廷無法再次承受廣州百姓滋生離心離德的情緒，因此對於這類反英暴亂置若罔聞。

在這五個「條約口岸」之中，僅上海一地，因將屬沼澤區的租界與人煙稀少的窮鄉僻壤畫歸英、法與其他西方人，而躍升為繁榮的市鎮。到了一八五〇年，隨著溼地排乾，堤岸竣工，已有逾一百名的商人住在上海，另外還有各國領事官員、五名醫師、十七名傳教士定居此地。一八四四年，有四十四艘外國船隻進出上海港，一八四九年，增加至一百三十三艘，一八五五年，則有四百三十七艘。上海地區的生絲貿易成長迅速，迄至一八五〇年代，生絲

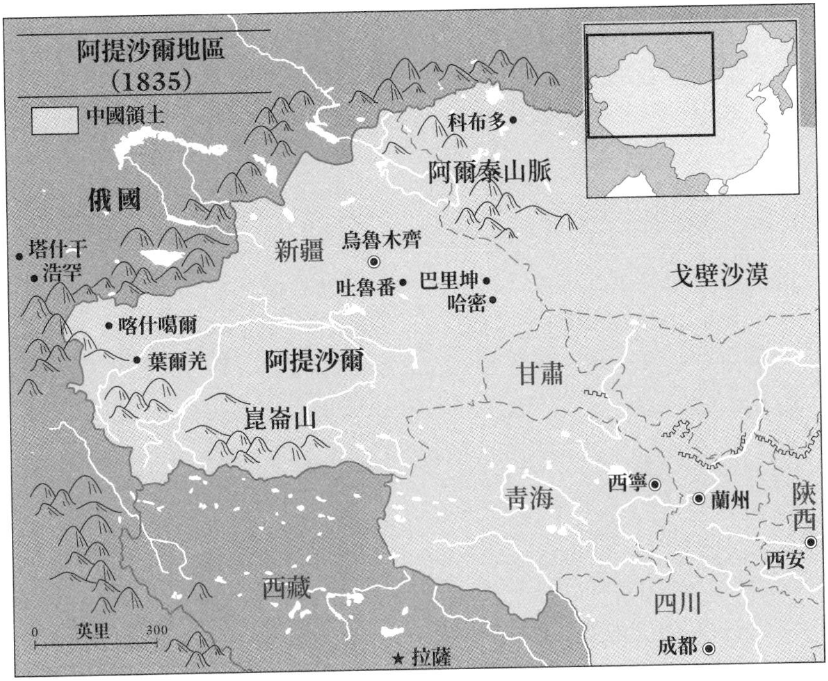

貿易的總值已超過兩千萬元。此時鴉片的交易仍屬非法，但上海每年的鴉片到貨量至少有兩萬箱。

對於新的條約口岸制度，朝廷的態度顯得模棱兩可。耆英的觀點與朝中多數大臣一致，認為洋人的動機首在貪財，倘使此種條約口岸制度能持續實行，洋人其他的要求或許會停止。耆英與道光的這種想法，以及對某些權利如治外法權等閒視之的態度，或許只不過是因循舊例——亦即一八三〇年代對中亞所採取的外交政策。例如在一八三五年，清廷允許素懷侵略野心的浩罕（Kokand）汗，有權在喀什噶爾派駐一名政治代表，並在葉爾羌與其他貿易重鎮派駐商務代辦。這名政治代表有權對住在「阿提沙爾地區」（Altishahr region*）的外國人行使領事權與司法權，並且對外地輸入「阿提沙爾地區」的貨物課徵關稅。清廷還同意，回民的關稅僅為非回民的一半（回人的關稅按價徵收百分之二點五，非回民則是課徵百分之五），從「阿提沙爾地區」出口至浩罕的貨物則免收稅。清廷顯然認為，這種權利的讓渡不但無損於主權的宣示，其實還不失為一種解決浩罕對貿易特權需索無度合算便捷的方法。幾位曾與浩罕談判的要員，或曾與浩罕作戰的名將，在一八三〇年代或一八四〇年代分別被調派至東南沿海任職**，足以證明清廷對東南沿海邊釁所採取的應變對策是西疆政策的延續[17]。

耆英在《南京條約》與其附約締結後，對待璞鼎查簡直可說是阿諛逢迎，這難免讓人猜想，假使當年他曾被派前往中亞任事，恐怕也會以同樣的態度面對那一批難以駕馭的大汗：耆英曾表示願收璞鼎查的兒子為義子；不時與璞鼎查互贈禮品（包括交換雙方妻子的照片）；親手將梅子餵入這位滿臉驚愕的英國全權大使口中；耆英甚至還自創「因地密特」***一詞，以示親密。但面對道光皇帝，耆英則說這是他個人「撫綏羈縻」英國人之道。他不願與英國開戰，在奏摺中寫道，「與其爭虛名而無實效，不若略小節而就大謀」。[18]這個看法的問題在於英國等列強辛苦擄獲的條約絕非僅只是徒具「虛名」而已。這些條文就是實際具體的國際事務與商業行為。回首望去，耆英與道光之所以未能意識到這件事實，其實並不令人訝異。但對朝廷而言，眼前的「大謀」是在於如何維繫國祚於不墜。對在位者來說，國內的不滿排山倒海而至，對外政策的問題也只不過是細微末節罷了。

注釋

1 鮑吾剛（Wolfgang Bauer）著，蕭（Michael Shaw）譯，《中國與幸福的追求》（*China and the Search for Happiness.*, New York, 1976），頁二五七。

2 李汝珍著，林太乙（Lin Tai-yi）譯，《鏡花緣》（*Flowers in the Mirror.*, Berkeley: University of California Press, 1965），頁一一三。

3 沈復著，白倫（Leonard Pratt）與江素惠合譯，《浮生六記》（*Six Record of a Floating Life.*, New York, 1983），頁七三；林語堂（Lin Yu-tang）的譯文，見《天下月刊》（*Tíen Hsia Monthly*），一九三五年一月，頁三一六。

4 有兩本博士論文，重新反思有關白銀問題與行商角色的一般傳統觀點：林滿紅，《貨幣與社會：十九世紀初的中國貨幣危機與政經意識形態》（*Currency and Society: The Monetary Crisis and Political-Economy Ideology of Early Nineteenth Century China.*, Harvard, 1989）；陳國棟，《中國行商的破產，一七六〇至

* 譯注：Altishahr係土耳其語，意指「六座城市」。此一地區大抵位於天山以南，帕米爾高原以東，崑崙山以北，即當時清人口中的「回部」、「回疆」、「天山南路」。

** 譯注：如奕山、楊芳。

*** 譯注：「因地密特」即intimate一字音譯。漢學家費正清曾戲稱，耆英寫給璞鼎查的信，遣詞用語猶如一封情書。

一八四三年》（*The Insolvency of the Chinese Hong Merchants, 1760-1843.*, Yale, 1989）。

5 馬士，《中華帝國的對外關係，卷一》，頁一二六。

6 張馨保，《林欽差與鴉片戰爭》，頁一三四至一三五。

7 韋利（Arthur Waley），《中國人眼中的鴉片戰爭》（*The Opium War through Chinese Eyes.*, London, 1958），頁四四、四六、四九。

8 前揭書，頁四七；引言見張馨保，頁一六〇。

9 馬士，頁六二二。

10 張馨保，頁一九一，馬士，頁二五三。

11 張馨保，頁二〇六至二〇七。

12 馬士，頁二四一。

13 前揭書，頁六六一至六六二。

14 關於「復仇神號」的歷史與中國人對西方軍事技術的仿造，詳見葛拉漢（Gerald Graham），《中國軍港：戰爭與外交，一八三〇至一八六〇年》（*The China Station: War and Diplomacy, 1830-1860.*, New York: Oxford University Press, 1978），頁一一七至一一八、一八三、二一五至二一八。

15 《南京條約》的條文內容，引自赫司雷特（Godfrey Hertslet），《英國與中國、中國與外國強權的條約集，二卷》（*Treaties etc. between Great Britain and China and between China and Foreign Powers, 2 vols.*, London. 1908），卷一，頁七至十二。

16 馬士，頁三三二，論《望廈條約》部分。

17 弗萊契（Joseph Fletcher），〈清朝在蒙古、新疆與西藏統治的全盛時期〉（The Heyday of the Ching Order in Mongolia, Sinkiang and Tibet），見《劍橋中國史，卷十》（*The Cambridge History of China, vol.*

10., Cambridge, 1978），頁三七七至三八三。

18 費正清（John K. Fairbank），《中國沿海的貿易與外交》（*Trade and Diplomacy on the China Coast.*, Cambridge: Harvard University Press, 1953），頁一一三。

第八章

內部危機

南北的社會動盪

十九世紀前半葉，英國多次重創中國，這與中國內部萌生的不穩定互為因果。先前已論及許多不穩定的因子，包括人口增長對土地造成空前未有的壓力，白銀大量外流，文士難以覓得官職，龐大鴉片吸食人口帶來的沉重負擔，八旗軍戰力減退，和珅與其黨羽在官僚體系中所造成的腐敗風氣，以及伴隨白蓮教亂的起落而來的廣泛影響。

其他早在十八世紀末就已顯而易見的種種流弊，十九世紀初更是變本加厲。管理黃河與大運河疏濬、築堤的龐大官僚體系日益敗壞無能；因人設事造成冗員充斥，而朝廷用作疏濬、築堤的庫銀往往被中飽私囊。結果，大運河嚴重淤塞，而溝通黃河與淮河的大運河，亦無法維持正常的河道水位，嚴重削弱了江南漕糧北運的機制。漕運機制的崩潰又衝擊了大運河沿岸仰賴運送漕糧為生之工人的生計：漕運工人個個拉幫結派，藉以保障飯碗或稱霸一方。

鹽政也日益窳敗。在清代，不管是沿海的蒸晒或是內陸的鹽井、鹽礦，理論上是由朝廷專賣。製鹽由朝廷一手控制，也由朝廷將鹽售予特許的鹽商，再由鹽商運往指定的地區販售。到了十九世紀初，鹽政的廢弛與隳壞致使鹽的私運現象迭興，而威脅到這套複雜的鹽務制度的運行。凡此經濟與組織弊病又刺激了後和珅時代官僚體系結黨營私、派系分立的現象。國之重臣開始各自形成次級的依附網絡，而攀權附勢者則是極盡搜括公共資源之能事，挪為己用。

也就在十九世紀初，為了防衛鄉里免受白蓮教眾、散民游勇，或沿海河濱的海盜等劫掠集團的襲擊，由地方士紳、地主所領導的團練、義勇這種有組織的武裝團體大量湧現。在其他地區，地方領袖則在國家無能之時，組織祕密社團來宣揚神祕的宗教教義並求自保。

吾人可言，私人利益嚴重腐蝕政府運作的畛域，而帝國的體系架構似乎已無法如往昔般伸張其權力。自一七九九至一八二〇年在位的嘉慶皇帝，靠言語修辭，而非提出特定政策來澄清吏治。嘉慶言及節縮臃腫官僚員額是何等沉痛愷切，但開支依然高居不下。和珅的黨羽雖已翦除殆盡，但又有佞臣繼之而起，在朝中各結黨派。嘉慶與其子道光都拔擢了一批固守儒家美德的佐國宰輔，但這批股肱大臣對於困擾朝廷的國內外問題，卻無置喙的餘地。到了道光末年，群眾叛亂蜂起，稽延二十三年之久，幾乎葬送了滿清國祚。

這些動亂必須置於中國外交政策危機的脈絡中來看，所以也必須把這些動亂視為從白蓮教亂，以及在華北、華南一連串較為和緩但卻寓意深邃的危機所堆疊的階段。一八一三年林清在華北舉事，就是十九世紀初這類群眾叛亂的一例。林清生於一七七〇年，他的早年算是城市貧民的境況略好而又無所寄託的一種典型。林父在北京任書吏，林清長於距京畿僅有數哩之遙的村莊，他略通文墨，曾在中藥鋪充當學徒，但不久即遭解僱，轉任更夫。林清在父親過世後設法承繼了書吏工作；於是憑恃職權之便，侵占了部分用來修築大運河的工程款項，並將盜用的公帑開了一間茶鋪。林清因賭博而敗光家產，之後他便前往滿洲；還一度在滿洲做工。林清又南行到繁華富庶的蘇州，投靠寄居此地的姊夫；在蘇州，林清先後擔任糧政官員的隨扈與縣令的小吏。林清又北行，以拉縴往來於大運河的運糧船維生。回到京畿附近的故里之後，開始從事禽鳥買賣。

見過世面的林清加入信仰千禧王國、彌勒佛轉世的祕密宗教白蓮教，並習得一些神祕咒語歌訣。「每日東方發白，朝禮太陽，誦念真經」，林清這樣告訴一個追隨他的客棧小廝。「如此得以消除火、水、兵等災噩；倘遇凶年、天災，更可趁勢開創家業。」[1]而林清用來召喚神靈的八字真經，即是「真空家鄉無生父母」。

地方官吏並未正視這類俗民活動，雖然林清曾於一八〇八年因積極宣揚他的新觀點而遭到杖打，但是大致說來，林清還是能四處宣揚教義。他的信眾漸漸形成，並取得其他派別的領導權。在旁人眼裡，林清是一位適應力強、機靈總明、閱歷豐富，又熟諳醫理與官僚行事的人，所以能贏得數百名村夫，也居然能獲得一些宮中當差的、閹宦、落魄漢軍、包衣奴才對他的信任。林清的外甥後來向官吏供述，「他素日總是勸人入教，口能舌辯，人都說他不過要人的銀錢，說是種福，將來一倍還十倍，就信了他，給他的錢，我也從沒有見他還過。他又向人說，能知吉凶，也沒見什麼應驗。」[2]有些許諾是十分驚人的，供奉林清一百文銅錢，在舉事成功之後，將來就可獲得一百畝的土地（對華北的貧農而言，這是一筆豐厚的田產）作為回報。

林清與其他有勢力的領袖結盟，益發躊躇滿志，開始自稱「未來佛」，亦即「彌勒」，是由「無生老母」派遣降臨人間，於即將到來的「劫」——即宇宙間的生成循環與無數世間的業報——拯救教眾於水火之中。我們從林清信徒所誦念的歌訣可以看出，「反清」色彩越來越濃，「單等北水歸漢帝，天地乾坤只一傳」[3]。及至一八一三年，林清開始籌謀返京行刺嘉慶皇帝。

當時，林清的陰謀已經事跡敗露；地方官員從一位山東的生員，與兩位唯恐兒子涉及不法的父親處獲報。部分信眾被捕，遭到嚴刑逼供，是年夏天，爆發數起零星但劇烈的衝突；一八一三年底，少數林清的信徒進攻紫禁城慘敗。或許是冥冥之中自有定數，林清在「舉事」期間，仍然逗留在故鄉家中，在此被當地的衙役捕獲。嘉慶皇帝對於這位企圖行刺他的無名之徒感到十分好奇，下旨親自審問。林清不願再多作辯解，凌遲處死，首級在河南示眾，意在警告仍在此間生事的林清教眾。

在南方也有誘發社會動盪的潛伏因子，不過其訴求焦點則有所不同。主導的力量是「三合會」，或稱「天地會」，此類祕密會社自有一套歃血誓盟、宗教儀式、兄弟關係。三合會於十八世紀末崛起於臺灣與福建，後在廣東、廣西漸漸坐大。許多三合會早期的幫眾曾是航行海上的舢舨或往來南方縱橫交錯水路的船員，有的則是城鎮裡的貧民。他們經常從事不法，如勒索、搶劫、拐騙，並受在縣城衙門當差會員的保護。迄至一八三〇年代，三合會的堂口吸收不少農民新血；這或許是因為在南方通常是由強勢的宗族組織控制整個村莊，而三合會能為處在貧困邊緣的弱者，形成一種有別於宗族的自保形式與組織。一如白蓮教，女性通常也能入三合會，並得到在其他地方得不到的威望與角色。根據資料，比丈夫先加入三合會的女性，她們的家庭地位可能會凌駕在丈夫之上。有些女性會員則是瞞著丈夫加入。

三合會也高懸反清復明的大纛。他們的反清立場或許因為朝廷無能駕馭廣州的洋人，以及外國軍隊數度占領廣州城而更形激烈。這些壓力又使朝廷難以積極行動，滌蕩潛在於內部的叛亂。由於更危險的叛亂團體雖然通常是聚集在如兩廣交界那種崎嶇不平、鞭長莫及的邊陲地帶，所以地方官員難以協調鎮壓行動。三合會的堂口以及在地方官府中的成員，透過參與地方團練而強化了勢力。林則徐在廣州曾鼓勵組織這種地方兵勇團練以對抗英國，而明末的地方士紳也曾以同樣的方法護衛鄉里，免受流民或清軍的侵擾。廣州的團練成了由鄉紳領袖、地痞流氓、志願農民、武術派別的成員，或行業團體成員的複雜混合。一八四一年五月，這支混成武力在廣州城外的三元里遭逢英國的巡邏隊。這群拿著矛、鋤與少數槍械的義勇殺了一名英國士兵，並傷及十五名士兵，迫使英軍撤退。中國人將這次事件視為是團結力量抵抗外侮的一種象徵。

道光帝在一八四八年間達到高潮的廣州仇英事件時曾說：「惟疆寄重在安民，民心不失，則外侮可弭。」[4]問題是，一旦百姓掀起的暴亂席捲而來，「安民」對於朝廷而言，就會變成一場危機四伏的賭局。

太平天國

一八四〇年代在廣西東部貧瘠的農村，醞釀出中國有史以來最為嚴重、歷時最久的叛亂。激盪出這場叛亂的社會與經濟發展趨勢前已述及，但有一人的生活歷練與心智狀態賦予這場運動特殊的形貌。這人就是洪秀全，他費盡心力，以期打入士紳階級的最底層。一八一四年，洪秀全生於廣東一處困苦的農家，在家裡五名小孩中排行第四。他的雙親是自華中往南遷徙的客家人，他們胼手胝足，讓洪秀全接受教育，期盼他能功成名就。洪秀全雖通過初試，取得參加「生員」*學品考試（即童試）的資格，但在一八三〇年代初，洪秀全兩度落榜；設若取得「生員」品第，便有權服學袍，免除肉體刑罰，以及從政府取得廩糧銀。

對於任何一個有志仕途的學子而言，落第乃是奇恥大辱，但對洪秀全卻更是如此。面對如此挫折，他僅能藉由遊歷廣州撫平胸中的鬱悶。一八三六年，洪秀全再次踏入考場之際，遇上了一位新教傳教士，並半推半就地收了一本節錄翻譯自《聖經》的小冊子，題名為《勸世良言》。此一事件之所以可能，以及這些小冊子之所以存在，全是一連串嶄新歷史局面所致，而這些局面也將使洪秀全的起義與先前的動亂大為不同。英美為主的新教傳教士自十八世紀初，便馬不停蹄地將《聖經》譯入中文，並且印製無數份譯本，在沿海地區及內陸四處發放。另外西方傳教士也與華人信徒攜手合作，將基督教教義簡化濃縮為《勸世良言》等小本冊子，並因而接觸到了更為廣大的群眾。

洪秀全既未仔細研讀這本小冊子，也未將之丟棄，他似乎只是約略瀏覽，嗣後便擱置家中。起初，洪秀全並未將這本小冊子的內容與他在一八三七年三度落第之後的一連串異夢、異象聯想在一起。在這些奇異的情景中，洪秀全曾和授予他寶劍、鬚髯金黃的老人，以及教他如何斬殺邪魔、洪稱之為長兄的人談話。就在經歷過這些異象之後的六年內，洪秀全充任村莊塾師，並準備科考。然而第四度參加「生員」學品科考又落榜後，洪秀全翻開這本基督教的小冊子整個讀過。洪秀全霎時恍如大夢初醒，六年前他在異象中目睹的那

* 譯注：生員是士紳階緩中最低一級的學品，即每個州、縣學或府學經考試錄取的固定數額學生，可參加鄉試，入選則為「舉人」，後參加會試，入選則為「進士」。而要取得生員資格，必須先經過「州縣試」、「府試」、「院試」。見張仲禮（Chung-li Chang）著，李建榮譯，《中國紳士：關於其在十九世紀中國社會中作用的研究》（上海：上海社會科學院出版社，一九九一年）。

兩個人，必定是這本冊子所提及的上帝與耶穌，因此，洪秀全自己也必是上帝之子，耶穌基督之弟。

洪秀全猶如三十年前的林清，也能憑恃領導魅力與虔誠信仰，讓人相信他的精神力量。但洪秀全不似林清，並非透過地方宗教網絡來祕密行動，而是公開宣教，為信徒施洗，搗毀孔子與祖先牌位。

洪秀全的行徑雖引發地方人士的義憤，他也因而暫時逃往廣西，但並未驚動官府，所以得以繼續傳教。洪秀全於一八四七年返回廣州，並師從美國南方浸信會的傳教士羅孝全（Isaacher Roberts）研讀《聖經》，此時《聖經》業已大致迻譯成中文。是年稍後，洪秀全離開廣州，加入密友、早期的信徒之一*在廣西東部的紫荊山中所組織的「拜上帝會」。

洪秀全熱切的言辭吸引了一批忠誠的信徒。在洪秀全的幕僚中，住在紫荊山、目不識丁、孤苦無依、以燒炭過活的楊秀清天生善於謀略；十九歲的石達開出身當地富裕的地主世家。石達開說服家人追隨洪秀全，並捐了十萬銀兩。信眾還有一批擅長爆破、挖地道的當地礦工，他們在廣西東部山區匯聚，後來專門攻城破牆。除了礦工之外，很多追隨者各有所長：典當商（經營財貨買賣）、朝廷胥吏（建構官僚組織）、前官軍或地方團練，以及至少兩名著名的女匪酋與幾股河域上的船匪。

迄至一八五〇年，洪秀全的新舊信眾已逾兩萬人，待宗教運動組織已成，便開始訓練兵丁，製造武器，綜整軍事組織；通過嚴格的訓育以革絕腐化、邪淫、吸食鴉片的陋習，行基督教的禮儀，男子不薙髮垂辮，改蓄長髮**，依母親、妻子、女兒等身分編入由女官負責的姊妹館。透過這種種措施，拜上帝會的地位終非地方匪幫所能相比，並成了朝廷的眼中釘。一八五〇年十二月，朝廷派遣前去敉平紫荊山洪秀全的官軍遭到重挫，領軍的滿洲將領被殺。一八五一年一月，洪秀全聚集拜上帝會的教眾，宣布成立「太平天國」，自任「天王」。在朝廷增調兵力的追剿下，太平天國被迫撤離紫荊山，轉戰於兩廣交界，直到一八五一年秋天，洪秀全迂迴北行，占領永安，並取得大批銀兩、糧食，同時吸收新的信徒，太平天國教眾劇增至六萬人以上。

太平軍於一八五二年春天再次向前推進，轉而進攻廣西首府桂林，最後雖未能攻克，但由客家女性新編成的隊伍卻展現出足堪表率的勇氣，動績卓著。（客家女性為了在山間辛勤農耕，所以不似中國其他女性綁小腳。）是年夏天，太平軍向湖南挺進，圍攻長沙，與官軍周旋兩個月而不下。太平天國為了贏得民心歸向，在此地頒發的檄文措詞更為激烈：「中國尚得為有人乎？自滿洲流毒中國，虐燄燔蒼穹，淫毒穢宸極，腥風播於四海，妖氣慘於五

* 譯注：馮雲山。

** 譯注：故俗稱太平天國為「長毛」。

胡，而中國之人，反低首下心，甘為臣僕。」[5]

一八五二年十二月，太平軍突破了僵持不下的戰局，幾乎兵不血刃就進入洞庭湖東岸的岳州城。岳州財帛富饒不似過去太平天國轉戰的那些貧瘠地區，所以太平軍搜括了大批的戰利品、五千艘船隻，以及堆積如山的軍械火藥。（其中部分槍械是兩個世紀前，三藩之亂敗北之後，吳三桂遺留此地的，當時仍堪使用。）此後，一連串難以置信的戰果接踵而至：是年十二月攻克漢口，一八五三年一月攻陷武昌，這些戰果使太平軍取得更為大型的船艦，並從府軍掠奪了一百六十萬兩白銀。一八五三年二月，太平軍在幾無抵抗的情形下攻克安慶，又在此地搜刮三十萬兩白銀、一百門大砲與大批糧秣。三月，太平軍進逼僅有微薄兵力駐防的重鎮南京城，埋設炸藥炸毀城牆，砲轟城中心，由假扮成僧侶、道士的太平軍滲透城內，最後，終於攻占了南京。

南京城內的滿人約有四萬人，其中五千人是兵丁，太平軍入城後，滿人兵丁即撤退至內城，在太平軍一波又一波的攻勢下失守。在戰爭中倖存的滿人，無論男女老幼，悉數遭到焚燒、刺戮、溺斃。這是洪秀全展現掃蕩滿妖決心的方法。三月底，洪秀全頭戴皇冠，身穿龍袍，由十六人金黃大轎簇擁入南京城，進駐在前明皇殿中。

太平天國「天朝」以南京為大本營，在天王洪秀全統治下，歷時十一載（自一八五三至一八六四年）。無論在理論上或實際上，太平天國所施行的政策都是十分激進的，蘊含了濃烈的禁欲主義色彩，嚴格要求男女分館，嚴禁吸食鴉片、賣淫、舞蹈、飲酒。財富全部歸於國庫，理論上為全民所有，既然太平天國在行軍途中和在南京城，總計沒入逾一千八百萬兩白銀，似乎保證了天朝的繁榮。考試制度上，改以《聖經》的中文本，以及洪秀全闡釋宗教啟示的著作及其文學作品為依憑，開科取士。女性則依居住地與行政單位組織起來，得以為官，科舉中並特別為女性開設「女科」。

太平天國的政策以土地法最引人矚目。整合地方兵丁甄補制度的「天朝田畝制度」或許是中國歷來人力組織最富烏托邦色彩、最全面性、威權的制度設計。所有的土地按家庭人口數，平均分配給太平天國與其支持者的家庭，男女的土地所得均等。除了維持家庭生計的必需品之外，每一戶必須把生產所得盡歸國庫共有。[6]

雖然擁有軍事和意識形態上的狂熱及完美統治的烏托邦夢想，太平天國終究無法推翻滿清，反倒遭其殲滅蕩平。何以在如此富烏托邦色彩的國號下，以迅雷之勢席捲中華的太平天國，最後竟落得一敗塗地？

太平天國的敗因之一是集體領導制度。源自創教之初的兄弟情誼，洪秀全分封太平天國幾位重要信徒為「王」，在洪的指導下共同治理太平天國。但其中兩位才幹出眾的領導人*，死於一八五二年的戰役中，其他功勳彪炳的功臣，特別是在紫荊山時代就追隨洪秀全的東王

* 譯注：南王馮雲山與西王蕭朝貴。

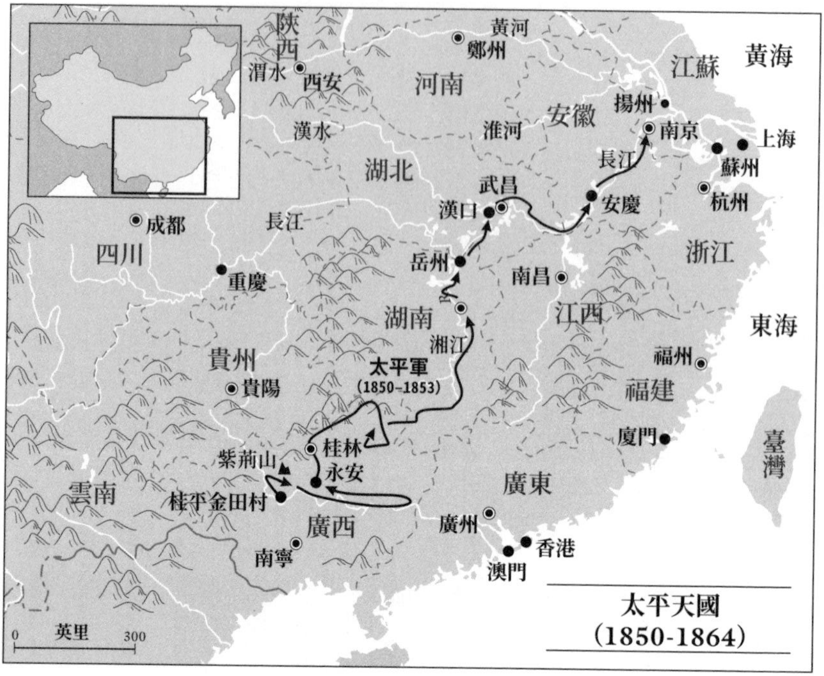

楊秀清、翼王石達開又失去對他的信任。

在洪秀全的授意下，僭取大權的楊秀清於一八五六年一場慘暴的宮廷陰謀中遭暗殺；而不負眾人當初期望，成為太平天國最偉大將領的石達開，則在母親、妻子同遭政敵殺害後出走南京，而後企圖在四川建立獨立政權，但一八六三年中官軍埋伏，歿於四川。

傑出的輔弼之士一一翦除後，重掌實權的洪秀全卻又猶豫畏縮。他的作為處處顯現出致命的無能與欠缺明確的目標。當年攻陷武昌後，洪秀全錯失揮師北上直搗京城的良機；占領南京後，洪秀全亦未趁勢傳播太平天國的創新體制。如今，他沉溺於官能逸樂與神祕主義的宮廷世界中，身旁妻妾成群，《聖經》中從〈創世紀〉到〈路加福音〉，處處都有他的天啟與「天職」。洪秀全未能利用反清聖戰中攸關黎民百姓的潛在議題，也浪擲了他虔誠宗教領袖的名聲。

洪秀全無法訴諸反清情緒正是太平天國陷入孤立無援的徵兆，縱使當權於南京時亦復如此。倘若太平天國政權能維持南京的繁榮，而洪秀全又能在此獲得民心，而締造穩固根基，太平天國或許還不至於灰飛煙滅。但南京城的漢人，發現太平天國占領者（多數為客家人）奇特的裝扮與口音，大腳的女人，怪異的程度不下於洋人與滿人。南京城民怨恨太平天國斷絕了往昔的經濟生活，因為天朝企圖設立天庫並管制市場，依據性別、職業讓百姓分館而居，甚至意欲施行嚴格規範人民行為模式的法典。緬懷昔日清朝的統治，或充當朝廷細作，或變節投靠官府，均是消極抵制太平天國政權的慣見方法。[7] 相形之下，清兵入關初期，多爾袞所採取的彈性政策較能為尋常百姓接納。

在南京之外，太平天國的農村政策同樣宣告失敗，對信徒而言，財富共享與土地均分的夢想仍未實現。即使在太平天國經年統治下的江蘇、安徽、浙江等地，以及間歇控制的北方與西部，他們缺乏足夠的決心與人事推動激進的土地改革，農民最後還是得照舊交糧納稅。維持大軍需要時時補給糧秣，所以太平天國經常派出搜索小隊在幾百哩內的農村去搜括。後勤補給的需要，以及經常與官軍——他們也需要糧草——作戰的耗費，導致中國最富庶的區域一度淪為荒漠。

太平天國同樣無法取得西方人的認同。西方人（特別是傳教士）起初對基督教革命勢力許諾社會改革，挫敗垂死執拗的滿人的前景感到雀躍不已。但傳教士漸漸發現，洪秀全對基督教教義的詮釋悖逆正統，而貿易商則恐懼太平天國會強力查禁鴉片。最後，西方強權決意支持滿清，以免太平天國奪取上海，損及自身貿易利益。自一八五三年迄一八五五年初，隨著三合會祕密會社的成員控制了上海的華人地區，太平軍攻克上海似乎易如反掌。然而，當太平天國的叛亂已至強弩之末時，在蒸汽動力、吃水淺的砲艦護衛下，一支外國傭兵與清軍並肩作戰，一同對抗太平天國。這支名為「常勝軍」的傭兵，是由來自美國麻薩諸塞州的冒險家華爾（Frederick Townsend Ward）領軍，華爾死後，遺缺由信仰虔誠的英國砲科軍官「中國的戈登」（Charles "Chinese" Gordon）接任。

清朝政權得以存續的另一項因素，是有一批忠心耿耿、不屈不撓的漢族高官在滿洲八旗不敵太平軍時，起而對抗太平天國。這批接受儒學教育的文士警覺到太平天國威脅了他們世世代代以來的故鄉，痛心太平天國依恃基督教攻訐傳統的價值體系。其中又以湘籍要員曾國藩最為重要；一八五二年，曾國藩因丁憂回籍，而率先興辦團練護衛鄉梓。曾國藩與兄弟協力統合地方士紳業已動員的強悍農民鄉勇，造就一支訓練有素的部隊。由於湖南八旗駐軍戰力低落，當地官員又駑鈍蒙昧，無法維繫地方團練，所以曾國藩的兵勇成為官軍以外的重要防禦力量。以湘江為名的「湘軍」成為太平天國的死敵之一，並在清政府克復南京城的過程中扮演關鍵角色。

太平天國政權的致命僵化在試圖大膽改革與「西化」統治模式而告失敗便可看得很清楚。這項大膽創新係出自洪秀全族弟洪仁玕之手，他曾在廣州與傳教士一同研習，是拜上帝會的創始信徒之一。太平天國叛亂之初，洪仁玕寄居香港，因而熟諳港英殖民政府的運作模式。一八五九年，洪仁玕喬裝成大夫，循陸路趕赴南京，受到天王熱烈的歡迎，拔擢為「丞相」。洪仁玕草擬〈資政新篇〉，於一八五九年底上呈天王。洪仁玕計畫在太平天國轄下建立法制架構，興辦銀行，籌建高速道路，造火輪車、汽船，開設郵亭、新聞館；禁革占卜、殺嬰陋習。除了開設新聞館以流通訊息之議被洪秀全批示「此策現不可行，恐招妖魔乘機反間，俟殺絕殘妖後，行未遲也」外，其餘洪秀全的批語都是「此策是也」。[8]但太平天國始終未採取具體步驟來施行上述改革。洪仁玕擘畫奪取長江上游的大戰略終告失敗，他下令大舉反擊蘇州、杭州的行動也被官軍擊退，太平天國已失民心。

誠如曾國藩上奏所誇言，「今則民聞賊至，痛憾椎心。男婦逃避，煙火斷絕。耕者無顆粒之收，相率廢業。賊行無民之境，猶魚行無水之地。」但一八六四年七月，洪秀全歿後——其究係自殺或病故並不清楚——官軍直搗南京，曾國藩在奏摺中的語氣不無畏懼：「此次金陵城破，十餘萬賊，無一降者，至聚眾自焚而不悔，實為古今罕見之劇寇。」[9]

西方壓力

無論是委由洋人職掌「上海稅務司」徵收關稅，或讓洋軍官率領「常勝軍」直接參戰，西方人於一八六〇年代初所提供的援助是滿清消滅太平天國的重要因素之一。西方人之所以願意伸出援手，關鍵還是基於國際事務的考量，而英國再次在其中扮演要角。英國對《南京條約》的結果感到失望，對清廷的冥頑不化感到不耐，所以當滿清受到太平天國擴張的威脅時，英國的回應是作壁上觀。還決意依約而援引「最惠國待遇」的條款，要求比照一八四四年的中美條約，每十二年酌審條約內容。於是英國政府在一八五四年強力訴請中國重新協商一八四二年的《南京條約》。

英國外相已經預知此一要求看似有理，但實則不然。他致函香港總督提及：「中國當局可能藉口反對，表示此刻局勢不宜著手進行此項工作。」[10]不過他還是建議向清廷提出一系列相當可觀的要求：包括允許英國人進入中國內地，否則開放的區域應擴及浙江全省沿海、長江下游至南京等地區；鴉片貿易的合法化；取消外國進口商品的內陸過境稅；鎮壓海盜；管制中國勞工的移民；英國大使駐節北京；修約後條文若有疑義，解釋應以英國而非中國版本為準。

英國因涉入「克里米亞戰爭」（Crimean War）而與俄國兵戎相向，為求謹慎，聯合美、法兩國共同向抗拒修約的清廷施壓。英國藉口清廷非法搜查已在香港註冊的船隻「亞羅號」（*Arrow*），而於一八五六年底興兵啟釁，意欲再次對廣州採取軍事行動。但英國的軍事行動因印度爆發激烈叛亂，加之興兵東亞的主張不為一般英國人民接受，而有所拖延，遲至一八五七年十二月才占據廣州，並將素懷仇外敵意的兩廣總督葉名琛送至加爾各答扣押。英軍幾循一八四〇年的路線北航，一八五八年五月，英軍攻占戰略要衝大沽砲臺，天津岌岌可危。六月，因為此時京師門戶大開，英國隨時可揮軍進京，清廷不得不同意簽署新約。基於最惠國待遇原則，英國獲得的好處與其他強權一體均霑。

一八五八年的《天津條約》條件極其嚴苛。英國大使與隨從眷屬、官員得駐在京師，依其意租賃房屋。基督教公開傳教受到保護。准英國人民持照前往中國內地各處遊歷，在通商口岸百里內行動，則毋須請照。俟肅清長江上下游賊匪後，英商船隻可溯流至漢口各地通商，長江流域另開放四個新的條約口岸*。

《天津條約》也規定外國進口貨物的內地過境稅降至百分之二點五。秤碼、丈尺悉依粵海關部頒發定式。官式文書往來俱用英文。各式公文論及英國官民不得用「夷」字。英國船隻因追捕海盜得自由進入中國任何港口。在一紙有關各項商務協議的附約載明：「洋藥**准其進口，議定每百觔納稅銀參拾兩（約一百三十磅），惟該商止准在口銷賣，一經離口，即屬中國貨物；衹准華商運入內地，外國商人不得護送。」此一條款實已牴觸嚴禁鴉片買賣與

* 譯注：漢口、九江、南京、鎮江。除此之外，再立即開放六口岸：一在滿洲（牛莊）、一在山東（登州）、二在臺灣（淡水、臺南府）、一在廣東（汕頭），海南島有一（瓊州）。

** 譯注：鴉片。

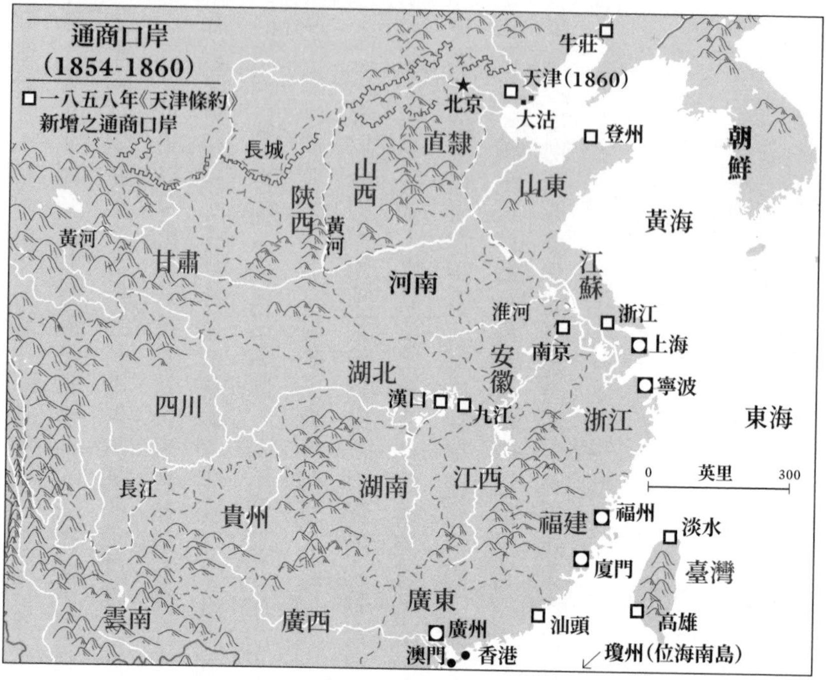

吸食的律例。英軍得償夙願後，旋即退出天津，將大沽歸還清廷。

英國原本期望中國束手就擒，但中國不肯，也無意遵守允許外國使節進駐京師的條款。一八五九年六月，英軍為了強制履行新約，再次攻擊已強化守備的大沽要塞。經過一番激戰，美國司令官塔特諾（Josiah Tattnall）還違背美國政府中立原則的宣稱，高喊「血濃於水」[11]而援助負傷的英國海軍司令官何伯（James Hope），但英軍還是被逐退了。大沽一役遭到挫敗後，英國在一八六〇年派遣一組談判代表循不同的路線抵達北京，但卻遭清廷扣押，若干代表被處決。英國首席談判代表額爾金勛爵（Lord

Elgin）決意狠狠教訓滿清政府一次，於是下令軍隊向北京挺進。一八六〇年十月十八日，英軍奉額爾金之命，火燒圓明園——這座位於北京美輪美奐的避暑行宮，是為了取悅乾隆而依耶穌會建築師的藍圖建造的。英軍不攻擊紫禁城，主要原因是顧及若遭摧毀皇城，則天朝受此恥辱恐難逃崩潰。

咸豐倉皇出走熱河，授命皇弟恭親王收拾殘局。談判已無迴旋的餘地，就在圓明園化為灰燼之日，恭親王再次確認一八五八年的條約條款。另在《續增條約》*中，皇帝聲明，對於與英女皇的換約代表發生嫌隙一事表示「甚為惋惜」，更應允八百萬兩的賠款，允許華民上英國船隻（此條款的立意主要係便於華工出口），開放天津為通商口岸，割讓粵東九龍司一地歸英屬香港。自此之後，「條約制度」才真正得以落實。

捻亂

一般把捻亂爆發的時間定在一八五一年，即太平天國正式宣布成立的同一年，但究其濫觴實可追溯至一七九〇年代流竄於淮河以北的盜匪，特別是在山東西南、江蘇西北、河南東中部與安徽北部的數省交界地帶。「捻」這個字在中國亦眾說紛紜、莫衷一是，或因他們有

* 譯注：通稱《北京條約》。

時候會採用的軍事偽裝而得名，或指在夜晚搶劫民宅時捲紙作為照明的火把，或者僅指賊匪飄忽不定的作亂形態。

捻匪不似太平天國，並沒有旗幟鮮明的宗教淵源、政治立場、戰略目標，或統一的領導。但在十九世紀的前半葉，捻匪的數量或勢力均日益坐大。若干捻軍與白蓮教團體、「八卦教」教眾或三合會彼此掛勾，有的則是與靠販運私鹽營生的鹽梟互通一氣。不過捻匪大都是貧農出身，他們在土壤貧瘠、寒風刺骨，以及因水利系統年久失修而導致洪澇頻仍的惡劣環境中苟活。當地普遍殺女嬰的風氣使得性別比例嚴重不均；捻匪之中，約百分之二十的人無法成家，致使他們無以寄託、行蹤不定，不論何時，均得以嘯聚結黨，流竄各地。地方鄉里雖然透過成立鄉勇，構築城牆，編組巡邏等方式護衛桑梓，但捻匪依然能襲擊鄰近村莊，掠奪農作物、搶劫鹽商的運輸船隻、綁架富裕地主，甚至劫獄以救同夥。

一八五一年後，江蘇以北爆發嚴重洪災，使原本的艱困生活雪上加霜，依附捻軍的百姓大增，其勢力急遽成長，被朝廷視之為叛亂。一八五五年，太平天國占據南京兩年後，黃河水位暴漲，沖垮開封一帶的主要河堤，造成黃河改道，轉向山東半島北岸灣口出海；隨之而來的災難讓捻匪的聲勢坐大。此時，捻匪的組織形態也更趨緊密：一八五二年，十八股捻軍的首領公開推舉皖北大地主、販賣私鹽為生的張樂行為共主。一八五六年，張樂行被公推為「盟主」，建號「大漢明命王」。捻匪畫分為五大「旗」，分別以不同的顏色命名，而每一旗則是由各鄉里間同姓的叛亂者組成。

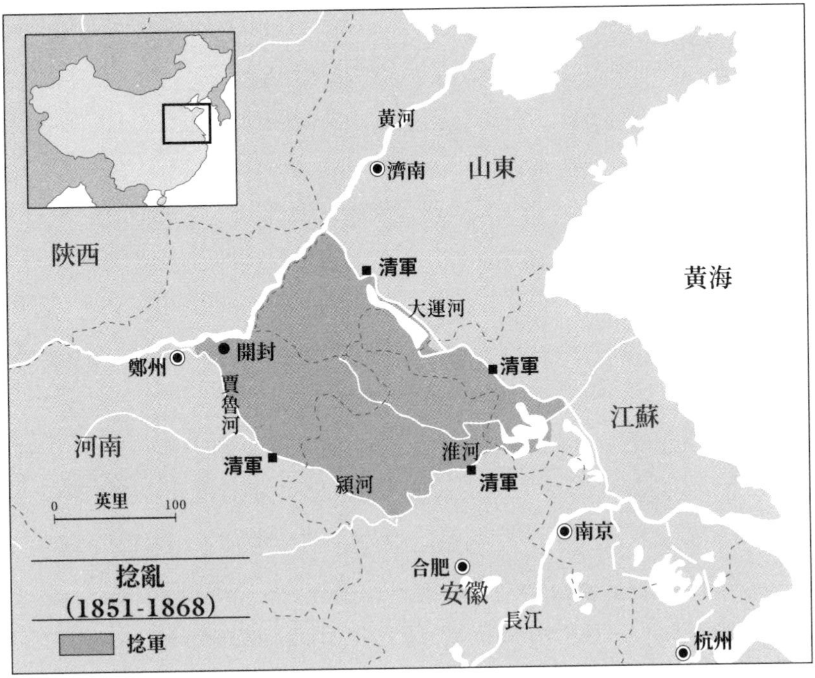

捻軍中能打仗的可能只有三萬到五萬不等，但他們造成的影響卻與人數不成比例。捻軍中有許多人是騎兵，又擁有槍械，所以得以切斷京師和包圍南京城的官軍之間的聯繫。在淮河以北，捻軍構築厚城，挖掘深壕，並配備大砲防守，建立許多根據地，使他們的軍隊在蹂躪村莊後得以撤退至安全地帶。此外，也有其他村莊市鎮自行構築防禦工事，以逐退叛亂團體，故在淮河以北，各式鄉勇縱橫交錯。擁有防禦工事的村莊會與鄰近的捻軍城寨訂立「和平條約」，約定互不侵犯。有時，還會支付銀兩或鴉片權充「保護費」。

雖然張樂行後遭僧格林沁凌遲

處死，但其他捻匪酋首很快就取代張樂行的地位。他們成功發展出一套游擊戰略，得以自官軍的攻擊中全身而退，官軍最後兵疲馬困，並受制於地形而逐漸割裂為小單位。此時，重新整軍的捻匪就能以帶矛步兵、攜劍騎兵的優勢兵力打擊官軍。捻軍經常採取嚴酷的堅壁清野戰略，把官軍誘入寸草不生、住屋船舶盡毀、水井已用石頭封死的地方。一八六五年，捻軍正是利用這種作戰策略，誘使僧格林沁的軍隊在江蘇、河南與山東三省之間疲於奔命，最後僧格林沁誤中埋伏被殺，所部也大多遭殲滅，捻匪奪取逾五千匹的戰馬。

朝廷為因應變局，隨即召喚剛贏得南京大捷的曾國藩，命其督師剿捻。除非曾國藩能籌謀周詳，在江蘇、安徽、河南與山東四省建構軍事據點，並加強主要河道、運河的防禦工事以運送糧秣，否則無法徹底剿滅捻匪。此計畫還需挖掘運河、溝渠，以阻擾捻軍的騎兵活動，並以籠絡政策與甄選新的村長等手段，有系統地爭取各方村民作為後盾。不過此一戰略部署未竟全功，因為四省巡撫無法通力合作，加之南京城收復後，曾國藩即解散不少湘軍精銳之師。故曾國藩在剿捻時就只能倚重同僚李鴻章麾下的軍隊，此時李已位兩江總督要津。李鴻章能穩定供給曾國藩所需的軍餉，而曾的兵勇大都徵募自安徽，以流經皖北的河流為名的「淮軍」，但這支軍隊卻未能完全聽命於曾國藩。於是朝廷將兩人職務對調，由李鴻章出任剿捻統帥，曾國藩轉任兩江總督。

這次職務對調凸顯了權柄流入地方團練將帥手中後，形成的政治新格局的複雜性。李鴻章將政治生涯平步青雲歸於曾國藩的提攜，因其年輕時擔任過曾國藩的幕僚。李、曾兩人的政治生涯不僅錯綜糾結，還各自指揮一支軍隊。李鴻章在剿捻之初也曾遇到類似僧格林沁或曾國藩所經歷過的逆境。捻軍總是有辦法突破封鎖線逃逸，甚至還往西北流竄，遠抵陝西，而進到西安、延安。誠如李鴻章的敘述：「賊蹤飄忽，我軍與為躡逐。」[12]然而漸進、穩健的消耗戰，導致分裂的捻匪於一八六八年全面潰敗。按中國人的標準，淮軍的餉銀十分優渥，且忠於李鴻章及麾下諸將的指揮。他們使用購自洋人的來福槍與西式大砲，在北方水域開始部署砲艇。另外有外國武裝戰艦——其中有兩艘戰艦名為「孔夫子號」（*Confucius*）、「柏拉圖號」（*Plato*）——在山東沿海往來巡邏，防範捻匪逸逃，威脅到因《天津條約》、《北京條約》條款而蓬勃發展的貿易活動。

一八六八年八月，官軍在山東歷經一番激戰終於戰勝，盡屠被圍困的捻軍殘部，清廷前往太廟、武廟祭天。李鴻章受到清廷的不次拔擢，加封太子太保銜。曾國藩在收復南京城後加官晉爵，而李鴻章的穩固仕途也是建立在敉平叛亂的功勳之上。曾國藩歿故於一八七二年，生前他並沒有多少時日享受崇榮的地位，但李鴻章卻配享高壽。往後三十載，李鴻章儼然是中國權傾一時的宰輔。

回亂

自唐代（西元六一八年至九〇七年）以降，已有穆斯林（Muslims）定居中國，有些是從中亞至中土經商，最後在甘肅、陝西落腳；另有阿拉伯的貿易商經常往來於福建、廣東等東南沿海城鎮。及至晚明時期，許多穆斯林與中國人通婚，使中國穆斯林（即所謂「回部」）聚落數目大增，帶給地方行政管理極大的困擾。耶穌會傳教士利瑪竇曾記錄十七世紀初寄居中國的回民人數。乾隆一朝，回民掀起數次暴動；十九世紀初，由浩罕汗發起的聖戰（jihad）使滿清治下的喀什噶爾、葉爾羌邊疆地區常常動盪不安。受到捻亂波及的華北農業地帶，尚有可觀的回民聚落分布其中，人數甚至可能超過一百萬：在河南、安徽可看到人聲鼎沸的清真寺，回民有專屬的私鹽販賣管道。倘若發生涉及漢回衝突的案件，法律判決通常較偏袒漢人，宗教暴動與漢回反目等事件屢見不鮮。

除甘肅、陝西外，中國本土的回民大抵集中在西南地區，特別是雲南一省。回人移居此地的歷史可追溯至十三世紀蒙古征服中國時，而他們與其他各族移民的齟齬始終時有所聞。在太平天國逐漸強化南京的統治，捻軍開始串聯之際，雲南在一八五五年也出現第三股反清的叛亂團體。暴動的肇因是朝廷強加在雲南回民身上的土地重稅與各項苛捐雜稅，加之雲南的財源——金礦、銀礦又發生礦權糾紛，致使回民的處境更為艱困。漢人本身礦產已枯竭，意圖驅逐回民強占礦區。暴動與騷亂導致漢人大規模攻擊回民，回民反擊，占據滇西重鎮大理，圍攻滇省首府昆明。一八六三年，回民叛軍一度占領昆明，旋即被清軍奪回。不過，回民叛軍首酋杜文秀在大理自稱「蘇雷曼蘇丹」（Sultan Suleiman），建國號為「平南國」，這個名稱實仿自太平天國。

雲南當地的官員昏聵無能，同時又囿於地形，不易興兵征討，尤其是苗族、宗教教派及

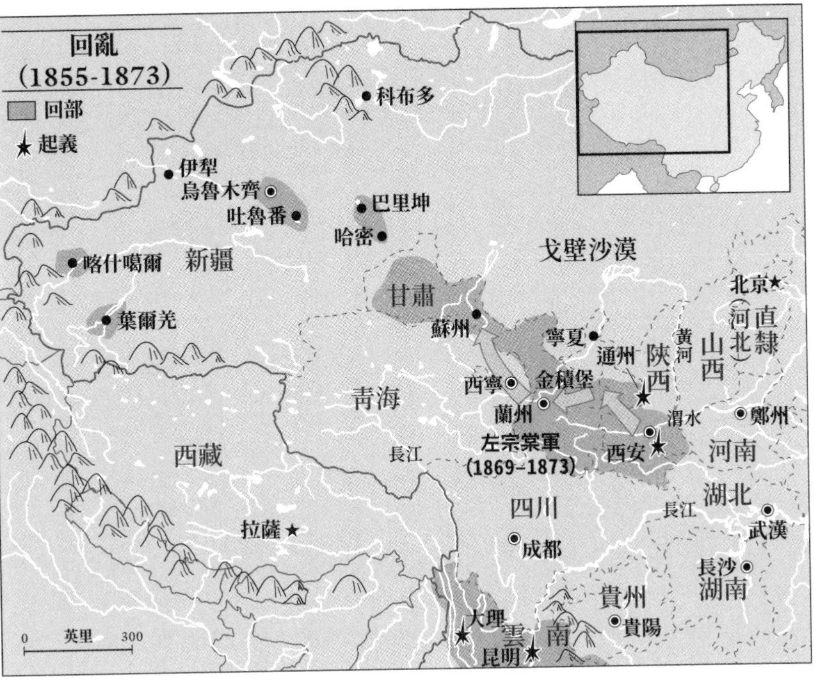

回民勢力擴展至雲南、四川、貴州三省交界的山區地帶後，更是難以剿滅。朝廷以離間回民勢力，獎賞回民變節者，組織地方防禦力量，並倚重幹練的巡撫經略地方，加緊壓迫回民叛軍。一八七三年，大理在激戰後陷落，杜文秀自殺未遂，後被清軍捕獲、處決。

因為地形限制和距離遙遠，雲南回民難與陝、甘爆發的另一股回亂互通聲氣。這次回變始於一八六二年，是受到太平天國將領的慫恿，以牽制官軍，解南京之危，而捻軍亦於一八六〇年代中葉流竄至此，尋求同盟。甘肅境內與陝西南方有可觀的回民人口，其中多數信奉自中亞神祕教派蘇菲教

（Sufism）的「新教義」（New Teachings）。一七八一到一七八三年間的一連串回民暴動，促使清廷嚴格禁止新教的活動，不過清廷的禁令只是徒增民怨而已。

一八六二年西北回亂似乎源於地方上的漢回種族衝突，而非特殊的教派或以反清為訴求。原本就已不穩定的局勢復因太平軍的劫掠而益形惡化。當地民眾仿效東部、北方的因應之道，紛紛組織團練鄉勇捍衛家園，以抵抗太平軍的威脅；如此一來，回族與漢人各自建立團練。由於大部分八旗兵丁被抽調去追剿太平軍與捻軍，加之地方綠營本身即是回人充任，清廷在此地的統治權威十分薄弱，只能聽任局勢持續惡化。暴動起因於一件小意外——一群回民與一名漢族商人因竹竿價格爭吵，最後導致鬥毆，漢人群集，在士紳率領下，沿著渭水攻擊、燒毀回民村落，殺害無辜的回人。回民則是群起攜械向漢人（以及拒絕攜帶武器的同一教派教眾）發動報復攻擊，六月底，回民圍攻陝南最繁榮的兩座城市——潼州與西安。

主要駐守寧夏、蘭州的八旗駐軍，因為兵力薄弱而無力敉平叛亂，朝廷唯一能寄望的是，成功離間瓦解回民貴族勢力。從一名滿人要員的奏章看來，回人深恐會遭到滅種的疑慮並非沒有依據：「回民凶悍者固多，安分者亦不少，若一概主剿，則是絕其向善之路，將使良善者亦皆變而為賊，誅不勝誅。」但問題涉及的層面十分複雜，這位要員繼續說道，由於在甘肅「各處城關均有回民，各營弁兵更多，回教設成燎原之勢，其患何可勝言」。結果，在一八六三至一八六四年間，雖然朝廷對地方官員僅建議「暫示牢籠，隨時防其中變」[13]，但雙方卻歷經了談判、對決、欺騙、詐降與報復等一連串天昏地暗的過程。到了一八六六年，火藥匱乏，米價飆漲，小麥價格數倍於往日。燃料奇缺，馬匹因糧秣不足而暴斃，兵勇只能以麵粉加水煮湯果腹，百姓無米可炊，不是餓死就是自盡身亡。

朝廷陷於絕望之際，轉而任用過去因為平定太平天國之亂崛起的儒將左宗棠。左宗棠與曾國藩一樣，生於湖南、長於湖南。一八三〇年，左宗棠十八歲，父歿，之後師從清朝大員、經世治國的良才賀長齡；左雖然治學勤勉，但一八三〇年代參加進士考試三次皆落第，從此就斷了參加科考的念頭。左宗棠後來轉而從事塾師教職，投身西疆地理與歷史的鑽研，並自修農務經驗，特別在茶、絲農產品方面取得豐碩成果。太平天國作亂期間，左宗棠即展現出傑出的軍事才能，轉戰於湖南（左於此仿效曾國藩組織湘軍的做法，徵募、訓練、武裝五千名兵丁）以及安徽、浙江與福建。

左宗棠實事求是，耐心經營這曾使前人受挫的西北回疆問題。他受益於自己過去對西域地區所做的研究，以及昔日與林則徐的一席話，當時林則徐正從鴉片戰爭後流放伊犁的罪責中獲得免刑而於返回中土的途中。除了本身帶兵殺敵的經驗與農業實驗之外，對左宗棠最有裨益的還是和曾任林則徐幕僚且長期居住在陝西的一名儒生的長談與書信往還。這位儒生告訴左宗棠：「明公上奏，先與朝廷約，勿求速效，勿遽促戰，必食足兵精始可進討，請以三年為度。……至他日進兵，視彼中尤驍黠者，誅翦之，餘不能盡誅，俟其畏服。」[14]

從左宗棠後來的部署可以看出，他把馬化龍視為必先打擊的首酋，進而嚴密監控其一舉一動。當時馬化龍已在金積堡建立固若金湯的據點，其周圍有縱橫交錯的壕溝，以及逾五百座堡壘的拱衛。馬化龍被奉為「新教」宗教領袖的代表人物，許多信眾相信他是「聖靈」的化身，有先知穆罕默德般的力量。縱使左宗棠兵力充足，但還是耗費了十六個月才攻下金積堡，並折損了一員大將。最後金積堡內回族守軍僅能以草根、獸皮，甚至袍澤的屍體果腹，馬化龍才於一八七一年三月投降。馬化龍與其家人被凌遲處死；逾八十名「官員」遭斬殺；成千上萬的回族商賈、婦孺被遷往其他城市或流放滿洲北境。回民不得再定居金積堡。

此後，戰爭的勝負已判。左宗棠並說服朝廷將他省稅銀移作其軍餉，向外國商人舉債或向海關借取關稅，藉以充實財源。此外，左宗棠主張採屯田政策，使兵馬所需的糧秣可自給自足。左宗棠的力量循著旅行商隊之貿易路徑向西伸展至蘭州，並在此建造一座軍械庫，栽種農作物以供應軍需。左宗棠不顧朝廷所下即刻用兵的諭令，依然細密籌畫秣馬厲兵，準備給予甘肅西北的肅州最後一擊。一八七三年十一月，左出兵攻打肅州，屠戮守軍，放火焚城。雖有部分回民向西逃往哈密，需要耗費數年予以追剿，不過各省亂事至此大致底定。自一八五〇年以降，除條約口岸的地位曖昧不明外，中國全境再次統一在滿清政權之下。

注釋

1 韓書瑞，《中國的千禧年之亂：一八一三年的八卦教起義》（*Millenarian Rebellion in China: The Eight*

Trigrams Uprising of 1813., New Haven: Yale University Press, 1976），頁七二至七七。

2 前揭書，頁八三。

3 前揭書，頁九三。

4 魏斐德，《城大門口的陌生人》（*Strangers at the Gate.*, Berkeley: University of California Press, 1966），頁八九。

5 簡又文（Chien Yu-wen），《太平天國革命運動》（*The Taiping Revolutionary Movement.*, New Haven: Yale University Press, 1973），頁九三至九四。

6 梅谷與張仲禮（Chang Chung-li），《太平天國之亂：歷史與文獻，三卷》（*The Taiping Movement: History and Documents, 3 vols.*, Seattle: University of Washington Press, 1966-1971），卷二，頁三一四。

7 有關太平天國治下南京城的事件與社會態度的分析，轉引自威熱思（John Withers），〈天都：太平天國統治下的南京，一八五三至一八六四年〉（The Heavenly Capital: Nanjing under the Taiping, 1853-1864., Ph. D. diss., Yale University, 1983）。

8 梅谷與張仲禮，前揭書，頁七六七。

9 梅谷與張仲禮，前揭書，卷一，頁一六八、一七四。

10 馬士，《中華帝國的對外關係，卷一》，頁六七一至六七二。

11 前揭書，頁五七九。

12 鄧嗣禹（Teng Ssu-yu），《捻亂與其游擊戰爭，一八五一至一八六八年》（*The Nien Army and Their Guerrilla Warfare, 1851-1868.*, Paris, 1961），頁一六九。

13 朱文長（Chu Wen-diang），《中國西北的回民叛亂，一八六二至一八七八年：管理少數民族政策的研究》（*The Moslem Rebellion In Northwest China, 1862-1878: A Study of Government Minorlyt Policy.*, The

Hague, 1966），頁五七，六九。

14 前揭書，頁九一至九二，引自王柏心的話。

第九章

改革的中興之治

儒士的改革

即便歷經了一波又一波的挑戰，令人詫異的是，清王朝不僅未立即土崩瓦解，甚至還苟延殘喘了整個十九世紀，而延續到一九一二年。清代政治家慣以「中興」一詞來形容此一延續，歷代亦經常為轉危為安、維護帝國道德與社會秩序的時期冠上「中興」一詞。此故，「中興」這一概念既指涉對過去的緬懷，同時也吐露出悲喜交集的情愫：因為歷代的中興即使再富意義，畢竟都無法長久維持下去，過去任何曾經歷經復興的王朝最終都難免覆滅。清王朝的中興之治不似過去，它欠缺強而有力的領導中心。同治年間即為清代的中興之治，但同治於一八六一年登基時年僅五歲，他還來不及施展權力，即於一八七五年崩殂。同治政權雖由儼然攝政王地位的母后慈禧、皇叔恭親王（一八六〇年朝廷倉促逃離京城時，獨留恭親王與洋人斡旋），以及一、兩位有影響力的大學士統攝，然滿清的國祚畢竟還須仰仗鎮壓太平天國之亂、捻亂、回亂有功的各省督撫鼎力襄贊。曾國藩、李鴻章、左宗棠是其中最為顯赫的，還有若干督撫的才幹也相當卓越。這些地方大員時而彼此齊心協力，時而各自勵精圖治，提振經濟，構築新的體制，讓大清國有了目標。在國政形同崩解的背景下，這確實是一項傲人成就。

誠如所見，滿清官員為摧毀反叛政權，動員一切軍事資源，包括八旗與綠營軍、地方士紳組織的團練鄉勇，以及諸如湘軍、淮軍這類半私人性質的區域武裝力量；他們實行屯田政策，建築壕溝、堡壘等防禦工事，有條件用洋人軍官、傭兵，但這些措施不過是同治中興時期政治人物為真正核心任務所譜寫的序曲：他們亟欲重建儒家政治的基本價值。

這種中興態度最重要的代表人物是湘籍儒將曾國藩。一八一一年，曾國藩出生於小康的士紳家庭，潛心修習儒家典籍，而於一八三八年中進士第，入翰林院，很快就精通典章禮儀。曾國藩的薪餉微薄，生活拮据，往往必須向京城內的同鄉富室舉債，才足以支付家用與諸弟的教育經費，一直到他奉派前往四川任鄉試正考官之後，經濟情況才告好轉：一些望子成龍的家庭經常孝敬曾國藩，他才有能力還清債務。

曾國藩克承的是嚴謹而中庸的儒學思想，試圖調和達致儒家真理的三條路徑。其一，堅持道德至上以及經由教育成就個人的倫理價值觀；其二，採行主導清代考證學派的考據方法；其三，服膺像賀長齡這類思想家的經世致用之學，尋求穩固的基礎，得以重建健全、誠實的行政結構。

歷經鴉片戰敗那幾年的研究和反思，曾國藩終於統攝了這幾方面。曾國藩在這些年陷入長考，在他那鉅細靡遺的日記裡，記載了他的閱讀心得與對自己行為舉止的反省。從這段文字可看出，曾國藩的儒學自省功夫是何等坦蕩：

起晏。心浮不能讀書，翻《陳臥子年譜》，涉獵悠忽。飯後，讀《易》「蹇卦」。因心浮，故靜坐，即已昏睡，何不自振刷也！未初，客來，示以時藝，贊嘆語不由中。予此病甚深。孔子之所謂巧令，孟子之所謂餂，其我之謂乎？以為人情好譽，非是不足以悅其心，試思此求悅于人之念，君子乎？女子小人乎？且我誠能言必忠信，不欺人，不妄語，積久人自知之。不贊，人亦不怪。苟有試而譽人，人且引以為重。若日日譽人，人必不重我言矣？欺人自欺，滅忠信，喪廉恥，皆在于此。切戒，切戒！接次客來，申正方散。寫聯二付。燈后，仍讀《易》，心較靜。作〈憶弟〉詩一首。[1]

曾國藩本想把畢生心力投注於儒家的道德文章，但卻因為太平天國而持續忙於軍務，於是他不得不重新思考他的價值觀。曾國藩堅信，清代中葉危機的背後隱伏著精神文明的墮落，而他秉持的中興之道就是籌辦學校，重新開設儒學課程。他敦勉優秀學生應依循傳統正途參加科舉取仕，而非向朝廷捐納買官，當時朝廷確實是通過賣官鬻爵的手段來籌集軍餉。他彙編刊印在剿匪征戰中壯烈成仁的義士名錄，使其典範得以流芳百世。曾國藩一如當時其他督撫，也意圖重整農耕秩序。他一面計畫將被驅逐的地主發還原籍，重新檢討土地稅制，一面也避免佃農遭到剝削。此外，曾國藩重新安頓成千上萬受到兵燹之災波及而流離失所的老百姓。華東、華中地區原本人煙稠密、富庶繁榮，但在連年征戰中飽受摧殘，後續數十年間皆須引入西部、北方各省的移民。

儘管這類政策受到朝廷大致支持，但由於財源匱乏以及其他問題的牽制而無暇兼顧，曾國藩及其地方同僚反而得以放手一搏。地方的革新計畫仍有其一貫性，因為這些地方要員有許多是曾國藩所提拔。曾國藩最初即聘僱若干幕僚襄助治軍，籌措財源，重建司法體系，賑濟飢民。曾國藩自有一套嚴謹周全的甄選良才的面試、考課方法：他在聘僱之前會一一考評他們的誠實、效率與學識等；鴉片煙癮者或巧言令色、眼神飄忽、言辭舉止粗鄙者，概不錄用。到一八七〇年代，曾國藩已有多位幕僚受朝廷不次拔擢。由於曾國藩忠君不貳，所以他並無意利用這些人脈鞏固自己的權力基礎，或以自己的名義掌握權柄。

儘管曾國藩擁護傳統學術與道德價值，但他絕非一位故步自封的守舊之士。例如，他不僅主張善用以洋人為軍官的常勝軍，也一眼看出有選擇地應用西方技術的價值。首先令曾國藩有此深刻體認的是學者馮桂芬。馮桂芬與曾國藩同為翰林進士（一八四〇年科），兩人之間頗多相似之處。馮桂芬的軍事歷練始於一八五〇年代中期，率領一支自願軍捍衛家鄉蘇州以抵抗太平軍的侵擾；一八六〇年馮移居上海，此間洋人船堅砲利讓他留下深刻的印象。

馮桂芬在寫於一八六〇年的系列文章（並在次年將這些文章給曾國藩看過）中，指出：中國必須在教育之中容納外語、數學、科學等科目，學習「自強」之道；而擅長這類科目的學子應該授予舉人品第。中國面積百倍於法國，兩百倍於英國，馮桂芬寫道：「彼何以小而強，我何以大而弱？」癥結就在於中國有「四不如夷」：「人無棄才，不如夷；地無遺利，不如夷；君民不隔，不如夷；名實必符，不如夷。」為求中國自強之道，馮桂芬主張「然則有待於夷者，獨船堅砲利一事耳。」[2]為實現此一目標，應選擇港埠設置造船廠、兵工廠，聘僱外國顧問訓練中國工匠製造器物。既然馮桂芬深感「中華之聰明智巧必在諸夷之上」，那麼結論已明如白晝：「始則師而法之，繼則比而齊之，終則駕而上之。」

一年後的一八六二年六月，曾國藩在日記裡記錄了他對幕僚所說的話：「欲求自強之道，總以修政事、求賢才為急務，以學做炸砲、學造輪舟等具為下手功夫。」[3]是年稍後，曾國藩責成安慶軍營的下屬，建造一艘小型汽船。雖然其性能令人失望，但他並不氣餒。曾國藩擁有同輩所沒有的恢弘見地，他派遣三十五歲的容閎*遠赴美國，為清廷購置建造兵工廠所需的機械設備。選擇容閎是明智之舉。容閎出身澳門附近的貧家，先後在澳門、香港的教會學校受教育。後於一八四七年首度赴美。容閎先在麻薩諸塞州的預備學校求學三年，一八五四年畢業於耶魯大學，是第一位自美國大學畢業的中國人。

曾國藩以他慣用的識才之道，在首次接見容閎時，先是凝視著他，不發一語，臉上略帶

* 原注：Yung Wing是容閎終其一生所使用之粵語羅馬拼音的名字。

一抹笑意，而後才開始問起問題。曾國藩一旦信任了容閎，便用而不疑，他從廣州、上海的藩庫調集六萬八千兩現銀給容閎，供他購買日後建造機械工廠所需的設備。容閎先赴歐洲進行初步評估與考察，途中看到蘇伊士運河正在興建，他亦了解蘇伊士運河竣工後可以縮短歐洲至中國的航程；一八六四年春天，容閎抵達美國。

隨著美國南北戰爭越演越烈，很難找到願意接受中國訂單的美國公司，最後，麻薩諸塞州佛契堡（Fitchburg）的「樸得南機械公司」（Putnam Machine Company）同意接下這筆生意。容閎讓一名他在中國認識的美國工程師監督技術細節，自己去參加大學同學聚會，並以美國公民的身分，向北方聯邦陣營表態願助一臂之力，但卻遭對方婉拒。於是容閎接著安排機械設備在紐約裝船直接運抵上海，他本人則是經由舊金山、夏威夷、橫濱返回中國。這趟下來，他可說是因公務而環繞世界一周，也為清朝官員開創新局。

當時這批設備與曾國藩先前委派幕僚所購置的設備安裝一起，放置在上海附近新建的江南製造局內，曾國藩前往核視。根據容閎的描述，曾國藩「似覺得非常興趣，予知其於機器為創見，因導其歷觀由美購回各物，並試驗自行運動之機，明示以應用之方法。」[4]這批設備先是用來製造槍械大砲；但到了一八六八年，在西方技工的幫助和關稅稅銀的挹注下，由中國人自製的船殼和蒸汽鍋爐與一具翻新的外國製蒸汽引擎裝配起來，第一艘中國人打造的輪船「恬吉號」順利下水。第二座兵工廠與船塢是由左宗棠負責在福建船政局建造，之後左宗棠就奉派前往西北掃蕩回亂。上海與福州兩地的兵工廠分別設置了由外國顧問管理的學校，研習機械與航海學，並籌畫相關科技著作的翻譯。

一位英國人造訪兵工廠後，雖有嘲諷之意，但面對這些成就，以及未來在承平與戰時所可能發揮的用途，亦難掩驚訝之情：「若干運輸船已配置槍砲，多艘砲艦已成功下水，而留置在船塢內的砲艦業已接近完工。前者被用來運送官糧，雖然這些運輸船屬於中國人所有，由中國人指揮，但這些運輸船從未發生意外，倒是值得注意。」[5]假若自強運動所提出的這些計畫能與儒家思想的內在價值熔於一爐，那麼重建清朝的國家與經濟似是指日可待。

釐定外交政策

一八五〇年代的一連串事件，迫使上位者不得不承認還有更寬廣的世界存在，並且陸續成立一些機構以處理與世界各國互動的事務。其中首先成立的是由外國人主事的「海關總稅務司署」，清海關創立於一八五四年，目的是為了因應太平天國對上海的威脅，並訂定公平的關稅稅率，以及對外國貨物課徵進口稅，以為朝廷開闢財源。一八六〇年聯軍入北京，朝廷出走熱河，此時需要授權一衙署與洋人進行談判。經過一番辯論後，解決之道是在一八六一年成立「總理各國事務衙門」，即一般所稱的「總理衙門」。這是清朝自雍正皇帝於一七二九年創立「軍需房」樞紐朝政以來，中央官僚體系最富意義的制度革新。

總理衙門是由五位高官（最初皆為滿人）共同負責，皇叔恭親王儼然是總理衙門首座。此外，另有二十四位幕僚襄贊，其中十六位來自六部，八位出於軍機處。在官員討論成立新衙署時，反覆重申這只是權宜機構，俟國內外危機解除之後即行裁撤。恭親王也向皇帝保證，新成立的衙署隱密低調，宛如朝貢國使者的住所一般。如此一來，外國人也可至總理衙門洽談業務，用恭親王的話來說，總理衙門「一切規模，因陋就簡，較之各衙門舊制，格外裁減，暗寓不得比於舊有衙門，以存軒輊中外之意。」[6]為了遷就這一決定，總理衙門的辦公衙署最後選定一處擁擠、老舊、殘破不堪的建築物，它是位於北京東堂子胡同「鐵錢局公所」的一間廳堂。不過總理衙門換裝一扇新大門，期使洋人相信它將發揮重要的功能，一八六一年十一月十一日，總理衙門正式開始辦公。

恭親王是同治中興時，滿族最重要的改革者，當時年僅二十八歲。年少時曾經極端排外的恭親王逐漸願意耐心觀察，甚至推崇西方人。他對於西方軍隊在洗劫圓明園並迫使他簽訂《北京條約》後旋即撤離北京一事，印象特別深刻；他以為，「是該夷並不利我土地人民，猶可以信義籠絡，馴服其性，自圖振興。」[7]恭親王身為幼帝同治的皇叔，以及攝政的慈禧所信任的輔佐大臣，賦予總理衙門無比的威信。然而，一些勞心事務可能是由總理衙門內幹練的第二號人物文祥負責推動。文祥生於一八一八年，父親是出身滿洲正紅旗的一名胥吏，一八四五年中進士第，他曾兩度積極參與防禦京師，對抗一八五三年太平軍的北犯，以及一八六〇年英軍的大掠奪。文祥雖然出身卑微，但此時兼任大學士與兵部尚書，聲望顯赫。

恭親王與文祥執掌總理衙門之初的兩樁個案顯示，清政府在對外新政策方面展現出不同的外交手腕，同時也看出當時局勢和「休斯女士號」、「埃米利號」那個年代迥然相異：其一是堪稱一場災難的招募「李－阿船艦小隊」（Lay-Osborn Flotilla）；其二是成功地以國際公法為原則處理普魯士事件。

「李－阿船艦小隊」的成立緣起於一八六二年，當時太平天國在沿海的浙江省境內所向披靡，而使朝廷憂慮沿海的控制權將落入叛軍手中。於是，總理衙門亟欲向英國購買一支艦隊，並僱請艦隊的軍官、海員。於是總理衙門找了當時海關總稅務司李泰國（Horatio Nelson Lay）擔任中間人，委交李一百二十九萬五千兩。李泰國用這筆錢購買了七艘蒸汽船與一艘軍需船，並委由時任英國皇家海軍上校的阿斯本（Sherard Osborn）指揮調度。英國外交部原則上同意，讓英國海員於艦隊懸掛他國旗幟的情形下在艦上服務。然因為大清國同歷代王朝一樣都沒有專屬的旗幟，於是恭親王知會英國，大清將設計一面旗——即有一條龍居中的三角黃旗。

阿思本艦長率所屬艦隊於一八六三年九月航抵上海，但旋即面臨複雜的問題。恭親王諭令阿思本艦長為艦隊副指揮官，聽命於中國水師提督。雖然阿思本本人統御艦上所有的外國人，但在戰略上，阿思本必須服從清廷戰區將領——即曾國藩與李鴻章——的命令。然問題在於最初在英國與李泰國簽約之時，即言明阿思本「統帥所有歐洲建造的船艦」，而這應該也是與清廷的想法相符。他只接受中國皇帝直接傳達給李泰國的一切諭旨，而「不受其他方面傳達之諭旨的約束」。[8]

事件的發展演變成難以化解的僵局，因為各方都不願讓步。阿思本為人極有原則，他自認被承諾指揮這支艦隊。李泰國則是十分傲慢自大（「一位紳士在一個亞洲蠻人指揮下做事是荒謬絕倫的」，是李泰國的名言）。[9]另一方面，總理衙門也不甘向洋人示弱。歷經數星期不得要領的協商，總理衙門承認解決無望，於是支付阿思本與其船員薪餉，然後將他們遣送回國。美國人和滿清政府均深懼這支艦隊會流入敵人之手——無論是美國南北戰爭中的南方邦聯政府或中國的太平天國。於是英方把船艦賣給本國公司。清廷給予李泰國一筆鉅款，後解除他的海關總稅務司一職。

總理衙門處理國家主權的第二個例子就較為成功。惠頓（Henry Wheaton）所著《國際公法原理》（*Elements of International Law*），自一八三六年出版以來已成為西方使節所必讀。一八六二年，總理衙門獲得這部外國法學著作的片段中譯。翌年，總理衙門取得該書全譯本的手稿，這是由來自印第安那州，長期於寧波、上海傳教的傳教士丁韙良（W. A. P. Martin）迻譯成中文。經過一番討論，總理衙門接受了這部書的中文譯作*，但恭親王還是命人商酌刪潤譯作文字，使其更為流暢。

恭親王在與朝廷商討翻譯事宜時，表示他曾告訴洋人，「中國自有體制，未便參閱外國之書。」不過恭親王自言翻譯西書的主要原則方針在於「防其以書嘗試，要求照行。」[10]一八六四年，世界彼端爆發「丹麥戰爭」（Prussian-Danish War），戰火亦延燒至中國所屬海域，普魯士戰艦扣押停泊在大沽的三艘丹麥商船。於是恭親王與其同僚援引惠頓的著作，善加處理。他們從書中習知領海的定義（丁韙良將領海的定義翻譯成「屬於一個國家司法管轄的海域」），同時審視大清與普魯士所簽訂之條約後，不但強迫普魯士釋放這三艘丹麥籍商船，還索賠一千五百元。儘管「衡以中國制度，原不盡合，但其間亦有可采之處」[11]，但恭親王還是責成總理衙門撥款五百兩刊印惠頓這部著作，並分撥三百本給各省官員。恭親王或許是疑慮保守人士反彈，婉拒具名為此書寫緒言。

一八六二年，文祥與恭親王取得朝廷首肯，在北京設立一所專事翻譯的學校，學生不多，年齡皆在十四歲左右，都是八旗子弟，並支付學生津貼以學習英、法文。（十八世紀中葉，北京已設立學校教授俄語多年。）從八旗子弟當中挑選學生的決議反映了朝廷亟欲向保守人士確保，外交政策仍將由昔日滅明的滿人來主導。但這種語文學堂隨即分設多所，學生也不再侷限於滿人。由朝廷贊助設立的語文學校分別在上海、廣州與福州設立。一八六七年，恭親王與文祥開始籌辦把北京的翻譯學校，擴充成一所綜合性的學校**。他們提議增加諸如數學、化學、地質學、機械學與國際公法等科目，並聘請外國人擔任教席。儘管朝中保守大員大力反對，認為中國人何必「師事夷人」，學習「一藝之末」，即使是兩百年前的明君康熙也是「雖用其法，實惡其人」。***不過還是改革派占了上風。這所教授新課程的學堂終於在一八六七年二月成立，由中國地理學先驅、歷史學家徐繼畬主其事。

* 譯注：《萬國公法》。

** 譯注：北京同文館。

*** 譯注：見大學士倭仁奏摺。

由徐繼畬出掌北京同文館實乃明智之舉，這亦顯示新思維已經逐漸在中國萌芽。徐繼畬於一八四〇年代從福建的美國傳教士處見識到有關世界的知識，嗣後入總理衙門供職。徐繼畬在著作中盛讚西洋，尤其是美國，「不設王侯之號，不循世及之規，公器付之公論，創古今未有之局，一何奇也！」徐繼畬稱頌華盛頓（George Washington）是「異人也」，其人剛猛，謀略猶勝中國歷代文化英雄，故徐繼畬感嘆，「泰西古今人物能不以華盛頓為稱首哉」。[12]在華的美國人必然樂見清廷這項人事安排，因為這似乎是未來兩國外交關係修好的先兆。美國駐華公使蒲安臣（Anson Burlingame）餽贈徐繼畬一幅史都華（Gilbert Stuart）名作：華盛頓肖像的複製畫，而徐繼畬對華盛頓的頌文則被刻在一塊產自福建的花崗岩上，並被安放在高達五百呎的「華盛頓紀念碑」（Washington Monument）內部。一八六九年徐繼畬因病還鄉，繼任者就是甫於一八六三年完成惠頓著作中譯的丁韙良，他也曾召集一群能力卓絕的中國科學家和數學家，助他一起翻譯其他西方著作。

由於同期的「清海關」得提供充足經費，其設立及壯大可說對同文館極其重要。主事者赫德（Robert Hart）生於北愛爾蘭，在受聘於清廷之前，先後於寧波、廣州的英國領事館任職；在赫德的卓越領導下，奠基於一八五四年成立之稅務司制度的清海關，到了一八六〇年代已擴充成為一國際性機關，其分支機構遍布所有條約通商口岸。赫德徵集了龐大稅收，朝廷將部分用於支持興辦學堂和其他現代化計畫。與此同等重要的是，赫德的助手蒐集到種種貿易模式與各地風土民情的精確統計資料。

歷經多年的征戰與誤解之後，一八六〇年代後期似乎正為中國與西方的修好開啟新的契機。一八五八年締結的《天津條約》明訂一八六八年再行修約，總理衙門的官員（在朝廷合作下）審慎而巧妙地與英國進行協商，英國派出的談判代表是能言善道、靈活機敏的阿禮國（Rutherford Alcock）公使。阿禮國與赫德兩人向總理衙門建議，中國應在行政管理、教育、財政預算等方面進行變革。外國使節團的公使平和地走進北京城內的寬敞住所，不過基於同治尚屬沖齡，無法接見外國公使，所以關於謁見與叩頭的問題暫時被擱置。（此一問題直到一八七三年才在沒有引發激烈事端的情形下獲得解決，清廷准許外國人依自己本國禮儀向皇帝行禮致意。）一群滿清要員偕同赫德赴歐洲，考察當地政治制度，清廷並任命前美國駐華公使蒲安臣為代表，前往美國與歐洲各國進行條約談判。

然而在傳教與貿易的權利，鐵路和電報系統的興建，鴉片買賣的限制，外國法庭在中國領土上的確切位階，內陸河道的航運權等，中外之間仍存在著層出不窮的歧見。蘇伊士運河於一八六九年正式啟用，中國與歐洲的距離剎時之間大為縮短，昔日的貪婪與敵意似乎又再度甦醒。阿禮國和總理衙門老臣文祥就修約一事達成微妙的共識，卻於一八七〇年遭到英國下議院以多數否決，數年心血盡付東流。赫德沮喪無奈，阿禮國意志消沉。阿禮國前往晉見文祥，向他抱怨英國商人團體屢屢抨擊他過於屈從中國人。總理衙門本身的計畫亦化為烏有，文祥答覆阿禮國，他已獲悉英方報紙的報導，不過他本人同樣被指控是背叛者，只不過穿著漢服罷了。[13]

傳教士的出現

整個一八六〇年代，總理衙門致力於認識並進而適應他們所處的新世界，然而在這段過程中，因中國人排斥西方傳教士而產生的種種暴行亦伴隨而來。在四川、貴州與廣東、大運河畔的富庶之都揚州、陝西的荒蕪山丘裡，均傳出傳教士與信徒遭到騷擾、毆打，甚至殺害，或財產受到威脅、劫掠的事件。而在天津——一八五八年條約即以之為名，也是中外人士因北京居住權周旋之際，即有許多外國使節選擇棲居的城市——終於在一八七〇年夏天爆發了令人不忍卒睹的流血衝突。

事件發生前幾個月，有關基督徒弄殘、毒打幼兒和各種性變態行徑的流言不絕於耳。天主教徒不顧百姓的強烈反對，將其高聳的新天津教堂矗立在昔日皇室林園與廟宇之處，因而遭受到前所未有的批評辱罵。法國領事豐大業（Henri Foutanier）自比為天主教徒的庇護者，屢次向天津官員抗議，但這些官員採取的措施有限，無法平息沸沸揚揚的民怨，中國百姓依然不斷向外國人威嚇。豐大業難掩失望與憤怒，腰插兩把槍，在軍刀已出鞘的侍從陪同下衝至地方衙門。面對中國地方官吏的推諉搪塞，豐大業在盛怒之下開槍，結果並未擊中這名官吏，反而誤傷了一名旁觀者。當時聚集衙門外圍觀的中國百姓見狀群情激憤而發生暴動。豐大業及侍從，連同幾名法國商人和妻子在暴動中喪命，教堂被焚毀，一群暴徒闖進「天主教慈悲修女會」（Catholic Sisters of Mercy）的女修道院，該院十名修女受到暴徒襲擊，被剝光衣服後遭殺害。當天共計有男、女十六名法國人，以及被群眾誤認為法國人的三名俄國人遇難。

法方旋即要求清廷要嚴懲兇手，清廷被迫做出回應。負責調查本案的大臣有恭親王和總理衙門的官員，與身體違和的曾國藩（曾任直隸總督，管轄天津一地），以及繼曾國藩之後，接任此職的李鴻章。經過一番拷問審訊之後，十六名中國人被判死罪。基於元兇的人數與法國人的死亡人數吻合，可見這次的審判是基於「以牙還牙」的心態，而非證據確鑿。中國人同意賠款二十五萬銀兩，這筆賠款部分移作重建教堂的經費，部分則是賠償受難家屬。天津的地方官被判終身流放黑龍江，此外清廷同意派遣使節團赴法國道歉。一八七〇年夏天，普法戰爭爆發，法國因而無暇東顧亞洲，若非如此，法國應會提出更嚴苛的要求。

外國人稱這次事件是天津「大屠殺」（massacre），是十九世紀最血腥的衝突事件。這類流血事件彰顯出基督福音的傳播和中國對己身所屬之價值體系、權威定位已出現嚴重的落差。撰寫謾罵、挑撥的公告與小冊子來攻擊傳教士的，通常是那些飽讀詩書的中國文人，許多次的衝突事件也都是這班文人出面號召嘯聚群眾。在中國人誇大教徒過當行為的言論背後，隱含著一套真理網絡作為依託，而使他們的言論產生說服力。舉例來說，西洋傳教士宣揚的確實是一套異於儒家思想的新教義，他們確實意圖讓這套教義滲透到中國內陸，而且他們在訴訟中的確會袒護華人教徒而不利於非基督徒的中國人，他們也創辦自己的教育制度，並且經常購買土地時說要做私人住家之用，最後卻建了教堂。再者，傳教士亟於拯救人類的靈魂，往往接納或甚至主動尋找染患不治之症而被父母遺棄的嬰兒，在嬰兒夭折之前為他們施行浸禮。所以，當這些小屍體被懷抱敵意的中國人從墳墓裡挖出時，必然使群情更加氣憤。

但是基督教在中國的傳教運動並非盡是剝削、誤解與敵視。在華傳教士分屬不同國家，彼此宗教背景迥異。除了耶穌會、其他天主教神職人員與「托缽修道會」（the mendicant orders）神甫之外，在中國還有不少「新教」（Protestant）教派——迄至一八六五年，全中國有超過三十個新教教派。來華傳教士所屬教派分殊，有創始於一七九五年的「倫敦布道會」（London Missionary Society）、一八一〇年成立的「美國（公理會）海外傳道部」（American Board of Commissioners for Foreign Mission），以及「浸信會」（Baptist）、「南方浸信會」（Southern Baptist）、「長老教會」（Presbyterians）、「美以美教會」（Methodists）、「聖公會」（Episcopalians）、「衛理公會」（Wesleyan）等。這些教會團體源自於英、美、瑞典、法、德、瑞士、荷蘭等地。長期下來，不論天主教或新教，都對中國社會產生深遠而微妙的影響，特別是在教育與提高中國婦女地位方面。

在教育方面，傳教運動對中國社會的衝擊主要是透過基督教義的傳播、一般性的歷史與科學著作的出版、教育制度的改善、醫療新技術的引介等幾個途徑。基督教的經文很快就在中國幾個地區流傳；我們已看到，太平天國的洪秀全就是受到流傳於廣州的基督教小冊子所啟發。《聖經》的簡易中譯本早在一八二〇年代就已完成。由傳教士團體主導修訂的《聖經》中譯本與滿文的《新約聖經》全譯本，於一八五〇年開始在中國傳播。以羅馬拼音編寫的《聖經》主要是為了便於在講寧波話、廈門話、福州話的區域和東南沿海的客家族群中傳教之用。西式印刷技術的發展也有助於天主教與新教傳教事業的推動。有關西方政府制度與歷史的著作，於一八三〇年代末開始盛行，這類作品通常是經由教會團體在廣州或上海創辦的期刊、雜誌等管道而引介到中國來。這類著作有系統地把中國置於世界的脈絡中，促使中國的文人以全新的視角審視中國的歷史。例如，後來擔任北京同文館總理大臣的徐繼畬，就是在一八四〇年代中期透過廈門的美國傳教士雅裨理（David Abeel）的引介，才初識西方歷史。

自強運動期間，因新式兵工廠的設置而開辦的訓練學校對於科技著作中譯的引介，又有推波助瀾的作用。一八六五年，曾國藩本人曾為英國傳教士偉烈亞力（Alexander Wylie）中譯之歐幾里德（Euclid）《幾何學原理》（*Elements of Geometry*）寫了一篇序言，其中對其讚譽有加。曾國藩指稱，利瑪竇在兩百五十年前率先翻譯歐氏名作的前六部，如今偉烈亞力的譯作完成了當年遺留下來的未竟事功。曾國藩稱讚「《九章》之法，各適其用……凡《九章》所未及者（《幾何原本》）無不賅也。蓋我中國算書……學者……往往畢生習算，知其然而不知其所以然，遂有苦其繁而視為絕學者。」利瑪竇與偉烈亞力筆下的歐幾里德所孜孜探索的不是方法，而是在「點、線、面、立方體」標題所呈現的原理。曾國藩以為認清這些原理，就能解決有關數字的種種問題。[14] 在一八六〇年代期間，偉烈亞力或寫或譯，接連完成了機械學、代數、微積分學、天文學與對數表等作品。迄至一八七〇年代末，西方學者為中國人引介了電學、無機化學、蒸汽發動機、攝影、車床、三角測量學、航海學等知識。

整個十九世紀，教會學校在中國持續成立，隨著新通商口岸的開放，教會學校的開辦也往北部沿海與內陸地區擴展。教會學校通常是由個別傳教士或少數教師經營，這些學校傳授的知識除讓中國青年可以在通商口岸謀得一份需要具備英文能力的職業外，還設法引導中國小孩認識基督教義，若有可能則改變其宗教信仰，並訓練他們日後能與西方傳教士一起工作。儘管教會學校飽受傳統中國教師質疑，但的確使過去無緣讀書識字的中國貧民，無論男、女，皆有接受基本教育的機會。

因為地方人士對教會學校感到陌生疑慮，所以傳教士老師往往必須誘之以利，提供學生免費的伙食與住房、醫療照顧，甚至還提供衣服、津貼。初期通商口岸寧波的教會學校就是一例，這所教會學校在一八四四年招收了三十名孩童，其中八名於一八五〇年畢業。畢業學生當中，一人留在學校任教，一位繼續研究醫學，有四位受僱於長老教會所屬的印刷出版社。山東省「齊魯學堂」於一八六四年開辦之初僅有八名學生，一八七七年有三名學生畢業。他們修習的課程主要以中國典籍和基督教倫理學為主，此外還有英語、數學、音樂、地理，這三名學生後來或是教書，或是擔任傳教士的助理。日後受曾國藩之託出國購買機械設備的容閎，從七歲到十二歲一直受教於一位傳教士的妻子，她是澳門一所混合小學的教師。容閎十三歲入澳門一所教會學校就讀，與其他五位學生一同學習英語、漢語、地理與算術。一八四七年，容閎修畢基本課程，就在當地西方商人資金的贊助下，免費搭乘載運茶葉的快輪負笈美國深造。

容閎一如當時的中國青年，起初受到西醫的吸引而發願行醫。西方傳教士很快就注意到西醫對中國人所產生的衝擊，最初也正是這批所謂的「醫師傳教士」在傳教方面最為成功。中國自有一套醫學理論——以把脈，從植物、動物、礦物中提煉藥材，運用針灸的方法來進行診療的傳統其實相當悠久，不過到了十九世紀初，西方在解剖學知識與外科手術技術方面突飛猛進。雖然仍有醫療致死的案例引起地方百姓的憤怒或控訴，但西醫在切除腫瘤以及醫治諸如白內障這類眼疾方面尤具療效。迄於一八六〇年代，在西方慈善家贊助或地方人士的捐款下，傳教士與非教會成員的醫生開始興建醫院。最初，這些醫院的建築物同愛盲之家、痲瘋病、精神病之家一樣，都是集中在通商口岸。有的傳教士向農民引介新的育種技術，或引進新的蔬果品種；也有其他傳教士熱心投入造林計畫，以緩和土壤流失對中國業已荒蕪的丘陵地造成更嚴重的傷害。

通過經文、出版品、興學校、建醫院，傳教士的作為影響了中國人的思想與行為模式。傳教士對中國所造成的衝擊雖難以估量，但他們確實提供了中國人一種新的選擇，一種看待世界的新視野。傳教士的廣泛影響作用同樣滲透到家庭結構與婦女角色。早期的傳教士也有女性，而男性傳教士的妻子往往會積極參加當地的公共事務。容閎回憶一八三五年見到他的啟蒙老師、亦是一名白人女性的情狀：她的「軀幹修長，體態合度，貌秀而有威。眼碧色，深陷眶中，唇薄頤方，眉濃髮厚，望而知為果毅明決之女丈夫。時方盛夏，衣裳全白，飄飄若仙，兩袖圓博如球，為當年時製。夫人御此服飾，乃益形其修偉。予睹狀，殊驚愕，依吾父肘下」[15]。

但這類恐懼是可以克服的。千千萬萬華人受教於西方人，與他們一同工作，受他們治療，甚至成為朋友。西方女性得以自由從事公共事務以及選擇職業生涯，中國婦女似乎難以企及。隨著時序推移與傳教士家庭的深入中國內地，他們建構了自己的西方世界圖像以及西方倫理價值的觀念。他們將這些觀點同中國婦女一起分享，向她們介紹衛生保健、烹飪、兒童養育的新觀念。他們反對纏腳，憐憫鴉片煙癮者，希望透過宗教與教育的力量來撫慰、改變她們。甚至有人勇於提出新觀點來看待婦女的社會地位不公與性別歧視的現象。有些年輕美國女性，譬如賽珍珠（Pearl Buck）的母親，雖然身處陌生、宛如異域的晚清時期，仍致力於維繫教會之家，並鼓勵孩子跟中國女孩來往，熟識其語言。賽珍珠後來以自己在中國的生活為藍圖，撰寫一系列虛構小說，並於一九三五年以此贏得諾貝爾文學獎。

日後備受敬重的海關總稅務司赫德曾於一八五〇年代任職於寧波、廣州；當時年紀尚輕的他即有過一位中國情婦，並為他生了三個孩子。「住在中國的未婚英國人養了一名中國女人是習以為常的事」，他在一份祕密的法律證詞中寫道，「我不過為人所曾為」[16]。後來赫德娶了一位出身良好的英國女性為妻，他付給中國情婦三千美元，並將他們的子女送至英國，避免他們人在中國讓他難堪。不過西方人與中國人之間的私人往來，也不盡然都是這種雙重標準。容閎娶了一位來自哈德福市（Hartford）的美國女子為妻，育有兩名子女，及長，均入耶魯大學就讀。容閎在回憶錄裡，生動地記載了前述那位令他畏懼的西方教師，是如何幫助三位失明的中國女孩透過點字的方式閱讀，盡其所能地將她們從可預期的悲慘命運中拯救出來。

然而及至十九世紀末，若干中國女性自我抉擇的範圍日益寬廣，已不是當初容閎與赫德所能預見的。例如兩位畢業於教會學校的年輕中國女性，各自取了洋文名字「Ide Kahn」與「Mary Stone」*，在一八九二年浮海赴美，後來取得密西根大學醫學系的學位。一八九六年，兩人返華並開始執業行醫。這些中國女性的成功以及激盪出這些成功的信仰，是傳教士夢想所展現的驚人力量。

海外華人

成千上萬的中國人在兵馬倥傯的戰亂中喪生或流離失所，而荒年和社會脫序又隨之而至，正是十九世紀中葉中國的寫照。但土地的壓力並未因此而舒緩，一八五〇年，中國的總人口數約莫四億三千萬，一八六〇年代雖明顯下滑，但是到了一八七〇年代又再度攀升。

* 譯注：中文名字依序是康愛德、石美玉。提倡女學的梁啟超曾在《時務報》上發表〈記江西康女士〉的文章，文中的康女士即是康愛德。

耕地面積不足導致了向內地移民，但中國人的移民並不像美國同一時期的移民潮西行可直通往太平原與太平洋沿岸。中國移民朝西或西北遷徙，面臨的若非高海拔、乾燥的西藏高原，便是新疆一望無垠的大沙漠；新疆雖已於一八八四年建省，但尚屬令人生畏之地。朝西南遷移者則遭遇不友善的山地部落，或今日越南、緬甸境內一些古老王國之間的邊疆民族。另外亦有數以萬計百姓選擇前往東北，先是在遼東——滿洲人入關前的龍興之地——選擇可耕種地區定居，或不顧朝廷的禁令，繼續向北進入今日的吉林與黑龍江兩省嚴寒的山林地帶。也有人冒險渡海，抵達移民與日俱增的臺灣：臺灣在一八五〇年代已全面開放中國移民墾殖，一八八五年更改制為行省。有些人則是離開農村前往正在興起的城市——例如漢口、上海、天津——尋覓謀生的機會，這些城市均屬新興工業城市，有許多搬運工的就業機會，但待遇十分苛刻。

另一種面對人口危機的出路是從此捨棄熟悉的中國，飄洋過海到他鄉碰運氣。作此選擇的人大都來自中國東南沿海地區，以廣州、澳門作為登船口岸，他們有的是貧無立錐之地的農民、逃離戰亂地區的亡命之徒，其中亦不乏胸懷鴻鵠之志的世家子弟，因為他們在清朝社會裡看不到未來前景。這類移民大都是新婚的男性，他們夢想有朝一日能發跡致富，衣錦還鄉，希圖在返回故里後有能力增購土地，光耀門庭。起初，這些海外移民者將希望寄託在三個主要區域：東南亞與印尼、加勒比海地區和拉丁美洲北部國家，以及美國西岸。

移民東南亞既便宜又簡便，許多華人移民在當地種植稻米或以漁業為生，以及經營小買賣。儘管當時上層的經濟活動被英國人、法國人、荷蘭人所壟斷，但華人移民憑藉著經營手腕，還是能找到寬廣的經濟空間。他們成功投入開採錫礦、栽植橡膠樹，與經營航運業等經濟活動中。在荷蘭人統治下的印尼，華人往往替荷蘭人收稅，從中謀利，或協助荷蘭人壟斷控制鴉片市場。

由於新移民大多來自福建與珠江三角洲，所以地方社群的凝聚力與語言的共通性仍然十分重要，同鄉的中國人往往聚集一起，互為奧援。三合會等祕密社會的幫派活動無孔不入，他們強收保護費，販賣鴉片，以賒債方式安排廉價的船費，並且操持賣春賤業；遲至一八九〇年，仍然少見已婚的中國女性出現在東南亞的華人社群裡。海外移民潮令滿清政府不安，一八七三年滿清政府在容納近五十萬華人的新加坡設立領事館，以便就近監視此地中國人的一舉一動。此外，滿清政府亦向華僑巨富販售榮譽職銜，藉此來爭取他們對朝廷的向心力。

拉丁美洲也聚集大批的中國移民，特別是在一八四〇年後，該地區有幾個國家經濟開始起飛。隨著當地反對僱用奴工的聲浪日益高漲，蒸汽船的船費亦越來越低廉，所以此地有許多就業機會正在向中國人招手。例如，迄至一八七五年約有十萬名華人前往祕魯，這些人往往是受人鼓勵或是宣傳致富機會的傳單所引誘。華人抵達海外之後並未如願發財致富，反而淪落到鐵路、棉花田充當苦力，或是撿拾海鳥糞便，拾鳥糞的工作條件尤其惡劣。從事這項工作的華人在炙熱的環境下每天必清理四到五噸的鳥糞，很容易就感染傳染病、肺疾或猝死。也有華人做僕役、香菸與麵粉工人。多數華人在簽訂契約時並不了解契約的內容，而從勞動地點逃逸的人若遭捕獲，便會被扣上鐐銬繼續工作。在拉丁美洲，華工的意外事故頻仍。一八六〇年代，有數萬名華人在古巴的甘蔗園工作，環境也是十分惡劣。華工所受到的待遇猶如奴隸，而非自由勞工，收取遭到苛扣的薪資，卻要日以繼夜地從事非人道的勞動，假如華工逃離工作地或向雇主投訴，同樣會受到嚴厲的懲罰。夏威夷甘蔗園、鳳梨園的惡劣勞動條件稍好，但幾乎如出一轍，此地也有為數不少的中國移民。

一八七三年，總理衙門採取較積極的外交政策，下令兩個調查委員會報告祕魯、古巴兩地華人的生活與工作條件。（容閎甫為天津兵工廠購買總值十萬美元的格特林機關槍，旋即受派擔任祕魯調查委員會的代表。）這兩個調查團的報告提出駭人聽聞的證據，證實華工受虐待的現象不僅存在於現實的工作條件中，恐怕一開始就是不公平的。成千上萬的華工根本是被誘騙而簽下不合理的契約。所以，許多華工其實是被那些為林園主人工作的中間人拐騙，然後囚禁在澳門、廣州的廢船裡等待裝載出國。海上航行的條件更是惡劣，平均每一名苦力「乘客」所分配到的空間不足六平方英尺，因此每一趟的航程中均有人喪命，華人在船上「造反」的事例屢見不鮮。不過自一八七六年以降，為了應付滿清的這些調查報告，契約工人受虐待的情形以及在途中所受的待遇均已獲得改善。

華人前往美國的第一波移民潮，主要是受到一八四八至一八四九年加州淘金熱的推波助瀾；事實上，中國人最初稱「三藩市」（San Francisco）為「金山」。但只有少部分華人及時趕上淘金熱，大多數華人僅能承接淘金先鋒半途而廢的礦坑，而後漸漸轉向其他行業。

他們分散在洛杉磯至西雅圖一線，從事農工、店員、洗衣工人等工作。另外，就在一八六○年代加州至猶他州鐵路建設的最後階段，前後總計有上萬華人加入築路的行列，之後華人漸漸橫越美國大陸移向東部，時間上與美國人西部拓荒的後一階段相吻合：「奧勒岡之道」（Oregon Trail）上旅人在日記裡記載了當他們看見中國人用筷子吃飯時的驚訝。到了一八八○年，波特蘭市（Portland）已有龐大的華人人口，其餘則移民至「懷俄明領地」（Wyoming Territory）的山區與愛達荷州境內的蛇河（Snake River）沿岸。美國內戰過後，南方一些莊園的主人哄誘許多中國人前往密西西比州、阿拉巴馬州與田納西州等地，說服他們接替黑奴解放後所遺留下的莊稼工作。及至一八八○年代末期，已有許多華工在密西西比州的製鞋廠、賓夕法尼亞州的餐具製造廠、紐澤西州的蒸汽洗衣店做工，在波士頓市則有為數不少的華裔商人。

華人在美國落戶是一段辛酸的過程。華人移民所遭受的敵視，自始至終既複雜又深遠。問題有部分在於多數華人移民的心態與前往東南亞與祕魯的華人移民想法一致：他們只是在美國工作年後就要返回家鄉。這類心態肇致中國人往往被視為「客居他鄉」，而不是真正的移民。其次，中國人工作勤勉，在致富之後經常招來其他失敗者的嫉妒。白種工人普遍認為，中國人總是願意從事其他種族不願接受的低薪工作，無形之中壓低了各個行業的薪資水平。這類說法雖無幾分道理，但雇主有時確實會利用中國工人作為制衡罷工的手段。不過由於這些中國人僅是略通或根本不諳英語，以致往往忽略了加諸其身的社會與經濟爭端。

許多白人開始把華人稱為「蒙古人」，由於西方人對中國的風俗習慣相當陌生，所以對中國人也抱持嫌惡或恐懼的態度。在美國人眼裡，華人薙髮留辮子的裝扮看起來荒誕怪異。美國人覺察到，華人社區裡的男女比例十分懸殊——一八八〇年，十多萬男性華人居住在美國西部，但女性僅有三千人，但美國人不去探究其間緣由，便逕行認定中國人行事異於常態。中國人說話的語氣單調乏味，吸食鴉片的癖好，性喜飲酒賭博，食用看起來怪異或難以下嚥的食物，這加起來便營造出一種捕風捉影的氣氛，把中國人說成邪惡而墮落。

兩項不幸的事實更使這類傳言越演越烈。首先，如同其他地區的華人移民，在美國的中國人常因語言與地域的共同性而凝聚一起。他們多數來自遙遠的廣州，抵達「金山」時，立即組成一個由「六合堂」控制的集團。這些堂會與華人祕密會社皆有深厚淵源，也如祕密會社，扮演保護者與經濟剝削者的雙重角色。敵對華人集團之間常為爭奪地盤而發生各式「堂鬥」，所以予美國人一種目無法紀的印象。其次，無論是在三藩市、洛杉磯、波特蘭或者後來的紐約，眾多華人湧入各地「唐人街」定居，住房闕如，獨身男性難以排遣寂寞情緒，容易導致社會氣氛浮躁、性事的挫折感、傳染病的流行等現象。諷刺的是，有關住房、就學、工作許可與飲食等各種歧視性排華法案的通過，更把華人逼進唐人街。華人不容易得到法律的救濟或賠償。許多州規定華人不准在法庭上指控白人，不准服公職，連基本受教權也要費力爭取。

在一八四九年初次移民潮之後，暗藏的緊繃關係在幾年內驟然演變成公開的暴力事件，其中也受到白種工人與其政治支持者種族主義言辭之煽動。最嚴重的暴動發生在加州與懷俄明兩地。一八七一年十月，企圖介入一場堂鬥的兩名警察遭殺害，群眾搗毀洛杉磯的唐人街，洗劫商店，燒毀民房，見到中國人就打。等到政府制止時，群眾已殺害了包括男性、女性與小孩的中國人共計十九人，上百名華人受傷。巧的是，暴動中華人的死亡人數，竟然與一八七〇年「天津大屠殺」中法國人、俄國人的死亡人數恰好吻合。十四年後，在懷俄明的「石泉區」（Rock Springs），一群窮困的白人礦工先用鐵鏟打死了一名華人礦工，之後又放火燒毀華工營舍，並至少殺害了二十八名華人。同時期又爆發一連串規模較小的衝突事件，在「西部開拓史」上華人可說是扮演了重要、然而不幸的角色。

雖然總理衙門的官員清楚這類問題的存在，但不習於認可移居海外中國人權利的滿清政府，反應自然十分遲緩。一八六七年，美國前公使蒲安臣膺任滿清政府的使節。翌年，他在歐美四下奔走，並且跟十八世紀法國哲學家一樣的樂觀口吻，熱切地為華人移民辯護。「當前中國的開明政府正沿著進步的道路穩健前進」，蒲安臣如此告訴他的聽眾：「現在她說：給我們你們的小麥、你們的木材、你們的煤、你們的白銀、你們各地的商品——你們能供應多少，我們就接受多少。我們會報以茶、絲、自由勞工，大量出口至世界各地。」蒲安臣憑著三寸不爛之舌，促使美國政府於一八六八年簽訂一紙條約*，繼續給予中國人移民美國的權利。不過蒲安臣亦許諾清政府正準備改信基督，並因此模糊了此次議題；他大聲宣布，中國不久便將邀請西方傳教士，「在每座山陵、河谷中豎立光輝的十字架，因為中國現在已能聽得進道理。」[17]清廷繼蒲安臣之後，於一八七一年派遣外交代表前往法國、英國，一八七八年，全權公使抵達美國。

但排華的政治壓力已從加州擴散到華盛頓特區。在民主黨與共和黨一連串激烈選戰中，必須在華人釀成黃禍之前限制移民的偏激論點甚囂塵上。一八七九年，海斯（Rutherford B. Hayes）總統恪守一八六八年的條約，否決了限制每一船隻不得載運超過十五名華人的法案**。不過到了一八八〇年，美國說服清政府締結新約，授權美國政府得以「規定、限制，或暫停」***赴美華工，如果美國政府認為該項限制是「合理的」。一八八二年，接替遭暗殺的加菲爾德（James Garfield）為總統的亞瑟（Chester A. Arthur）決意不否決「暫停」技術性與非技術性華工入境十年的法案，強迫在美的所有華人須持有滿清政府的護照，禁止授予華人美國公民的身分。一八八四年，美國國會進一步擴大界定「勞工」的範圍，商販、小販、漁民也包括在內，且把移民限制條款擴及所有華人，無論他們是否為滿清政府的屬民。

世界上其他地區貧窮、受壓迫的人民，無分種族屬性、宗教信仰與出身背景，所懷抱的美國天堂夢因之破碎。此一夢想的逝去復因接續幾任美國總統的作為而難以再被喚回。克利夫蘭（Grover Cleveland）於一八八八年譴責華人「對我們憲法與法律的無知，不可能與我們的人民同化，危害我們的和平與福祉」，並同意一項新的法案，規定暫時離開美國返回中國的華工不得入境。[18]同年，接受共和黨徵召提名的總統候選人哈里森（Benjamin Harrison）論道，他「願意扛起捍衛我們文明的責任，屏除終究不可能、也沒必要與我國人民同化的外來種族」。入主白宮之後，哈里森更是拔擢抱持相同排華立場的人選為國務卿；依據這位國務卿的理解，華人非但沒有促使美國經濟發展，反而是帶來「身心疾病的種子，貧困的種子，以及死亡的種子」[19]。這時，美國人選擇做出中國人是劣等民族的斷言，這種態度就像過去清代政治人物在天朝光輝燦爛的年代對世界其他民族的判斷，是粗糙而以偏概全的。

注釋

1 摘引自謝正光，《曾國藩，十九世紀的儒將》（*Tseng Kuo-fan, a Nineteenth Century Confucian General.*, Ph. D. diss., Yale University, 1975），頁一三一。

* 譯注：即《天津條約續增條款》，又稱《蒲安臣條約》。

** 譯注：即美國國會通過的《十五名旅客法案》，因為此一法案在法理上與前述一八六八年中美簽訂的《蒲安臣條約》相牴觸。

*** 譯注：王鐵崖編《中外舊約章彙編》收錄一八八〇年中美《續修條約》，該條文言「大清國准大美國可以或為整理，或定人數、年數之限，並非禁止前往。」但並未出現作者引文中「暫停」（suspend）的中文字樣，此係條約英文本獨有。不過之後，美國政府的對華政策則於法有據。

2 鄧嗣禹與費正清合編，《中國對西方的反應：一八三九至一九二三年文獻概覽》（*China's Response to the West: A Documentary Survey, 1839-1923.*, Cambridge: Harvard University Press,1954），頁五三至五四。

3 前揭書，頁六二。

4 容閎，《西學東漸記》（*My Life in China and American.*, New York, 1909），頁一六八。

5 芮瑪麗（Mary Wright），《中國保守主義的最後防線：同治中興，一八六二至一八七四年》（*The Last Stand of Chinese Conservatism: The Tung-chih Restoration, 1862-1874.*, Cambridge: Harvard University Press,1957），頁二一三。

6 坂野正高（Masstaka Banno），《中國與西方，一八五八至一八六一年：總理衙門的起源》（*China and the West, 1858-1861: The Origins of the Tsungli Yadmen.*, Cambridge: Harvard University Press, 1964），頁二二八。

7 鄧嗣禹與費正清，前揭書，頁四七至四八。

8 馬士，《中華帝國的對外關係，卷二》，頁三七。

9 馬士，前揭書，頁三八。

10 徐中約，《中國走進國際家庭：一八五八至一八八〇年的外交局面》（*China's Entrance into the Family of Nations: The Diplomatic Phase, 1858-1880.*, Cambridge: Harvard University Press, 1960），頁一三二。

11 前揭書，頁一三三至一三四。

12 龍夫威（Fred Drake），《中國圖繪世界：徐繼畬與其一八四八年的地理學》（*China Chars the World: Hsu Chi-yu and His Geography of 1848.*, Cambridge: Harvard University Press, 1975），頁一五九、一六四至一六五；有關華盛頓紀念碑的記載，見該書頁一八七、二四五。

13 芮瑪麗，前揭書，頁二五二。

14 妙爾（G. E. Moule），〈中國對歐洲物理科學的貢獻〉（The Obligation of China to Europe in the Matter of Physical Science），見《亞洲文會華北支部雜誌》（*The Journal of the North China Branch of the Royal Asiatic Society*），一八七一年第七期，頁一五〇至一五一。

15 容閎，前揭書。頁三至四。

16 布魯納（Katherine F. Bruner）、費正清、史密斯（Richard Smith）合編，《步入中國服務：赫德的日誌，一八五四至一八六三年》（*Entering China's Service: Robert Hart's Journals, 1854-1863.*, Cambridge: Harvard University Press,1986），頁二三〇至二三一。

17 衛斐列（Frederick Wells Williams），〈蒲安臣與中國派赴外國強權的第一個使團〉（Anson Burlingame and the First Chinese Mission to Foreign Powers., New York, 1912），頁一三六至一三九。

18 韓德（Michael Hunt），《中美特殊關係的形成：一九一四年前的美國與中國》（*The Making of a Special Relationship: The United States and China to 1914.*, New York: Columbia University Press, 1983），頁九二一。

19 韓德，前揭書，頁九三；引文摘自布萊恩（James G. Blaine）的話。

第十章

晚清的新動亂

自強運動與甲午戰爭

儒士以其卓越的能力、廉潔的操守，堅毅的精神襄助清廷敉平十九世紀中葉的各地叛亂；這似乎顯示中國足以回應新的挑戰。高懸恢復大清國秩序的大纛，這群儒士建構新的制度架構以處理外交關係，課徵關稅，建立新式船艦武器，教授國際公法與現代科學的基本原理。事實證明，「自強運動」並非空洞口號，而顯然是一條通往長治久安的可行道。具備進步思維的漢人與滿人似乎齊心合作，選擇中國所需之西方知識、技術的要素，以維繫傳統文化中的精華。毋庸諱言，中國各地依然存在著農村軍事化、地方財政自主的新趨勢，地主專擅，官僚腐化，以及好戰的外國強權挾軍事、外交、宗教等力量入侵。然而只要擁有穩固的領導中心、果敢決斷的軍機處，清朝似乎就能恢復往昔的盛世。

可惜王朝所賴以延續的強有力領導並未出現。以同治為名的「同治中興」雖早已統攝中央與地方政府，然而同治親政不久，便於一八七五年一月，以十八歲之齡駕崩。根據正史記載，同治死於天花，但民間傳說同治流連於北京的煙花柳巷縱情聲色而死。同治崩逝之時，年輕皇后已懷有身孕，但卻被同治的母親慈禧太后排除在討論皇位繼承的重要會議之外。

慈禧太后如欲把持朝政，唯一的辦法是繼續維持攝政身分；於是，她扶持三歲外甥光緒克承大統，如此便能確保獨攬大權多年。慈禧太后的算盤更因同治的皇后於是年春天溘逝，嬰兒胎死腹中而奏效*。但是光緒的踐祚已破壞了清朝的皇位繼承法統；因為光緒與同治屬同一輩分，而非晚輩，所以不能在同治的靈前執子之禮。慈禧太后為杜絕朝臣悠悠眾口，承諾俟光緒一有子嗣，即將他過繼給已然逝世的同治為子，履行必要的典禮儀式，有一位剛正不阿的大臣自裁身亡於同治陵寢旁，死諫慈禧太后。但其他文人未以激烈舉動表達不滿。朝中大臣均默不作聲，顯然已屈從於女性攝政王垂簾聽政時代的到來。

慈禧性格複雜、才幹出眾，有時迫於情勢所需，也會採取殘酷手段。有清以來，慈禧是唯一一位能獨攬大權的女人，是故經常遭到認為她根本不該擁有權力的男性之入罪；指控她必須為朝廷的種種災難負責。慈禧生於一八三五年，她的父親雖系出顯赫的滿人家族，但官位並不高。一八五一年，慈禧獲選為咸豐皇帝的嬪妃，一八五六年因產下一皇子而獲寵幸**。咸豐經常與慈禧議論政務，允許她閱覽剛呈上來的奏摺。一八六〇年，英法聯軍攻入北京，咸豐皇帝倉促出走，慈禧陪同咸豐逃往熱河。一八六一年咸豐駕崩，歷經一場宮廷政變後，慈禧垂簾聽政，並於一八六一年至一八七三年的同治年間，以及一八七五至一八八九年的光緒年間，擔起攝政一職，掌有大權在手。慈禧頗通文墨、畫藝精湛，她隱身簾幕之後（基於禮儀），聽取朝中男性大臣的報告以了解朝政。慈禧雖然在政治上傾向保守，在財政上揮霍無度，但還是接納了自強運動者所提出的許多革新政策；另一方面，她亦小心翼翼地護衛滿清帝室的特權。

洋務勢將成為朝廷所有決策的標竿，可惜慈禧於一八六九年與恭親王爆發激烈衝突，事出一名慈禧寵愛的宦官因濫權而被恭親王處死。綜觀中國歷史，一旦大權旁落閹宦之手，貪贓枉法弊端隨之而來，也因而被視為王朝衰敗的徵兆，清朝洪業初創的幾位統治者便極力避免重蹈晚明縱容宦官把持朝綱的覆轍；因而恭親王不讓舊事重演，但慈禧太后卻把這件事視為衝著她個人而來，從此對恭親王橫加掣肘，並在十多年後以中法戰爭清軍戰敗為藉口而罷去他一切要職。

此外，強勢的地方要員曾國藩於一八七二年辭世，幹練的朝臣文祥歿於一八七六年，左宗棠又遠在西北懷柔回人分身乏術，清朝的國勢愈趨江河日下。京師的軍機宰輔的確都是因為能力絕佳才得以平步青雲，但思想作風保守，缺乏創新魄力，無法把中國帶到新的道路。雖然自強運動的計畫在十九世紀最後幾十年間仍繼續進行，但大多係由李鴻章一人所擘畫。

* 原注：皇后似乎是被慈禧逼迫而自盡的，但此項說法仍有疑義。

** 譯注：此皇子即後來的同治皇帝。

李鴻章深得慈禧太后信任；剿平太平天國與捻亂，在天津教案過程中負責對外斡旋，嗣後李鴻章身兼「直隸總督」與「北洋通商大臣」兩項重責大任。中國在十九世紀後半葉的歷史，處處可見李鴻章的身影，且在這方面無人能出其右。

李鴻章的治績表現在三大領域：實業、教育、外交；以實業家的角度而言，他仰賴自強運動初期打下的基礎，進一步擘畫中國的發展。李鴻章設法拓廣企業的類別，以期對中國的整體發展有深遠的影響。在所謂「官督商辦」的方式下，政府與民間資本合作。李鴻章在一八七二年創立「輪船招商局」就是一例，其宗旨在於打破外國列強對中國沿海航運業的壟斷，由李鴻章出任大股東，主要營運收入來自承攬官府漕糧自華中運往京畿的業務。一八七七年後，並下令天津附近的「開平」煤礦增產，以加強控制中國本身所擁有的礦業資源，並為日益興起的商船運輸業提供所需的燃料。一八七八年，李鴻章又在上海成立一家頗具規模的織布坊，以降低中國對外國織品的依賴。

一八八〇年代，李鴻章在天津設立新式兵工廠，預計生產購自國外的「雷明頓」（Remington）與「克魯伯」（Krupp）槍枝所使用的彈藥。這座兵工廠成立之初，即以自美購得的機器設備率先生產雷明頓來福槍。此外，李鴻章透過原止於上海的國際纜線，先後連接天津與北京兩地線路，隨之擴充支線至內陸各大城市，而架設起全國電報系統。李鴻章亦下令在南滿的旅順建造新的船塢設備，與一條七英里長的鐵路，將開平所產的煤運往附近的水道，以船運抵天津，供應新成立的艦隊使用。起初中國只有騾車，但李鴻章的一位助手於一八八一年利用西方的零件製造中國第一具蒸汽引擎，且成功用於運輸之上。

李鴻章進一步落實先前的教育改革。他最先繼續推動由容閎倡議、曾國藩支持的美國留學團計畫。一八七二年，經朝廷的肯允，中國第一批年約十二至十四歲的幼童被送至哈德福市，這些學童大都是受僱於福州、天津、上海中國新式兵上廠、造船廠之雇員子弟。他們與哈德福市當地的美國家庭一起生活，勤於學習英語、一般教育，以及中文課程。迄至一八七五年，留美學童總計一百二十名。但浸淫在美國都市中的學校與社會環境裡，這些中國留學生很難再保有清廷官員所堅持的傳統文化價值。他們開始脫掉長袍著洋服，有人因無法忍受當地民眾的壓力或訕笑而剪掉辮子；也有多人改信基督教。容閎本人娶了哈德福市的一位教師，即是西方世界強大誘惑力的又一明證。

而日後李鴻章的留學團計畫之所以中挫，肇因滿清發現，美國政府並未如李鴻章所寄望的，挑選高中畢業學生進入「安納波里斯海軍官校」（Naval Academy in Annapolis）與「西點軍校」（Military Academy of West Point）繼續深造。據此，李鴻章在一八八一年默從朝中保守官員的決議，終止計畫並召回留學生。一八八一年八月，他們自三藩市循海路返抵中國。擊敗奧克蘭（Oakland）棒球隊是中國留學生在美國土地上的最後一場勝仗；奧克蘭棒球隊原本自認可輕易獲勝，但卻被中國投手刁鑽的曲球球路給擊敗。這些學生回中國之後，在軍事、工程、商業各領域均有出色的表現；但李鴻章日後則遴選聰穎的學生分赴法、德、英，因為這些國家並不反對中國學生接受先進的軍事技術與海軍訓練。李鴻章也在天津分別設立水師與陸軍學堂。

國際社會的外交氛圍對朝廷越來越不友善。李鴻章時而獨自一人，時而與赫德、總理衙門的官吏協同，面對紛至沓來的外交難題。一八七〇年代的外交困境包括與日本交涉中國在琉球群島及朝鮮之國際地位的談判。許多世紀以前，因為中國文化優於鄰邦而形成的傳統「朝貢關係」，至今已幾近蕩然無存，清朝無法為中國的特殊權利提出令人信服的主張。對於日本強權在這個時期的積極擴張行動，清廷的確沒有回應的準備。遲至一八五四年，美國海軍艦隊司令培利（Matthew C. Perry）才逼迫日本結束鎖國政策，並接受國際關係與國際貿易的現實狀況。但一八六八年「明治維新」的經濟與制度改革極有成效，已使得當時的日本有能力以軍事優勢壓迫中國。一八七九年，日本併吞琉球群島；而若非李鴻章說服朝鮮國王分別與美、英、法、德（德國於一八七一年完成統一）簽訂條約，朝鮮半島也極可能在一八八〇年代招致相同命運。

英國領事馬嘉理（Augustus Margary）遭到雲南原住民謀害，李鴻章於一八七六年與英國政府進行了一連串的艱辛談判。馬嘉理當時承命與英國一支調查隊前往探勘在緬甸與雲南之間興建公路或鐵路的可行性。在最後的協定中，李鴻章代表清廷坦承過失，同意賠償七十萬兩，派遣使節團出使英國向維多利亞女皇致歉，並另外開放四個通商口岸。中國對外交涉中，較有利的一次是一八七〇年代末期，由總理衙門、曾國藩之子曾紀澤（時任駐英公使）主導的對俄談判。一八八一年締結的《聖彼得堡條約》（Treaty of St. Petersburg*）裡，俄國同意廢止先前簽訂的不平等條約**，將回亂期間遭俄國強占的伊犁地方交還滿清管轄。雖然俄國仍然控制黑龍江、烏蘇里江以北，原屬滿清的大片領地，但《聖彼得堡條約》確保了中國在西部邊疆的控制權，一八八四年新疆設省之後，清廷對當地的主權宣稱更形確立。

這次外交斬獲卻讓朝廷與文士萌發錯誤的信心。一八八〇年，法國為擴張其殖民帝國勢力，出兵占據河內與海防兩地，罔顧中國對此一區域的特權宣稱，並開始對中國施壓，欲在安南（指現在的越南）成立租界。李鴻章雖力主謹慎處理，但在一片堅持朝廷應採取強硬立場之好戰的漢、滿人的促戰聲浪中，他的主張可說是聽者藐藐。李鴻章在一八八四年試圖與法國達成協議，避免衝突爆發，但這批立場強硬的主戰派依然主張與安南以及鄰近東京灣（Tonkin）的法軍決一死戰。此一地區的法國艦隊司令官命令艦隊駛向福州港，與中國艦隊對峙，以回應中國間歇出現的敵對態度。

李鴻章亟欲與法國達成協議，無論協議內容有多麼屈辱，因為他深知成立未久的中國海軍不堪一擊。談判於一八八四年八月破裂，停泊於福州港的法國艦隊開始向中國轟擊，李鴻章不幸言中，已開發的工業強權與大清帝國之間懸殊的實力再次一目了然。才剛剛交戰一分

* 譯注：中方稱為《中俄改訂條約》或《伊犁條約》。

** 譯注：一八七九年崇厚先行與俄國簽下喪權的《里發的亞條約》。

鐘左右，中國的旗艦就遭法方魚雷擊沉；不到七分鐘，中國大多數的船艦已受到重創；不到一小時，中國的船艦或被擊沉，或被擊中而起火燃燒，兵工廠與碼頭亦難逃砲火的摧毀。法軍損失五人，清軍則有五百二十一人死亡，五十一人失蹤。儘管後來清軍在西南地區贏得幾場的陸戰，但卻皆是無關緊要，法國控制整個中南半島的局勢已定。一年後，英國仿效法國的侵略行動，宣稱緬甸為所屬的保護國。

李鴻章當時其實可以派遣北洋艦隊支援福州的南洋艦隊，但他選擇保留並加強北洋艦隊的實力，藉以鞏固他自己在行政官僚體系中的權力基礎。北洋艦隊除了是李鴻章權力與威望的象徵之外，最重要的任務是保持朝鮮半島海域的通暢。為了因應朝鮮半島的變局，清政府新設駐朝鮮大臣一職駐節首爾，其重責大任就是要與朝鮮政府維持穩定關係，並確保朝鮮的「獨立」不至於削弱了中國在該國的特殊地位。清廷不願日本插手朝鮮內政。然而到了一八九〇年代，日本介入朝鮮半島政局的意圖昭然若揭，朝鮮半島的緊張情勢亦隨之升高。一八九四年，朝鮮叛亂爆發，危及國王性命，中、日雙方於是乘機出兵保護皇室。比中國更能迅速動員軍隊的日本，於七月二十一日占領朝鮮皇宮，並扶持一名忠於日本利益的攝政王。

就在同一天，清廷租用一艘英國運輸船，載運一千兩百名增援軍前往朝鮮，途中遭到日本巡洋艦的攔截，因拒降而遭到日艦的砲轟沉沒，僅兩百人獲救生還。月底，登陸朝鮮半島的日軍在首爾與平壤附近的幾次戰役中擊敗清軍；十月，越過鴨綠江直驅中國領土；十一月，另一支日軍占領了中國的重要戰略港口旅順。此刻，日本在中國的地面部隊準備經由山

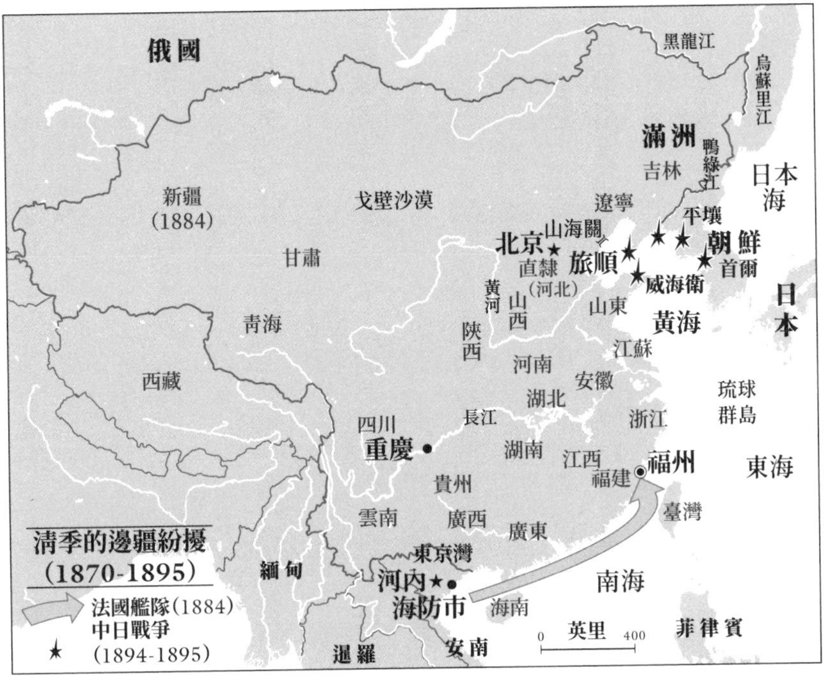

清季的邊疆紛擾（1870-1895）

海關進入中原，一如兩百五十年前的多爾袞。

縱使李鴻章戮力經營，但北洋艦隊終究難逃南洋艦隊的命運，這也象徵了中國自強運動的挫敗。北洋艦隊包括兩艘主力戰艦、十艘巡洋艦、兩艘魚雷艇，悉數於九月間，鴨綠江口一場戰役中遭到日軍重創，殘存艦隊旋即撤退至山東半島北岸，重兵守衛的威海衛港。在威海衛港內，清海軍提督置艦隊於水雷防護網後方，不再加入戰鬥。但一八九五年一月，一次成功的戰略中，日軍兩萬名地面部隊連同一萬名工兵越過山東半島的岬角，經由陸路占領威海衛要塞。日軍將要塞的砲火轉向中國艦隊，同時以魚雷艦穿越水雷區，擊沉了北洋艦隊一艘主力戰艦與四艘巡洋艦。中國兩名海軍將領與要塞指揮官自戕殉職。

清廷如同三十五年前，夏宮焚毀於不堪的《天津條約》協商期間一般的束手無策，只得再度派出已失勢的恭親王出面收拾殘局。恭親王語帶悲悽，告訴一位西方的外交官，他被賦予的職責就是彌合起眾人摔碎一地的杯子。[1]為了襄贊恭親王處理和談事宜，清廷挑選出聲望最顯赫的大臣——李鴻章，於是李鴻章啣命前往日本，與勝利者舉行談判。

在一八九五年四月簽署的《馬關條約》，對中國而言無礙是一場災難。若非一名日本刺客向李鴻章開槍，傷及左眼下方，而使日本政府在國際社會面前蒙羞，日本所提出的條件將會更加苛刻。中國必須承認「朝鮮國為完全無缺之獨立自主」，然而在當時情勢下，朝鮮無疑會成為日本的保護國。清政府賠償日本軍費兩億兩，除了已開放之通商口岸之外，再加開四個通商港口——其中包括位於長江上游、四川境內的重慶（餘為沙市、蘇州、抗州），以及「永遠」把臺灣全島與所有附屬各島嶼、澎湖群島及南滿的遼東半島全部割讓給日本。允許日本臣民在各條約口岸城邑開設工廠與各項工業。俄、德、法三國出面干涉，迫使日本放棄遼東半島，但清廷另行賠償三千萬兩，其他條文均獲得三國承認。當時許多中國優秀的青年文人齊聚北京，準備三年一次的進士科考，他們無視於朝廷的威勢而強烈要求朝廷廢止《馬關條約》，籲請施行新的、更大膽的經濟成長與政府改造，以遏止喪權辱國的悲劇不斷重演。但清廷似乎無動於衷。這無疑是自強運動時代所散發出光明希望的黑暗總結。

一八九八年的維新運動

在十九世紀的最後十年間，中國正處於獨特而隱晦不明的局勢，新舊雜陳。在許多層面上，其變幅之大勢不可擋，無法逆轉。商輪往返於長江水域，宏偉的新銀行建築林立於上海江畔，軍事學堂引進西式戰術教育青年軍官，科學方面的教科書大量付梓，奏摺透過電報系統疾速從地方傳抵軍機處。西方強權歷經幾次勝仗，早已活躍在中國土地上，他們大舉在中國投資，特別是在礦業、現代化通訊事業、重工業方面。帝國主義對中國的衝擊十分深遠，也不斷強化隨著自強運動發展出來的緊張局勢。

這些變革大都限於條約口岸的城市裡與西方租界區。即使是最積極的西方商人，他們對中國鄉村的經濟滲透也是緩慢漸進。西方人大都仰賴中國商人為中介，幾無例外——即所謂的「買辦」，通過傳統的貿易與貨物流通渠道，為西方的商品開闢市場。對大部分富裕家庭的青年學子而言，他們接受的教育模式並未改變：記誦儒學典籍，在考中地方「舉人」以及全國級的「進士」之前，必須先孜孜不倦取得地方上的「生員」資格。在農村裡，女性無法接受教育、依然裹小腳，由父母安排婚嫁。在農耕技術方面，播種收割必須仰賴雙手，農作物則是靠人力馱負至市集。洋人一出現，往往會被視為異類或是威脅。中國派駐海外的外交官並不受人尊敬，反之，回國之後往往遭人羞辱，因而被迫提早辭官還鄉。

傳統與變遷的相互滲透似乎是漫長且隱晦的過程。農民因國內對煙草或棉花這類經濟作物的需求，確實比昔日獲利更豐，但也比較容易因地方市場波動而受害。生產茶葉與生絲事實上是為了供應世界市場的需求，但世界市場價格的起落，往往莫名地造就一夜致富或頃刻破產的結果。日本、美國兩地發展出來的先進機械絲織技術需要的原料是纖維較平整的絲，這意味著幾世紀以來用手工養蠶取絲的農村家庭，將面臨產品市場萎縮的窘境。印刷技術的精進與新興的城市讀者群的成長，刺激了期刊、報紙的大量湧現。這些期刊報紙向讀者引介政治評論，刊登保健與美容產品的廣告，提供個人一種新的、可以有所選擇的觀念。中國人逐漸認識到，中國只是眾多國家當中的一個，這樣的觀念使中國人進一步了解，若無男女公民，國家是不可能存在。中國首份定期刊印的報紙開始宣揚這些理念，而這也是中國文人回應甲午戰爭與《馬關條約》帶給中國恥辱與挫折的一種方式。

甲午戰爭之後，廣泛流傳一種理論，給予那些對自強運動價值有所疑慮的士大夫哲學上的依據：中學為體，西學為用。這種一般簡稱為「體用」論的觀點，是處於幽暗不明、變動不居——通常是痛苦的變革——時代的一種文化慰藉，讓人感覺中國的確存在一套根本的道德及哲學價值體系，而此價值體系賦予中國文明意義，並使之得以延續。中國只要把握住基本信念，而後便能迅速且大幅採擷西方的實用技術，也可以聘僱西方人為顧問。體用論最受儒士張之洞稱道，而他曾是保守派之中主戰最力者之一。張之洞一路走來，可說是官運亨通，後來更任湖廣總督近十八年，贏得顯赫官聲。他或許是繼李鴻章之後，最富影響力的地方改革者。張之洞積極向外國貸款，成功地在漢口與北京之間修築鐵路，並在湖北東境的漢治萍礦區開採、生產煤、鐵、鋼。但張之洞亦不斷提出漸進改革的保守呼籲，高懸傳統儒家倫理基本價值的旗幟，以迎合慈禧太后及其身旁謀士的歡心。

中國年輕一輩儒士當中的佼佼者呼應張之洞的體用論，在獲悉《馬關條約》簽訂之後，義憤填膺地齊聚向皇帝上書陳情，敦促朝廷繼續抗日，實行全面的經濟、工業與行政改革。這群人原為準備參加一八九五年春天的科考而聚集北京，而由其中最富智識、勇氣的康有為、梁啟超負責統籌。康有為來自廣州、時年三十七歲，是一位才華洋溢的經學家，雖以古典經學見長，但獨闢蹊徑闡釋儒學的作法使他招致猛烈的批判。在早年的著作中，康有為引經據典，試圖證明孔子從未抗拒社會變革，儒家思想亦非否定人類發展與進化的基本觀點。康有為這方面的思想，主要是受到十九世紀初研究並力倡儒學中「公羊思想」的儒者啟迪。梁啟超，年二十二歲，是康有為的門生。梁啟超早年積極參與地方上的學術活動，當時他剛成立數個全國性的社團組織，鼓吹中國加速實行根本改革。梁啟超雖懷抱激進的改革主張，但與康有為都不忘追求功名，因為這仍然是晉升精英之林的捷徑。

康有為浸淫佛學思想，慈悲為懷，自比拯救天下蒼生的新聖人。他遊歷香港、上海兩地，考察西方人科技與城市發展的成就，加上對物理學、電學、光學的研讀理解，使他深信綜合「體」與「用」的可行性。梁啟超分享了康有為的信念與熱情。歷經各個衙門幾番轉呈代遞之後，光緒皇帝本人終於讀到康有為上呈的萬言書，康、梁師徒兩人聞訊狂喜。時年二十四歲的光緒，適逢慈禧深居重建後的夏宮，較少插手日常政務，得以擺脫其陰影而親臨主政。光緒醉心於改革主張，並濡染了康有為、梁啟超等人慷慨激憤的言論。

一八九五年各省舉人聯合上書皇帝*，提點出許多中國夙懷遠見的文人所苦思的議題：中國需要現代化的軍隊，且應配備最先進的西方火器大砲。為了發展全國工業基礎，朝廷應徵召具備科技能力的東南亞華人回國效力，並集中稅款，組建國家銀行體系，建設鐵路運輸網絡，建造商輪，成立現代化的郵政系統。中國應該藉由各種訓練學校改善農耕品質，成立中心培養工業創新以及激勵發明能力，而像美國一樣每年能夠有超過一萬三千件的發明專利申請案。在貧窮落後地區實施再墾殖計畫，藉以每年均能吸引成千上萬向外移民且具備生產力的華人返鄉投資。先前僅有叛亂者如太平天國領袖洪仁玕曾公開倡提這種影響深遠的變革，此時，中國最傑出的青年儒士亦已開始探索相同的觀點。

這批自詡為改革者的儒士以可被接受的傳統管道提出訴求，但效果微乎其微。年輕的光緒皇帝縱然滿腔熱誠，卻無政治實權，再者，朝中守舊派大員往往從中作梗，而使這些政策備查列檔而石沉大海。然而迄至一八九〇年代，要求變革的聲浪不再僅侷限於這些較為慣常、遲緩的渠道。其他改革者如孫逸仙**，便採取了不同的路徑。孫逸仙出身於廣東貧苦的農村家庭，不似康有為是書香世家子弟。一如在東南地區一帶家境貧寒的中國人，孫家有些人在十九世紀就已移民海外，其中兩位死於加利福尼亞州的淘金熱；其餘則棲居夏威夷。一八八〇年初，他投靠他在夏威夷的長兄，並入教會學校就讀，就在轉往香港的醫學院習醫之前，他已於此接受了民主、共和政府的觀念以及基督教教義的洗禮。文化的交融，再加上個人的雄心壯志以及對中國未來命運的深切憂慮，孫逸仙於一八九四年上書直諫總督李鴻章，表示願意為中國的防務與發展盡一份心力。李鴻章正忙於處理朝鮮與其他地區危機局勢，根本無心理會孫逸仙的上書。

孫逸仙深感失望與挫折。英國人認為他的醫學訓練不夠優秀，因而未同意他在英國的屬地執業行醫，中國人似乎也並不怎麼推崇他的西醫醫術。於是孫逸仙於一八九四年底在夏威夷成立名為「興中會」的祕密會社，該會的宗旨在於驅除韃虜，恢復中華，創立合眾政府。孫逸仙從兄長與友人之處募得一些資金之後，一八九五年返回香港，試圖結合廣州附近的祕密會社策動軍事叛亂，推翻滿清政府的統治。由於籌畫粗略，加之疏於保密、缺乏彈藥、資金，計畫為清廷所破獲，地方上的叛軍首領紛遭處決。

孫逸仙自香港逃至日本，最後前往三藩市與倫敦。在落腳的倫敦，孫逸仙開始廣泛閱讀西方的政治與經濟理論。一八九六年，孫的研究工作中挫，當時清廷派駐倫敦公使館的職員進行了一次笨拙（但幾乎成功）的綁架行動，意圖將孫解回中國受審、處決。這一戲劇性的故事經由西方媒體大肆報導後，孫逸仙一夕成名。孫返回東方後在東南亞一帶與日本建立若干據點，並透過祕密會社與歃血為盟的同志，繼續策畫軍事行動推翻滿清政府。

* 譯注：即所謂的「公車上書」。

** 原注：Sun Yat-Sen是孫氏慣用的粵語羅馬拼音的名字。

在眾多不大堅決效忠清室且已移居海外尋覓機會的華人之間，孫逸仙爭取到了不少支持。宋查理*就是這類支持者，而其子女日後在中國政壇上亦將扮演重要角色。宋查理生長在海南島上一戶以漁獵、貿易為生的家庭。嗣後宋查理離開海南島遠赴爪哇投靠親戚，一八七八年乘船抵達波士頓，充當一位中國商人的學徒。宋查理不久心生厭倦，於是出海航行，擔任美國稅務機關緝私船的船員，後來透過船長在北卡羅萊納州數位慷慨友人之助而完成大學學業，且為他的基督教傳教士生涯預作準備。一八八六年返回中國之後，宋查理一度從事傳教工作，不受尊重且薪資微薄。一八九二年，他將精力轉向企業經營，為西方傳教士印製傳教用的《聖經》而積累鉅額財富。接著，宋查理又利用西方先進的技術投入麵粉製品的生產，並遷入位於上海郊區的西式豪宅。就在這時候，他透過與祕密會社接觸，開始以金錢支助孫逸仙的地下組織。

迄至一八九〇年代末期，中國人日益熟諳西方世界，已能掌握自明治維新到華盛頓（George Washington）、拿破崙（Napoleon Bonaparte）與彼得大帝（Peter the Great）的革新模式。倡導改革的期刊與歷史著作蔚為盛行，稱頌昔日的西方思想家，並以波蘭、土耳其、印度等國的例子作為中國的借鏡，這些國家的領土遭割據，經濟凋敝，政治上受到欺凌。此時，西方列強又向清廷強索特殊經濟與居留權——瓜分「勢力範圍」，這更使清朝的政權危如累卵。

處於如此環境之中，比起幾位先帝，光緒皇帝無疑對中國面臨的道路抉擇有著更寬廣的視野，況且他自己本人也正在努力學習英語，他決意表現得像一位獨立自主的統治者，以國家利益來採取行動。在一八九八年的六月至九月期間，光緒頒布一系列非比尋常的上諭，史稱這段期間為「百日維新」。雖然上諭所提出的改革案大抵承襲自強運動的主張與一八九五年的公車上書內容，然而由皇帝主動提出理念且全力支持的改革仍是史無前例。

光緒皇帝要求在四大面向中進行變革。為了改革科舉制度，光緒下令廢止所謂「八股文」這類高度格式化、刻板的文章作法，而幾世紀以來中國的科舉考試一直是以八股文取士。光緒還諭令取消以書法詩詞來品秩考生等第；改以有關國家時事策論為考題。除此之外，在教育改革方面，光緒諭令擴建京師大學堂並增設一所醫學院校，將傳統的書院（以及不必要的農村私塾）改造成中學與西學兼修的現代化學堂，並開設以研究礦業、工業與鐵路建築為主的技職學校。在經濟改革方面，皇帝下詔地方官員協調商業、工業與農業改革方案，增加茶、絲的生產以利出口。在北京新設立農工商總局監督茶絲的種植生產，另又特別設立礦務鐵路總局管理礦業與鐵路，並責成戶部擬定每年的全國財政預算。

為了因應維新方案的實行，朝廷進行了部分重要人事改組。李鴻章在中日甲午戰爭之後，已逐漸喪失影響力，現在更不在總理衙門任職。光緒帝師翁同龢也因為憂慮維新運動的

＊ 譯注：Charlie Soong，一名宋嘉樹、宋耀如。

改革範圍而被罷黜。包括康有為的若干「改良派」思想家被拔擢至軍機處或總理衙門任職，參贊機要，直達天聽。康有為向皇帝條陳變法之策，並上呈兩部分析歷史的著作：一是關於波蘭的國家命運；另一則是有關明治維新時日本的成功改革。*但許多朝廷要員對光緒的改革政策不無猜忌，認為這些方案既不利於長治久安，又破壞了中國的內在價值。光緒似乎誤以為慈禧會贊成他對新中國的看法，而助他排除反對阻力。其實，慈禧正為部分革新方案可能削弱滿清的統治權力而惴惴不安，更擔憂擁戴光緒的改良派似乎會臣服於英、法兩國的壓力與影響力之下。

儘管證據仍有矛盾，但當時似乎有不少改良派疑懼可能爆發政變，不利於光緒，因此開始與幾位重要將領接觸，期望取得支持。但消息傳到慈禧太后耳中，引起了強烈的反彈，一八九八年九月，慈禧太后突然返回紫禁城，兩天後昭告天下，皇帝要求她重新掌權攝政。她把光緒幽禁於宮中，逮捕光緒身旁六名激進的維新派策士。這六個人還未判處密謀刑責，慈禧就立即將他們處決，這令改良派與在華的外國人大失所望。政變前夕，康有為得外國人之助離開北京，但其弟**卻是六名犧牲者之一。在清廷提供花紅懸賞康有為首級下，康有為搭乘英國輪船安全抵達香港，隨後先赴日本，後抵加拿大。梁啟超也逃離中國，開始流亡海外。梁啟超與康有為兩人胸中縈懷夢想，在新中國的名義下，由皇帝策動一整套改革方案，最後卻是落得悲劇收場。

民族主義的三個面貌

一八九八與一八九九年間，列強開始加強對中國的施壓與蹂躪，這正是帝國主義擴張浪潮中的一部分。德國藉口傳教士受到攻擊而出兵占領山東港市青島，並宣稱擁有在山東採礦與建鐵路的特權。英國割據山東半島北岸的威海衛港（三年前日軍擊沉停泊在此處的中國艦隊），強向清廷租借香港北邊九龍半島的大片沃土，借期九十九年，英國人因而稱此地為「新界」（New Territories）。俄國人進逼滿洲，強索旅順，於此大舉建造防禦工事。法國向外宣稱，與東京接壤的雲南、廣西、廣東三省和海南島享有特殊權力。已經占據臺灣島的日本，繼續向朝鮮施壓。並加強對華中的經濟侵略。於是美國提出中國「門戶開放」政策，意指各國不應阻遏他國進入各自的勢力範圍內，以期產生道德效應，減緩中國的分崩離析，但它畢竟並不具備真正約束力。所以中國若干有識之士開始憂心，有朝一日中國將遭到列強的「瓜分」。

在這種敵視與驚懼的氛圍裡，中國悄然萌生一股蓬勃力量。這種力量表現的方式各不相同，但可用「民族主義」一詞加以概括，對中國人而言，民族主義包括對他們與外國列強、

* 譯注：即《波蘭分滅記》、《日本明治變政考》。

** 譯注：康廣仁。

滿清關係的一種新而迫切的認識。民族主義同時也彰顯中國人為了民族的生存，必須團結一致的相應認知。我們可以從三個例子看到這種現象的浮現：一九〇〇年的「拳亂」、一九〇三年鄒容《革命軍》的刊印，與一九〇五年所發起的抵制美國貨運動。

一八九八年自稱「義和拳」的拳民崛起於山東的西北。他們的名號與儀式源出自己在魯南盛行多年的祕密會社、自衛團體，主要因應的對象是西方傳教士和中國的信徒。若干拳民相信自己刀槍不入，這是因為融合民間宗教、通俗小說，與街頭雜戲於一身的神祇、護衛能賦予他們神祕的力量。拳民缺少統一的領導，吸收因旱災、洪澇等天災而鋌而走險的山東農民、工人；他們希望結束中國基督徒所享有的特權，且攻擊信徒與傳教士。

一九〇〇年春天，拳民的諸位領袖斷言一個新的宗教年代即將來臨，當時他們的勢力早已迅速擴展。拳民約有百分之七十屬於貧農、男性與青年人；其餘則混雜各行各業的手藝者、工匠之流：小販與人力車伕、轎伕、運河船工、皮匠、磨刀匠、理髮匠；有些則是散兵游勇與鹽販私梟。當中亦有女性組織，其中以「紅燈照」最富盛名，參加的女性通常在十二到十八歲之間，她們的女性能量是為對抗中國女基督徒的「穢物」而起，她們深信中國的女基督徒會腐蝕男性拳民的力量。「紅燈照」最著名的領袖是「黃蓮聖母」，她是一名窮船工之女，曾以賣淫為生，被認為擁有神奇的靈力。其餘女性則是被集結一起稱為「沙鍋罩」，負責為義和團的軍隊提供膳食，據聞她們所用的鍋子神奇不已，可以憑空生出食物。六月初，依然缺少領導中心的拳民紛紛入京、津一帶。拳民遊蕩街頭，頭上裹綁著紅、黑、黃各色頭巾與紅色綁腿，腕上繫著白色符咒，掠奪、殺害中國基督徒，甚至擁有洋貨如燈泡、鐘、火柴的人亦不放過。他們還殺害四名法國及比利時工程師與兩名英國傳教士，拆除鐵軌、火燒車站、砍斷電報線。對於拳民的暴行，地方官員與朝廷雖有力，但態度搖擺不定，時而用武力鎮壓拳民以保護外國人，時而縱容、甚至認可拳民的拒外「忠貞」精神。

六月十七日，列強從清軍手中奪取大沽要塞，以備戰爭一旦全面爆發，可以掩護軍隊登陸。兩天後，大沽要塞淪陷的消息已傳抵京師，德國公使在前往總理衙門交涉的途中遭擊斃於街頭，拳民包圍外國使館區。慈禧太后現在頌揚義和團是忠貞的團勇，一九〇〇年六月二十一日，諭頒〈宣戰詔〉痛斥西方列強：

> 彼乃益肆梟張，欺凌我國家，侵占我土地，蹂躪我人民，……小則欺壓平民，大則侮慢神聖。我國赤子仇怨鬱結，人人欲得而甘心，此義勇焚燬教堂屠殺教民所由來也。[2]

拳民有了慈禧太后與滿洲王公撐腰，不斷攻擊教會與外國人。山西、河北、河南等地攻擊外國人的行徑特別囂張，其中以山西尤其殘暴。山西巡撫毓賢把傳教士及其家眷召至省會太原，承諾保護他們身家性命安全。然而他們一到太原，毓賢便下令將包括男人、婦女與孩童在內的四十四名外國人處決。

在北京，外國公使的駐警與其眷屬退入主要由英、俄、德、日、美等國組成的保護區內，匆忙之間還用家具、沙包、木頭、褥墊權充防柵。要是義和團更有組織，或是官軍加入義和團的攻擊行動，這些外國人勢必難逃一死。但義和團的攻擊步調不一，清廷的現代化部隊袖手旁觀，湖廣總督張之洞採觀望態度，拒絕將新訓的軍隊投入這場衝突。

一九〇〇年八月四日，一支由日、俄、英、美、法各國士兵組成總數兩萬人的遠征軍，在聯合指揮系統的運作下，自天津出發。義和團潰不成軍，裕祿在內多位清軍將領自裁身亡，外國軍隊進入北京，八月十四日聯軍突破義和團的包圍。當聯軍自東門進城，慈禧太后與外甥光緒往西出走，在渭水之濱的西安成立臨時首都。經過漫長、由甫抵中國的德國遠征軍主導之苦戰，以及與出亡的朝廷、李鴻章（再次扮演不可或缺的斡旋角色）的複雜談判之後，終於在一九〇一年的九月正式締結《拳亂協定》（Boxer Protocol*）。

根據和約，清廷同意為逾兩百名外國受難者豎立墓碑，外人遇害的城鎮停止科考五年，禁止中國進口軍火及專為製造軍火的器料兩年，中國應允各國常留兵隊保護使館，降旨將總理各國事務衙門改為「外務部」，嚴辦包括山西巡撫毓賢在內的拳亂首禍諸臣。此外，清廷亦同意支付四億五千萬兩（根據當時匯率，約折合六千七百萬鎊，或三億三千三百萬美元）作為傷害外國人身家性命的賠款，按當時清朝一年稅收總和約兩億五千萬兩來看，可謂一筆龐大的數目。中國的賠款依海關市價易為金款，按年息四釐，至一九四〇年十二月三十一日止分期攤還。若將利息計算在內，中國分三十九年期全部償付的賠款總數近十億兩（正確的數字是九億八千兩百二十三萬八千一百五十兩）。

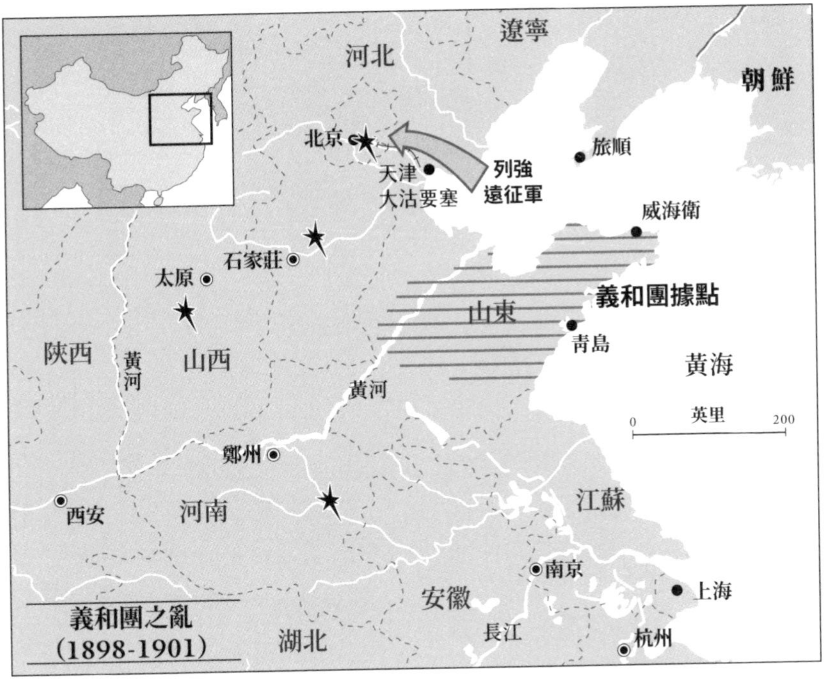

義和團之亂
(1898-1901)

一九〇二年一月，慈禧太后與光緒乘坐火車自西安返回北京，而李鴻章恰好於前些日子病故，享年七十八歲。慈禧重回被外國遠征軍充做指揮總部一年多的紫禁城。是月月底，慈禧以真誠復交的姿態，親自在宮中接見外國使節團的資深外交官；二月一日，更史無前例地招待外交官的妻眷。但仍不許光緒皇帝公開扮演政治角色。

兩位流亡海外的改革者孫逸仙與康有為，於一九〇〇年間，趁著義和團之亂各自展開對清廷的攻

＊　譯注：中方稱為《辛丑各國和約》。

勢。八月，康有為策動湖北、安徽的起義；十月，孫逸仙在廣州以東的惠州舉事。康有為的目標是要讓光緒成為立憲君主，而孫逸仙則是企盼建立中華共和。兩者均未得到資金奧援，協調也不佳，因而輕易就被官軍敉平。

現在又回到以著述立說來反清。這當中尤以十八歲學生鄒容的鼓吹最為鏗鏘有力，他的著述可作為我們研究新型民族主義的第二個例子。中日甲午戰爭後，有越來越多的中國學子赴日留學，鄒容正是其中之一，這些學生懾於日本的力量，欲一探究竟。清政府無能回應危機令鄒容日益不滿。一如之前的若干祕密會社與太平天國的領袖，鄒容把矛頭指向滿人，但他不只停留在口號的層次，而是長篇大論地痛詆滿清的積弱不振。諷刺的是，鄒容之所以能肆無忌憚批判滿人，是因為他自日本歸國之後即棲身上海外國租界區。根據治外法權所衍生出的複雜法律協議，租界住民所服從的司法機關是由西方人所支配的「會審公廨」。所以在租界可以自由撰述，傳播著作，而這是受清政府管轄的一般鄉鎮居民所無法享有的。

鄒容的反清思想體現在他所寫的小冊子《革命軍》（一九〇三年）之中。鄒容慷慨激昂，敦促漢人擺脫滿人強加在身上的枷鎖，掌握自己的命運。鄒容認為漢族已經淪為奴隸，像摧毀太平天國的曾國藩等人物並不是英雄，而是滿人的奴才，是屠殺同胞的劊子手。所以中國人應學習西方人，設若人民團結一致、共同奮鬥，必能推翻專制政權，擺脫列強的壓迫。誠如鄒容所道：

吾不惜再三重申詳言曰：「內為滿洲人之奴隸，受到滿洲人之暴虐，外受列國人之凌辱，為數重之奴隸，將有亡國殄種之難者，此吾黃帝神明之漢種，今倡革命獨立之原因。」[3]

他進一步鼓吹漢族同胞改變自己的命運：

爾有政治，爾自司之；爾有法律，爾自守之；爾有實業，爾自理之；爾有軍備，爾自整之；爾有土地，爾自保之；爾有無窮無盡之富源，而須自揮用之。爾實具有完全不缺的革命獨立之資格。[4]

這些挑釁的呼籲穿插在鄒容許多改革訴求，如選舉議會、女性平權、出版與集會自由的保障的論述中，令人讀之而熱血沸騰。《革命軍》流傳極廣，孫逸仙搶在謹慎保守的康有為之前，印製了幾千冊《革命軍》散發給他在三藩市與新加坡的支持者。清政府向上海的西方人施壓，交出鄒容，以及助他出版、流傳著作的若干作家、報界人士。鄒容於一九〇四年依散播煽動著作的罪名而遭上海的會審公廨起訴，但西方人並未屈從清廷的施壓。鄒容最後被判處兩年徒刑：本案假若交付清廷審問，鄒容勢必即刻遭到處決。然而造化弄人，鄒容雖免於受清廷屈辱、折磨至死，但卻在一九〇五年病卒於獄中。年僅十九歲，但鄒容已經為那個時代立下重要標幟。

就在審訊鄒容期間，另一波排外情緒正在醞釀。美國在一八八二年通過排華法案，並經過條約認可而付諸實行，發生許多對華人移民充滿敵意的行動。美國財政部的移民官員任意闖入各大城市的華人家中檢查證明文件；騷擾華人或遣送華人出境的案件層出不窮；華人抵達美國港口，往往遭到粗暴的待遇，其中包括一九〇四年「聖路易市博覽會」（St. Louis Exposition）所邀請的代表團。美國的排斥政策擴及夏威夷與菲律賓的華人居民時，情況則更糟。

及至一九〇五年，中國以新的回應，彰顯中國民族主義情感的第三個面向。甫成立的清朝「外務部」在中國駐華盛頓公使力促下，憤而拒絕與美國續簽移民條約。為示立場堅定，廣州、上海、廈門、天津等地的商人在一九〇五年宣布全面抵制美國貨。之前也曾發生過類似的抵制行動，最有名者要屬一八八〇年代由漢口商人所發起的抵制運動，但規模不似這次那麼廣且富意識形態色彩。雖然美國政府提出抗議，若干清朝地方官員也介入，特別是華北各港口的官員，但抵制美貨運動在許多城市已產生效應，其中以廣州與上海兩市最為顯著。清廷最後屈從於美方壓力，頒布諭令嚴禁抵制行動；但最後朝廷諭令的告示在許多城市裡均被反貼，可見清廷對此項禁令的曖昧態度。中國商人也因加州與奧勒岡州華人出錢贊助，以及愛國的中國學生——尤其甫從日本歸國的學人——之鼓舞，拒絕買賣美國製的香菸、棉布、火油、麵粉等產品。團結一致的打擊行動與貿易到了九月底才告平靜。表面上，這次抵制行動不似拳民的暴力手段或鄒容的激進言辭那般激烈，但卻是中國有史以來首次以一種新的群眾運動形態，採取具體的經濟抗爭手段回應國家所承受的屈辱。

新興的力量

中國民族主義的滋長與複雜，僅是晚清社會重新追索自我定位的一個面向而已。經濟、政治、教育與社會的壓力現在才開始施加在每一個中國人身上，或許只有遠離城市、仍被傳統農村勞動模式束縛的農民還置身事外。但是，連貧苦農民也知道，改革就會增稅，所以他們在全國各地聚集抗議，卻遭到朝廷以兵勇或新近成立的警察力量加以無情鎮壓。海外留學生、女人、商人與城市工人過去受到漠視，但在王朝日薄西山之際，他們的怒吼卻引起越來越大的迴響。

自從清朝從康乃狄克州的哈德福市召回官派留學團之後，中國在一八八〇年代，又出現新一波留學歐洲的風潮，其中尤以英、法兩國特別受青睞。嚴復正是這股留學風潮的先驅，一八六〇年代，嚴復受業於福州船政學堂，一八七七年獲遴選前往英國，先後在朴資茅斯（Portsmouth）與格林威治（Greenwich）的海軍學校求學。在此，嚴復學習英國的海軍軍事科技；儘管面臨德國的強大挑戰，當時英國的海軍軍事科技仍執世界之牛耳。嚴復也花了許多時間觀察西方的法律制度，並開始廣泛閱讀西方的政治理論。在這個過程中，嚴復萌生對所謂「社會達爾文主義者」的興趣（Social Darwinists，即指把達爾文〔Charles Darwin〕的物種演化理論應用到社會組成分子之命運的學者）。

這類理論標榜「適者生存」，物種若欲免於亡種，必須擁有積極適應的能力，對處於危急存亡之秋的中國而言，這似乎令人感到悚惕惶恐但又未嘗不是一聲暮鼓晨鐘。嚴復迻譯的這類作品在中國十分盛行。一八七九年嚴復歸國後，在李鴻章創辦的「北洋水師學堂」擔任教席，一八九〇年升任「總辦」。在繁雜工作之餘，嚴復又著手翻譯一系列富影響力的著作，例如赫胥黎（Thomas Huxley）的《天演論》（*Evolution and Ethics*）、彌爾（John Stuart Mill）的《群己權界論》（*On Liberty*）、孟德斯鳩的《法意》（*Defense of the Spirit of the Laws*）、亞當・斯密的《國富論》。雖然嚴復在北洋水師學堂的教職苦悶而不順遂，甚至因深感挫折而染上鴉片癮，但他引介的思想已經啟迪了中國學生。

一九〇五年，清廷諭令取消傳統的科舉考試，中國青年獲致知識與研究學術的途徑大開，選擇也更多。有一位名叫周樹人的青年後來以筆名「魯迅」成為中國最知名的短篇小說家，他就置身這股新趨勢之中。魯迅早歲在浙江的私塾研讀四書五經，不到二十歲就讀罷嚴復的社會達爾文主義譯作，嗣後加入赴日留學的行列，當時日本已成為中國學子取經的對象。相對於歐美，日本距離近、花費省，文字與中國相仿，衣著、飲食文化差距不大。日本在一八九四年擊潰中國，頓時成為學習的榜樣，俟一九〇四年在旅順大敗俄軍，日本就更加令人心往神馳了。日本把立憲政體植入傳統帝制結構的方法，深深吸引一心改革的中國青年。此外，中國人也在日本的學術期刊中發現不少引自西方的字彙，譬如「人權」、「憲法」、「民主」、「代表」及「國會」等。中國青年立基於這些概念，紛紛探尋該如何準確翻譯president（總統）及vice-president（副總統）等過去不曾用過的字彙。由於日本書寫系統起源於漢字，這些全新鎔鑄的日語詞彙雖在原本漢字系統中，多有與日語截然不同甚至相互矛盾的意義，但仍能輕易傳入中國。中國傳統的「體」面臨西方的技術力量而逐年凋零的時代，日本的法學院與醫學院、軍校、政治科學與經濟學系似乎都可以帶給中國人新的希望。

魯迅在一九〇五年於日本學醫時，從幻燈片中看到戰勝的日軍處決據聞是間諜的中國人，而四周的中國同胞卻只是漠然圍觀，使他深受震撼（根據魯迅的自述，時值日俄戰爭，所謂「間諜」是指為俄國人工作）的魯迅決心棄醫習文，他相信文藝可以喚醒中國人沉眠的意識，認清民族的苦難。魯迅以為，中國的文化與精神生活紊亂至此，他已無心憂及中國人的體格是否健康。魯迅開始一步步翻譯歐洲與俄國重要的社會寫實主義（social realism）文學著作，讓中國學生了解過去半個世紀以來，主導世界的重大議題。

許多留日學生由滿清政府提供津貼，理論上，學生行為若有不當可將之遣送回國，但滿清政府也只能睜隻眼閉隻眼。孫逸仙積極在滿腔赤忱的留日中國學生中招募生力軍，於一九〇五年聯合他的革命組織以及若干激進團體共組「革命同盟會」。待到留日學子完成學業，同盟會便試圖讓他們滲透回中國，期使有朝一日能為軍事起義努力。同盟會的意識形態糅合了孫逸仙的共和理念——這是在歐洲進行研究與嗣後的廣泛閱讀中所形成的——以及社會主義關於平均地稅與節制資本的理論。孫逸仙大膽宣揚採取革命行動，越來越比康有為保守的立憲君主與還政於光緒的主張更能撼動人心。

留日學生當中有許多是女性，這也說明了中國社會與政治生活的劇烈變遷。儘管仍有不少中國的「革命派」帶著綁小腳的小妾前往日本，但已有許多獨立自主的女性在父母兄長鼓勵下拆掉裹腳布，並為基本的受教育權利、甚至深造的機會而奮鬥抗爭。只要她們保持單身便願意提供住所及經濟奧援的修女會，主張應娶當時仍屬罕見的「天足」女性為妻的男性團體，以及積極鼓勵她們追求知識的學校，皆給予她們不少道德與社會上的支持。這些女性於是得以在著名的西方女性中找到新的範型，例如聖女貞德（Joan of Arc）、羅蘭夫人（Mme. Roland）、南丁格爾（Florence Nightingale）、碧雪（Catharine Beecher），她們的生平被雜誌所翻譯、刊印。此外，還有俄國激進女青年佩若夫絲卡亞（Sophia Perofskaya）這類截然不同的形象：她暗殺了沙皇亞歷山大二世（Alexander II），事後被逮捕、處決，但她面對專制暴政時所表現出不妥協、過人膽識，已成為女性的新典範。

儘管覺醒的女性仍屬鳳毛麟角，迄至一九〇九年，全中國婦女僅有一萬三千名得以入學，也只有幾百人出洋留學，但對於這一萬多名的中國女性而言，這是一個可以穩定發展書寫能力、思索如何因應中國的積弱不振與家庭生活枷鎖的時代。秋瑾正可作為邁向革命女性理想的鮮明範例，她與魯迅同樣出身浙江。秋瑾奉父母之命、媒妁之言，很早便嫁給一位她並不喜歡的商人之子，產下兩名子女之後就離家出走，於一九〇四年遠渡東洋，前往日本，靠變賣首飾和友人支持為生，並開始全面研究西方學科，公開宣揚改革的必要。

秋瑾在日本加入了孫逸仙的同盟會，她偶爾喜作男裝打扮，也會做火藥實驗。一九〇六年返國後，她成為浙江一所小學裡一名激進教師，繼續與同盟會會員保持聯繫，並與地方上的祕密會黨成員會面。秋瑾經常練習武術及騎術，當然招來守舊鎮民的街談巷議，但她仍設法保住教職。一九〇七年七月，秋瑾與安徽的一位革命友人*密謀同時舉事，但很快就被清廷的地方兵勇捕獲，經過短暫審訊後旋即被處決。或許有人會認為，秋瑾的一生短暫、抑鬱且未竟其志；但她留給後世的卻是勇敢無畏、積極面對國家挫敗的典範，其他的中國女性將會繼其志，爭取政治自由。

中國的商業在這段期間也隨時代的變遷而翻騰。誠如前述，清朝自強運動的政治家為了擴展中國的經濟基礎而建立了「官督商辦」的架構，並在造船、採礦等領域取得成果。但管理事出多門以及資金匱乏，成效逐漸不彰，於是在一八九〇年代，又有了所謂「官商合辦企業」。其中有許多由上海官員或湖廣總督張之洞推廣，包括幾個新設立的紡紗廠，資本額約在五十萬兩左右，大都由富有的官員與地方上的紳商籌集，不過也有商人是被地方官員逼迫而「捐輸」的。由於清廷、北京官僚、地方要員與商人各有其利益考量，所以無法如日本明

＊　譯注：徐錫麟。

治維新，成功制定一整套的經濟政策。但是朝廷的有識之士已開始思索如何朝這個方向發展。例如，光緒皇帝的胞弟醇親王在庚子拳亂之後率領使節團向西方政府致歉，在出國期間曾與許多海外華商會晤，返國之後便極力鼓吹國家進行經濟干預。在醇親王推動下，清廷在一九〇三年設立「商部」，位階與傳統的「六部」和甫創的「外務部」平行。商部下轄四個司*：一職司貿易（專利權與專賣權）；一職司農業與林業；一職司工業；一職司審計（其主管範圍包括銀行、貿易展覽會、度量衡與商業訴訟）。

這個時候，清廷亦鼓勵組織商會，以強化朝廷對商人的控制。但清廷似乎沒想到，商會也可能帶給商人濃厚的地方獨立自主意識。「上海商業會議公所」創立於一九〇三年，成員多來自傳統的城市行會、當地錢莊銀行組織以及甫發跡致富的新興企業家，但主要是由出身寧波的金融家所把持。「廣州商務總會」的成立稍遲，因為當地商人不願該會由朝廷監管，但是到了一九〇五年，廣州商務總會已是一股重要的經濟勢力。這兩個商務總會在一九〇五年底曾領導抵制美貨運動。隨著東南亞地區的海外華商日益富有（美、加兩地的華商則沒那麼富有），開始大舉投資中國本地的企業或與他人合作到中國進行投資。

這種新的工商發展形態就如同外國帝國主義，成為城市工人生活失序的重要原因。散逸的記載讓我們得以窺見這些工人的反應。清初，江西陶爐工人與大運河畔的漕糧工人就曾發生過罷市與罷工。但根據一名二十五歲美國銷售員從上海以「溫契斯特連發軍火公司」（Winchester Repeating Arms Company）名義寄出的信，顯示緊張關係在新的社會現實中漸次升高，以及外國人是如何迅速牽連其中。

根據這位銷售員所述，一八九七年三月底，「上海工部局」（Municipal Council of Shanghai）**決議提高手推車苦力的稅賦，從每月的四百銅錢調高為六百銅錢（根據當時的匯率，大約從二十五美分調高至三十七點五美分）。苦力群起抗議，開始串聯組織，在四月一日將所有的手推車停放在街頭。幾天後，有一位苦力拉著堆滿垃圾的推車試圖從法租界到英租界，一群工人見狀便毒打他並破壞其手推車。一名警察聞訊欲過去幫助這名苦力，反而遭致工人毆打。在俱樂部的西方人見到警察有麻煩便欲上前幫忙，而騎著馬的警察也趕忙前來支援，但由於群眾擁擠，馬匹驚嚇過度而不得不下馬。苦力用竹竿和取自附近牆上的磚塊與警察配劍對抗。這時一艘英國艦砲鳴放四聲氣笛，不到二十分鐘便有一群西方人聞訊而來，苦力隨即一鬨而散，留下三名已被打死的同伴與兩名受傷的警察。三十分鐘內，來自數

* 譯注：依序為保惠司、平均司、通藝司、會計司。
** 譯注：中國人稱租界的「市政委員會」為「工部局」。清代六部之中，工部職掌各項工程、屯田、水利、交通政務。租界的市政機構主管的也是工程、水利、交通等事務，所以當時西方人稱之為「工部局」。見費成康《中國租界史》（上海：上海社會科學院出版社，一九九八年），頁二十。

艘外國船艦的「藍夾克」（Blue Jackets）抵達現場並占領重要橋梁與公共場所。街頭再度恢復和平，工部局最後決定把增稅的議案延擱至七月。[5]

在張之洞的主導下，漢口躍升成為工業重鎮，迄至一八九〇年代已有逾萬名的工人受僱於現代化的工廠。此地，外國僑民的日益增加，外國租界不斷湧現，同樣帶來嚴重的社會衝突。農村勞動力移轉至已是十分壅塞的城市，尋找固定或臨時工作，致使原本就已十分苛刻的勞動條件，如微薄的薪資、低劣的居住環境品質更形惡化。銅礦工人與鑄幣工人分別於一九〇五年、一九〇七年舉行罷工抗議，街頭成千上萬的小販、攤販在布商店員的聲援下於一九〇八年發起罷市行動。中國各大城市在外國資本的挹注下，紛紛設立的新式棉紗廠、水泥廠、香菸製造廠、鐵工廠、紙廠等各類工廠，同樣也埋下剝削與騷動的不安因子。

大多數人雖未能意識到這類工業抗爭的共通模式，但一九〇五年俄國爆發革命的消息卻已震撼全東亞。與孫逸仙來往密切的日本激進分子開始將俄國與中國相提並論，並促成孫逸仙和俄國的革命分子展開接觸。誠如一位日本人一語道破，中國與俄國俱是世界上最大的獨裁政府，而她們兩國所實行的鐵腕政策已剝奪了人民的自由。據此，解決之道是不言自明的：「為了文明的進步，就必須推翻這些獨裁政權。」[6]

注釋

1 馬士，《中華帝國的對外關係，卷三》，頁三五。

2 伯賽爾，前揭書。頁二二五。（略經修改）

3 鄒容著，魯斯特（John Lust）譯，《革命軍：一九〇三年的一本中國民族主義小冊子》（*The Revolutionary Army: A Chinese Nationalist Tract of 1903*., The Hague, 1968）。頁一二二。

4 前揭書，頁一二六。

5 布魯爾文件（W. H. Brewer Papers），耶魯大學檔案（Yale University Archives），1/6/185/18v.。

6 賈士杰（Don Price），《俄國與中國革命的根源，一八九六至一九一一年》（*Russia and the Roots of the Chinese Revolutions, 1896-1911*., Cambridge: Harvard University Press, 1974），頁二一五。

北京城崇文門（又名哈德門）大街一隅的景象，攝於一九〇七年。（©TPG）

湖北省的山屋，由英國攝影師約翰·湯姆生（John Thomson）所攝，約在一八六七至一八七二年間。（©TPG）

慈禧太后與隨從宮女。（©TPG）

恭親王奕訢。
（©Beinecke Rare Book & Manuscript Library）

李鴻章。（©TPG）

秋瑾，清末民初的活躍激進分子，孫文同盟會的初始成員。（©Gamalie）

鄒容，《革命軍》一書作者，攝於一九〇三年。（©Sgsg）

康有為（左 ©Shizhao）與梁啟超（右 ©Rowanwind-whistlen）。康、梁皆為當時著名學者，參與了一八九五年春天的公車上書。

宋嘉樹，另有英文名「查理」。在孫文革命之初便提供金援。他的三名女兒分別嫁給國民政府財政部長孔祥熙、孫文與蔣介石。（©TPG）

留學日本的魯迅，時年二十（一九〇四），攝於剪去髮辮之後。（©Jimmy Xu）

孫文（圖中），攝於一九一二年。（©TPG）

第十一章

清朝的傾覆

清廷的立憲

一八六〇至一九〇五年間，朝廷與各省督撫無不試圖汲取中國所需的各項西方科技：大砲、船艦、電報、新式學堂、工廠、商會和國際法。雖然焦點時有移轉，但目標總是在師夷長技以制夷。因此，拳亂之後，清廷自然開始轉而採擷憲政體制的元素，因憲政看來正是西方強盛的核心所在。

一八五〇年代，像徐繼畬這類儒士特別醉心於美國國會與總統制度運作的彈性與公開，清廷初次派遣的留學團也是前往美國研習。若干學者推崇法國大革命所體現的政治理念，豔羨法國國勢在十九世紀的急遽擴展。但鑑於共和政體會破壞本身權力合法性，滿清政權不可能貿然嘗試，於是清廷轉而正視既能強化國家能力、又能延續國祚的君主立憲政體。英國當時是世界上頭等的工業與軍事強權，就是絕佳的標竿；另外如德國亦是迅速躋身世界強國之林的君主立憲國家；第三個例子，也是最令人側目的典範就是日本；自從日本建立起結合皇權與議會制度的體系之後不及三十載，就已完全改造原有的經濟、工業、軍事、海軍，以及整個土地所有權的結構。其中最令人刮目相看的例證是日本於一八九四年以及一九〇四至一九〇五年的兩次戰役中，先後擊潰中、俄兩國。

立憲改革的第一步是慈禧太后在一九〇五年跨出的，她諭令由五位親王、大臣——三位滿人、兩位漢人組成研議小組，赴日、美、英、法、德、俄、義等國考察政府體制。此一考察團出使，將有益於鞏固滿清政權，於是若干激進的大漢民族主義者採取恐怖手段，阻擾清廷實行新的變法方案。九月，一位年輕的革命學生*意圖炸毀行將離開北京車站、搭載著憲政考察團的火車。但因錯估爆炸時機，並未直接命中目標，反而炸死了自己。不過這次行刺也造成兩名大臣負傷，使憲政考察團的出使延宕了四個月，朝廷才選派合適的替補人選。

重組後的考察團在赴歐之前，先取道日本，再於一九〇六年一月抵達美國華盛頓，然後在歐洲停留到春天。返華之後，他們向慈禧太后建議採行某種形式的憲政改革，而日本就是最可行的典範，因為日本皇族依然維持著統治權。一九〇六年十一月，慈禧太后頒布諭令承諾預備立憲，重組傳統六部並增設新的官僚機關，制衡總督的權限，召開國會，藉以改革行政結構。光緒皇帝的「百日維新」結束不過八載，如今國家卻面臨存亡絕續的危機，朝中滿漢大臣於是接受慈禧太后的決議。

朝廷還沒通過決議改革中央政府的體制架構，已有若干官員重新評估地方政府的本質及其與百姓的距離。早在一九〇二年，山西巡撫趙爾巽就建議重整地方保安的「保甲」制度，慎選地方職司，使保甲制成為溝通各鄉鎮、村莊的地方政府行政網絡。如此一來便會產生更小的行政單位，擴大地方行政管理以及擬定財政計畫的參與管道。趙爾巽的改革提案還包括設置女子學堂、成立城市警察體系；尤其是提議將地方社群組織如寺廟、宗族團體的基金移作改革地方政府與興辦教育之用。趙爾巽深刻體認到地方結構的改革才是根本之道，因為縣令被應接不暇的文牘工作淹沒，然山西的多數官員卻因循苟且不知創新。在貧窮偏遠之地，這類官員安於現狀而故步自封。[1]甫成立的「政務處」昭示天下，朝廷實行改革的決心，一九〇五年朝廷諭令，釐定縣級以下的行政官制。

這類改革意圖凸顯的問題說明了「初始民主」（protodemocratic）的脆弱以及在倉促之間建立民主制度的困難。濡染儒家思想的精英，無論是在朝為官，或者身為地主，或經商（有些家族同時兼有上述三種身分），在鄉村與城市皆享有先天的優勢。他們的權力通過各種建制，包括官僚層級結構、縣府衙門、科舉制度、保甲法，以及農村稅制早已牢不可破。憲政改革的變法不必然會連根拔除精英的權力；假使精英順勢改變，說不定還能維繫、甚至增加權力，控制政府的新架構。

「迴避原則」就是一例，據此慣例，清朝官吏不得在自己的家鄉任官，以避免利用職

* 譯注：吳樾。

權，為自己的家族牟利。但誠如山西巡撫的提案，若聽由當地人士出任地方官職，他們便可能在當地鞏固、濫用權力。改革政策模糊性的另一個例證是一九〇五年科考制度的廢除。就某種意義而言，取消科考讓社會各階層與各行各業傑出之士有更多的機會，但實際上，無論是國內或海外的新式學堂，都是富有而又野心勃勃的傳統精英分子之子弟入學就讀；如此一來，這項制度改變所欲達到的平等受教權以作為投票與服公職的依據，可能也強化了少數地方富室的優勢。

天津在晚清已成為對外貿易的國際化城市與中國現代化陸軍、海軍軍營的所在地，而此地改革派的巡撫袁世凱提出不同的地方變革方案。袁世凱的計畫不同於山西的改革人士，他完全屏棄保甲制度而建立一支警力，其人事甄補、教育訓練，與薪資供給皆仿效西方建制，藉以強化地方控制。袁世凱與手下在解釋清廷所頒布有關地方政府的諭令時，同樣受到日本模式的影響，他們隨即設立了「自治局」，研擬在地方行政架構中組織有限代議制的可行性。設置該局是為了要增強已湧現的城市選民，而非強化已是盤根錯節的農村士紳權力。袁世凱的一位策士即坦承，「西方學者曾謂文明的潮流是由東向西。現在，它是自西往東。我們可以預見自此幾年之後，獨裁專制國家將不復存在。」[2]他的對策是舉辦縣級以下議會的選舉。雖然對袁世凱而言，這個改變太大，但袁仍在一九〇六年下令成立地方的「自治研究所」，為了即將到來的改革教育，北方中國各大城市的居民並在一九〇七年責成實行選舉，組織天津縣議事會。

類似的變法在中國各地亦如火如荼地展開，雖然步調與程度各異，但整個國家已邁向立憲體制的改革路線。一九〇八年末，朝廷宣布九年之後將完成立憲，這個預備立憲期限與一八六八年明治維新之後的籌備時間等同。雖然清朝皇帝仍擁有幾乎絕對的權力，凌駕新設的議會制度、財政預算、軍事力量、外交政策，與司法體制之上，但需要在中央、省級、地方層次設立民選政府的觀念此時已被接受。慈禧太后於一九〇八年十一月溘逝，僅比不幸的光緒帝晚一天，而光緒自十年前改革失敗後，就一直被幽禁宮中至死，但這並未影響改革的大方向。不過新帝溥儀如同之前的同治、光緒，也是稚齡即位，滿族攝政王為他組織了盡是滿人的諮詢內閣，竟然無視於漢人將因而引發的疑慮，認定朝廷改革的著眼點僅在維繫統治王朝的命脈。

一九〇九年十月首度召開的省諮議局會議是一個全新的組織，且對這個國家的政治運作有重大的影響作用。雖然諮議局仍由精英團體所把持，其組織成員也僅對有一定年齡、財富、教育水準的男性開放，這些人公開集會，不只是心繫於自身家族與地方的利益，也深深關切國家未來的命運。對於這類全新的制度而言，席次的選舉競爭激烈。統治者向來不喜歡公共集會，尤其是具有政治意味的公共集會，這點從晚明對東林黨人的處置，或如康熙與雍正三帝欲讓政治思維的焦點環繞在道德性與神聖性的「聖諭」之上可見一端。然而現在這類政治集會已經受到官方的認可。而且，會議之上迅速充斥著政論雜誌與報紙所傳播的新觀念，加上不少曾於軍事學堂或海外大學受過訓練的與會者，抑或是新興工業的實業家，討論風氣更是熱烈。迄至一九一〇年初，各省諮議局已形成一股極大壓力，逼使朝廷同意加速改革的腳步，並於十月在北京召開國會。

各省諮議局中包含許多專長各異的人士，這點由他們推舉出來的領導人可見一斑。廣東在十八、十九世紀對外貿易接觸頻繁，廣東省省會廣州召開的諮議局會議正是由行商後裔，進士及第的致仕官員易學清主持，他曾積極鼓動民族大義以對抗澳門的葡萄牙人，是「廣東自治研究會」團體中的領袖人物。久經排外動盪的湖南省會長沙，領導人物則是譚延闓，他是一位優秀的經學家，曾於一九〇四年中進士第，後被提點赴翰林院供職。但在任湖南學政時，他日益傾向排外、反帝的思想，積極維護湖南的經濟利益。而浙江省隨著上海躍升為國際都市，交通網絡密布，成為農業與外貿的中心，但是浙江也出現了另一種新形態。浙江省諮議局議長陳黻宸也是進士出身，他與杭州一所激進學堂時有往來。陳黻宸在這所學堂講學時，結識了一批日後前往日本的狂熱反滿分子與思想激進的學生。至於福建，幾位諮議局領袖都是改宗基督教的人士，且常有家人是東南亞華人，抑或與他們有密切的商業往來。他們都在教會累積了進行公眾演說的經驗，也讓他們有機會接觸到新的社會或組織形式。[3]

這批人與其主導的諮議局會採取何種行動，實在很難說得準，但有一點是清朝領導階層可以肯定的：清廷此刻已有效確保，無論他們未來將採取何種行動來強化自己的統治地位，各個社會階層都會仔細檢驗，而這些階層過去曾是王朝最信任的支持者。

新路、新軍

在清廷所面對的各種新科技當中，以鐵路的建造帶來最多問題。許多中國人認為建造鐵路會破壞自然與人的和諧關係：鐵路讓大地穿腸破肚，攪亂大地的正常脈動，泯滅了大地的慈愛力量；鐵路讓陸路與運河工人失業，改變了傳統的市場模式。儘管十九世紀中葉，已有學者指出鐵路正是西方工業發展的主要動力，但官府在上海附近建造的中國第一條短程鐵路，卻在一八七七年被拆除。

一八八〇年，李鴻章稍施伎倆才在唐山鋪設一條短程軌道，將開平礦區開採的煤運往附近的運河。一八八八年，這條鐵路延伸至天津與附近城鎮，一八九四年更延至南滿，穿越了清軍在兩百五十年前入關所經過的山海關。雖然許多外國列強表達極欲貸款給清廷建造鐵路網絡，但迄至一八九六年年底，全中國境內的鐵路總長僅三百七十哩。而美國則有十八萬兩千哩，英國兩萬一千哩，法國兩萬五千哩，日本兩千三百哩。

外國強權對中國的施壓在一八九四年日本擊敗中國之後就日益強大，但庚子拳亂之後不到五年就達到新的高峰。如今中國除了過去的債務之外，還要背負四億五千萬兩的庚子賠款，開始受鐵路建設貸款計畫案所吸引，即使貸款來自國外。儘管「大清銀行」已成立，但仍無法從中國的股東籌集足夠的資本，中國最具野心的鐵路建設計畫：即北京至武漢*一線仍告胎死腹中。外國列強明白表示，他們將不顧清廷的抗議，而在自己的勢力範圍內興建鐵路。德國開始在山東築路；英國擬定修築長江流域鐵路線的計畫，法國籌畫從河內北上

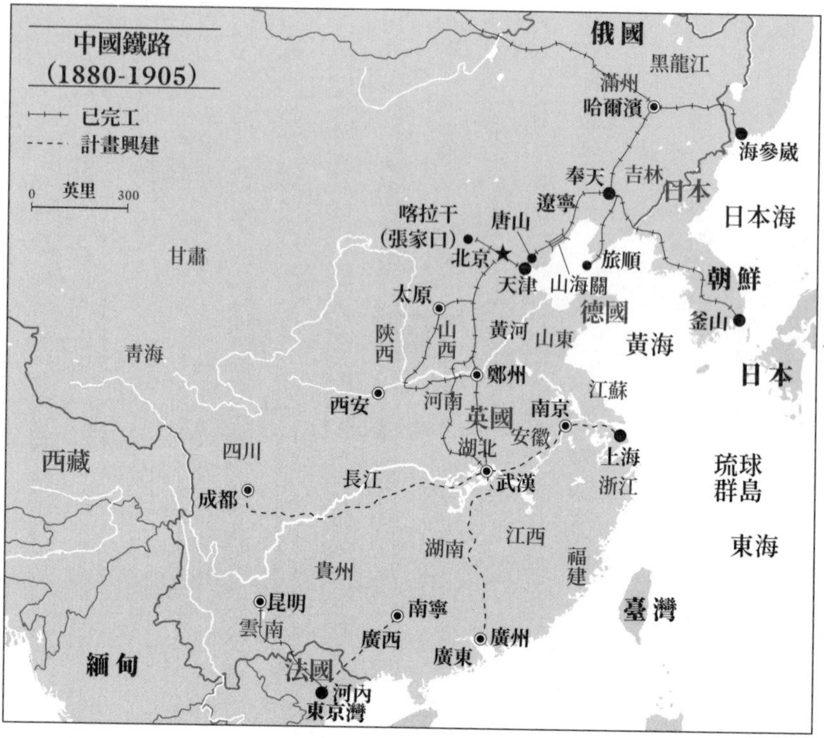

昆明的鐵路；俄國已與清廷簽約，完成一條橫越黑龍江省直達俄國主要港口海參崴（Vladivostok）的鐵路，現在又增建一條通往旅順的支線；日本為了在一九〇四至一九〇五年的戰爭中攻擊俄軍，在朝鮮北部與奉天之間興建鐵路。日本戰勝後即控制了該區域的主要鐵路線，並組成「南滿鐵道株式會社」。外國列強的積極活動在中國完成的鐵道哩數上表露無遺：一八九六至一八九九年間，共計兩百八十哩；一九〇〇至一九〇五年間，三千兩百二十二哩。

在這種競相擴張的

氣氛裡，中國似乎成為鐵路投資的最佳標的；隨著像「中英公司」（British and Chinese Corporation，主要合夥人是過去的大鴉片商「怡和洋行」〔Jardine, Matheson & Co.〕）這類銀行團的成立，資金源源流入大型鐵路發展計畫，鐵路建設漸漸為眾人所關注。一九〇五年竣工的南北主要幹線連接北京與武漢，這條鐵路的第二階段預計從武漢直通廣州。另外還籌備從武漢東行至南京、上海，另一條則由武漢西向抵達四川的成都。由法國出資的昆明線還與自中南半島達廣西南寧的支線連結。

然而，一股強烈的民族主義情緒已經開始在中國醞釀；我們已經在鄒容的《革命軍》、在排外抵制美貨風潮，以及反傳教士的活動之中窺見這類民族主義的要素。民族主義情緒風起雲湧，中國各地的百姓開始掀起「收回利權運動」，目的是結合地方人士買回鐵路路權，由中國人來控制自己的交通運輸網絡。收回利權運動所彌漫的信心也有經濟與技術進步的成分在內。一則由中國企業家經辦的新式重工業如雨後春筍般湧現；另外，可以從東南亞海外華人之中募得投資資本；其三，受訓於西方的新一代中國工程師，有能力解決在崎嶇路段鋪設鐵路的嚴峻挑戰。一九〇四至一九〇七年之間，在地方上共有十九個收回路權的團體被授與許可證，幾乎涵蓋所有省分。

＊ 原注：武漢係一總稱，它是指長江中游武昌、漢口與漢陽。

一九一〇年，清政府認識到，中國的經濟發展與政治穩定需要倚賴有效率、中央化的全國鐵路網絡，於是決議向中國的投資者購回鐵路利權，且將鐵路系統國有化，由朝廷控制。清廷之所以如此決策，一部分是因為清廷甫設立之「郵傳部」（一九〇六年設立的）轄下的鐵路，每年約有八百萬至九百萬兩的可觀歲入。在清廷每年財政收入兩億六千三百萬兩、財政支出兩億九千六百萬兩的情形下，這個新財源令人鼓舞。但幼帝溥儀身邊那批缺乏經驗的滿族攝政大臣不知這個議題極為敏感，顧問還建議，中國投資者需要的僅是補償他們的部分投資損失。一九一一年五月，頒布有關鐵路國有化的最後一道聖諭，朝廷以斷然口吻陳述此一決策的理由：

> 國家必待有縱橫四境諸大幹路，方足以資行政，而握中央之樞紐。從前規畫未善，並無一定辦法。……貽誤何堪設想。用特明白曉諭，昭示天下：幹路均歸國有，定為政策。[4]

十天後，甫向英美銀行團貸款一千萬英鎊（總計約五千萬美元）的清廷，又與同一銀行團簽署另外一筆六百萬英鎊的貸款協議，用以續修武漢至廣州、武漢至成都兩條鐵路的利權。許多中國人深信每省均應有權控制自己該省的鐵路建設，以及外國強權不應在鐵路建設過程中扮演主導角色，至此群情譁然。一九一一年五月，清廷通過此項決定，數周之後，民情激憤，矛頭指向清廷，一如以往指向列強。整個夏天，抗議聲浪並未緩和，特別是四川一省，該省諮議局的代表以及持有股權的社會賢達，誓言拒向政府繳稅，並索回他們應得的權利。

在一九一〇年與一九一一年的鐵路風潮中，甫實行改革之新軍軍官與士兵扮演重要的角色。新軍之中有許多人懷抱大義，認為清廷乃將國家資源賣給洋人。有一名保路同志會軍官斷指以抗議朝廷的行動，而另一名士兵則寄血書給清廷的鐵路公司，籲請恢復地方的鐵路控制權。在四川當地，一名武將曾下令反政府的「保路同志會」成員出列，以確認、驅逐軍中反逆，結果所有的士兵都向前跨步以示團結，這位將軍只好收回成命作罷。

此類軍官與士兵象徵著中國政治舞臺上即將展現的新要素，這建立在原有的八旗部隊體制上，但又大不相同。清廷最後一次企圖全面革新八旗部隊，已經是一七五〇、六〇年代的乾隆朝時期，他讓許多漢軍八旗將士解甲退役，到民間去營生，各自好好發展。但仍然留營的八旗滿人卻已普遍不精於騎射戰鬥，也不知為何而戰，所以軍務早已由人稱「綠營」的部隊接手。到了一八五〇年代，曾國藩等儒將組織了一支訓練有素、思想忠貞的農民團練。曾國藩給予鄉勇團練優渥的待遇，並灌輸他們一套行為準則，藉以提升作戰能力與道德操守，破除了一般百姓對官軍往往趁戰亂蹂躪閭里的印象。歷經李鴻章等人的戮力培植，華北的北洋軍隊更是擁有了自己的訓練學校、軍事學堂、外國教官及最新式的武器裝備，現代化的中國軍隊至此誕生，取代了滿洲八旗。

自一九〇一年起，清廷即開始重整武裝力量，組建所謂的「新軍」。朝廷想以自己的方式，來標準化與控制新軍，這與處理鐵路問題如出一轍。於是，全國各省的新軍在北京「練兵處」直接控制下被編練成三十六「鎮」（divison）。每一鎮的兵力預計編有一萬兩千五百員，如按計畫施行，朝廷將直接統帥四十五萬新軍。到了一九〇六年，清廷釐定官制設「陸軍部」，置尚書一人，左右侍郎各一，均由滿人出任。一九〇七年，又設置「軍諮處」，亦由滿人出任。同年，最有權勢的兩位漢人總督袁世凱與張之洞，被調至北京擔任軍機大臣，名義上雖是擢升，但實則黜免軍權。顯然朝廷是希望大權由京畿的滿人，而非各省的漢人督撫掌握。

在許多層面上，清廷重新編練新軍是頗富成效的。新軍駐防在全國各大戰略要地，包括了傳統八旗兵駐守的城市，而後者也慢慢遭到淘汰。清軍在一九一〇與一九一一年間頗有斬獲，特別是在西藏的幾次戰役尤其令人刮目相看，面對當時西藏親王亟思獨立，加上英國在北印度的戰略部署，清廷對西藏的影響力日益衰退。清廷克服崎嶇地形，進行後勤補給與交通運輸，派兵進入西藏，攻克了藏東，並在此地設置新的行省——西康省。清軍亦克復拉薩，剝奪了幾位桀驁不遜的親王的尊銜，在幾個「鎮」的駐防之下，迫使達賴喇嘛出走印度。清軍甚至推進至尼泊爾、不丹（Bhutan）、錫金（Sikkim）邊界，警告英國勿圖謀此一地區。對少數滿人王公貴族而言，西藏的軍事成果無疑是十八世紀乾隆盛世的再現。

然而，清朝的軍事制度仍有許多問題。軍隊的指揮系統依舊四分五裂，特別是華北地區，在北洋軍隊中不乏效忠袁世凱個人的軍事將領。為了翦除袁世凱的勢力，清廷於一九一〇年以袁世凱健康不佳為由解除袁的職位，這項舉措令袁世凱感到憤憤不平，也讓效忠袁的高階將領萌生貳心。新軍有許多人是在一九〇五年清廷廢除科舉制度之後轉而投向軍旅生涯，軍隊似乎也為這些人提供一條晉身上流社會快捷而穩定的新管道。這類人士多半野心勃勃又汲汲營營，積極介入諮議局所鼓動的風潮，同時新軍亦已被效忠流亡海外的孫逸仙反清革命會黨的成員所滲透。

當新軍的士兵與軍官開始接受歐洲與日本軍隊的新式訓練課程，穿著一模一樣的卡其布制服，使用一模一樣的現代化裝備，他們逐漸感覺到過去視為理所當然的若干積習竟是如此荒謬。例如過去中國人打躬作揖的問候方式，在軍中開始被簡潔有力的軍禮所取代。其中最富象徵意義的是，攝政王多爾袞在一六四五年強迫漢人薙髮留辮，以示效忠與臣服，但這種髮式在現代的戰鬥中卻顯得十分荒誕。過去將辮子盤捲在帽下的士兵，現在則紛紛剪掉辮子。一八五〇年代，太平天國的兵勇無不剪掉辮子以明其反叛朝廷之志。如今，一九一〇年，清廷雖注意到這樣的現象，但卻無法對其採取適當的懲治行動，只能勉強默從。

民族主義者與社會主義者

一九〇五至一九一一年期間，當清廷徐緩朝立憲改革方向邁進，並試圖強化對新軍與鐵路的控制，國內的異議聲有增無減。開始嘗到新機會的種種好處之後，各省諮議局的代表、海外留學生、女性、商人、城市工人與新軍士兵都起而向地方政府與朝廷施壓，要求採取更有力的方式來回應改革呼籲。然而朝廷無能回應各種要求，批判聲浪益發尖銳，其中以中國為一個國家以及社會主義可改造中國的觀念於焉誕生。

滿人的處境日益艱困。隨著八旗軍裁減或轉任文職，以及計畫中的新軍羽翼未豐，也尚未全歸中央節制，清廷明顯缺乏能夠駕控全國的軍事力量。每一次的改革創新——學校、公共事業、駐外單位的設置——都是可觀的花費。陸軍部於一九一〇年底首次詳擬了一份預算，估計擴張軍備的結果將使次年軍費支出高達一億九百萬兩（這筆龐大的預算尚未包括海軍軍費的支出），其中有五千四百萬兩流入新軍單位。一九一一年，單是軍事支出的項目幾占全國財政預算三億三千八百萬兩的百分之三十五。這個預算總額較一九一〇年的赤字預算高出四千萬兩。於北京召開的資政院會議，決定刪除三千萬兩軍事預算。即使如此，龐大的財政赤字依然高居不下，所以必須增加農業稅收來彌補；增稅的範圍十分廣泛，包括茶、酒、鹽、煙草稅、過境稅與關稅，以及對土地所有權和土地登記課徵特別稅等均包括在內。

清廷的加稅決定令全國百姓怨聲載道，縱使清廷立意為善，譬如取締吸食鴉片的政策，也引起百姓的非議。反對者不再是英國人，而是種植鴉片的中國農民，他們埋怨在罌粟田辛苦耕耘的心血將付諸流水。當時中國國內生產的鴉片已經完全取代英國貨；在十九世紀初，中國境內的鴉片產地僅限於雲南、貴州，如今四川、陝西與沿海省分浙江、福建的鴉片生產販售均已蔚為風氣。清廷取締鴉片的政策引發社會各個階層的反彈聲浪，包括銷售者、運輸者、煙館的經營者與工作人員，以及成千上萬染上鴉片煙癮的人，其中有許多人出身豪門。

好像這些問題還不夠似的，天氣的異象也在助長反清之勢。一九一〇與一九一一年間，長江流域與淮河流域的滂沱大雨釀成嚴重的水災，成千上萬的良田盡沒河底，引起米價飆漲，造成數十萬人死亡，數以百萬計的難民流離失所，紛紛湧入大城市尋求賑濟。

除了條約通商口岸與租界區之外，國家的權力在境內仍然強固，團結一致的反對政治勢力難以茁壯成長。因此，一九〇五年後的幾年間，大部分有影響的政治批判均源自海外華人，不論他們是自願離開鄉梓或被迫流亡。其中能對清朝進行具體批判並提出自創的政治計畫者，有追隨康有為步伐的君主立憲派、受梁啟超啟迪的民族主義者、信仰無政府主義或馬克思主義的各式團體，以及孫逸仙領導的同盟會。

這些批判者以康有為最為海內外的中國知識分子所推崇，因為康本是一位經學家，曾中進士第（一八九五年），在一八九八年的維新運動中是光緒皇帝的私人策士。他一直到一九一一年都還在呼籲朝廷改革政府的體制結構，帶領中國走向現代化的道路，使中國有能力仿效日本的改革，進而富國強兵以抵禦列強的巧取豪奪。康有為組織各式團體來宣揚他的理念，其中以「保皇會」和「憲政會」最為重要。*然而反清情緒日趨強烈，即使在他的支持者眼中，康有為的行徑似乎已經溢出常軌，以致許多贊助者開始質疑他們獻金的流向。康

* 譯注：保皇會於一九〇七年易名為憲政會。

有為揮霍無度且不善理財，性喜旅遊且常有一年輕女伴相隨，他一度棲居巴黎（曾乘坐熱氣球鳥瞰巴黎），並買下瑞典海岸的一座小島作為避暑之地。他的投資反覆無常，大筆投入墨西哥投機風險事業的資金，結果因墨西哥革命而血本無歸。康有為以典雅的文言文書寫的政治著作，在二十世紀似乎已不合時宜。在最富預言色彩的論著裡，康有為思索一個可以泯除所有民族主義爭端之世界政府存在的可能性，以及設想一個綜理人類從出生到死亡的福利國家。「誠如電之無不相通矣，」康有為言道，「如氣之無不相周矣。」[5]而為了消除性別的差別待遇，康有為主張在政治集會上男女衣著無異；此外，康有為亦建議，以每年訂立「交好之約」取代媒妁之言的婚姻制度，立約雙方均有權決定是否續約，此一交好之約同樣適用於兩男或兩女之間。但這些預言論著大都仍屬手稿形式，當時僅有少數人能一窺康有為思想之全豹。

廣州人梁啟超是康有為最忠誠的追隨者之一，曾與康有為參加一八九五年的進士科考。在情感上，梁啟超不似康有為那般熱切擁護光緒皇帝或清朝皇族；在政治上，梁啟超一度轉而激進，欲以自由的藥石針砭中國腐化與墮落的痼疾。但梁啟超終究還是從「法國大革命」的暴力激情中退卻，指陳「法蘭西自一七九三年獻納犧牲以後，直至一八七〇年始獲饗焉，而其所饗者猶非其所期也。今以無量苦痛之代價，而市七十年以後未可必得之自由。即幸得矣，而汝祖國更何在也。」[6]

梁啟超同樣憂慮中國百姓尚未準備承擔民主的責任。他又親眼目睹美國唐人街的生活而更形悲觀：對梁啟超而言，唐人街的華人各自為政、怯懦，社會條件極差。所以梁啟超在公開集會上以他強烈的說服力，在各類報紙上以感情豐沛的筆鋒，鼓吹建立一強盛的中國，初始之際在強勢的民族領袖領導之下，發揮每一個人的潛力，包括女性在內，形成知情且有教養的公民。他寫道，為了實現這種積極而團結的公民社群理想，中國需要某些擁有鋼鐵般紀律的人物以扭轉積弱不振的頹勢；譬如斯巴達（Sparta）領袖雷克格斯（Lycurgus）或是英人克倫威爾（Oliver Cromwell），中國應該暫時忘卻世界上有像盧梭或華盛頓這類的人物。但梁啟超並未寬恕克倫威爾弒君的行徑，他不斷頌揚君主立憲的美德，宣稱此制度若能兼顧進步與經濟發展，那便是上佳解答。他認為十九世紀義大利的統一運動或可成為中國的典範：為了把外來的許多占領者逐出境內，一個個軍事豪傑、憲政主義者與長袖善舞的外交家攜手合作，最終打造出一個新的統一國家。他的政治理念展現在小說、戲劇、散文裡，吸引大批海外華人的目光焦點，並在中國廣泛傳播，讓許多人對滿人領導走向改革及復興的前景幻滅。

為數眾多的中國人轉向歐洲各類社會主義與無政府主義議題，形成了更為激進的看法，但較缺乏渲染力且不見華麗辭藻。馬克思主義思想的發展和實踐於十九世紀的歐洲蓬勃興盛，甚至迄至一八八三年馬克思身後仍然持續不衰。一八八九年，多數形塑於馬克思主義者理論、但意識形態各異的各個社會主義政黨與工會組織，聯合組成「第二國際」（Second International），總部設於布魯塞爾（Brussels）。雖然第二國際支持「議會民主」的概念，但它亦尋求戰爭開展國際社會暴動的可能性，不放過每一個引爆社會主義革命的機會。第二國際的成員是接受馬克思社會革命之必然性的論調。

中國最早討論馬克思的文章出現在一八九九年一份刊物上*。文中總結馬克思的論點，在於窮人應繼續罷工以逼迫富人，並深信富人階級的力量將可能超越國界遍及世界五大洲。[7]一九〇五年俄國革命未成，讓那些視沙皇與滿清皇帝同為獨裁君主的中國人精神為之一振，同時激起他們對馬克思主義理論的興趣，認為它似乎能為中國提供一個步向現代世界的機會。於是有些中國人開始研讀一本一八九九年出版後被迻譯成中文的日文著作，即《近世社會主義》（*Modern Socialism*），書中指出，馬克思「以深遠之學理，精密而研究之，以講經濟上之原則」，「故於多數之勞民，容易實行其社會主義，得多數雷同之贊助」[8]。

一九〇六年，馬克思的《共產黨宣言》被摘譯成中文，相較於英文或德文的版本，這個中文節譯本饒富詩意，較少激烈的語調。《共產黨宣言》的著名結論，即「無產者在這個革命中失去的僅是枷鎖。他們獲得的將是整個世界。全世界無產者，聯合起來！」被翻譯成：「於是世界為平民的，而樂愷之聲乃將達于淵泉。噫來，各地之平民，其安可以不奮也。」[9]**

雖然有組織的中國社會主義政黨到一九一一年才出現，但通曉日、英、法、德各國語言的學者江亢虎開始有系統地研究社會主義。江亢虎曾任袁世凱的教育顧問，且是一位熱切的女性主義者。一九〇九年，他還曾出席在布魯塞爾召開的第二國際大會。也有部分中國人趨向無政府主義，特別是巴枯寧（Bakunin）與克魯泡特金（Kropotkin）的理論，這些理論批判了現代國家觀念的架構，強調個體的角色、文化變遷的力量，以及革命過程中群眾參與的重要性。一九〇六年，一群棲居巴黎的中國人***組織無政府主義團體「世界社」（New World Society），出版《新世紀》（*New Era*）刊物。這批無政府主義者亦大都與孫逸仙的同盟會有所聯繫，所幸當中一名成員擁有一家豆腐廠、飯館，他們的資金總是不虞匱乏。無政府主義者的目標十分廣泛且充滿烏托邦色彩：取消政治權威與軍隊；廢除所有法律；消除階級差異；消滅私有財產與資本。無政府主義者主張各式促進革命的方法：寫傳單、組織群眾團體、舉行罷工、發起抵制洋貨、煽動群眾動亂，或者出於道德良知而採取暗殺手段。此時，另一個中國無政府主義團體崛起於東京****，特別重視傳統社會中女性的困境，他們反

* 譯注：此刊物應為《萬國公報》。一八九九年，《萬國公報》第一二一、一二三期連載了一篇題為〈大同學〉的譯文，譯者為李提摩太（Timothy Richard）、蔡爾康。文中曾簡略提到「安民新派」（即該文譯者對社會主義的中譯）、「德國的馬克偲」。

** 譯注：這位中譯者即是朱執信，本文所引之中文翻譯，見氏著〈德意志社會革命家小傳〉的文章。朱執信指出，基於中文的「工人」（worker）意義範圍並未含括勞動農民（laboring peasants），而「平民」（common people）則可，故他以平民一詞來翻譯英文的無產者。

*** 譯注：張靜江、李石曾、吳稚暉、張繼等人。

對現代主義，服膺農業文明。托爾斯泰（L. Tolstoy）是這個團體的英雄，他們正視農民在革命過程所扮演的角色，探討的議題包括在農村地區形成社群生活和結合農業、工業完善農業經濟的可能性。

最後是孫逸仙。自一九〇五年之後，其主張兼納「革命」與反清的組織易名為「同盟會」。孫氏的若干追隨者係恐怖主義者，力倡暗殺；但大多數均主張共和革命的理念。他們誓言反清到底，身為「民族主義者」，他們圖求中國自西方與日本所施加的沉重經濟束縛中獲得解放。有些人也是堅定的社會主義者，他們企望中國走出「封建」遺緒，邁入嶄新的、進步的發展階段，但又能避免資本主義的弊端。孫逸仙的同盟會會員中有不少女性，倡導各式議題藉以強化女性在新中國所應扮演的角色。孫逸仙與華南一帶的祕密會黨也有接觸。他本人就曾在一九〇四年經人引介，加入「三合會」的夏威夷分會，並仰賴旅居美國、加拿大海外華人中三合會會員的贊助。

孫逸仙不改其志，繼續嘗試以武力推翻滿清政權。一九〇六至一九〇八年間，同盟會指導或鼓動至少七次反政府行動：三次發生在廣東，孫逸仙在此地的聯繫網絡依然十分綿密；其餘則出現在湖南、雲南、安徽、廣西。縱使每一次舉事均遭到清廷鎮壓而宣告失敗，但孫逸仙在海外華人的心目中依然深具領袖魅力，他接收了先前康有為的支持者，使他的革命資金源源不絕。大部分的獻金來自孫逸仙於美國、加拿大與新加坡演講時聽眾的慷慨解囊，而在新加坡更有幾位富有的華商大力贊助。另外，孫逸仙也出售債券給那些支持他未來政權的人士，承諾假使取得權力之後，他們將可獲得十倍於現在投資金額的報酬。（或許孫逸仙並不曉得，此種作法並非由他所首創，林清在一世紀前的叛亂就曾採用過類似的策略。）

雖然他的計畫模糊且失敗連連，但孫逸仙依舊百折不回、積極鼓吹，堅定推翻滿清的立場。到了一九一一年夏天，同盟會的積極成員已由一九〇五年的四百人左右增加為近一萬人。其中多數是在日本留學的學生，經由孫逸仙或其追隨者的吸收而入會，返國後在自己的家鄉繼續祕密鼓動反政府的風潮。若干同盟會的成員擔任甫成立的諮議局代表，有些則加入新軍行列或在新軍裡擔任軍官；他們在新軍中以革命言論或提供物質誘因，積極尋找未來的志同道合之士。這個摻雜著憤怒、挫折、夢想與金錢的混合物可說是極具爆炸性。

清朝的敗亡

一九一一年十月九日，武漢三鎮之一的漢口市發生炸彈爆炸意外，就此觸動了一連串事件，進而導致國祚兩個半世紀的清朝政權傾覆。但是，這次爆炸事件若不是因立憲主義、鐵路、軍隊、滿人權力與列強入侵等問題引起全國動亂，它也許不過是一孤立事件、而為人所遺忘。

**** 譯注：指劉師培與其妻何震的「社會主義講習會」，其機關刊物為《天義報》。

自一九〇四年以來，幾個激進的中國青年團體於漢口和鄰近的武昌市散播革命種籽，而這群激進的中國青年有許多人曾寄居日本，少數還是同盟會的成員。這兩座城市與漢陽構成三聯市，其中擁有大批的工人與長江沿岸的船員、現代學堂、新軍組織，還有清朝政府官吏，這使武漢三鎮成為政治與社會的實驗所。革命黨人的長程目標是推翻滿清政權、「復國仇」、「興中華」。[10]短期的策略則是滲透進新軍之中，協調新軍內部各祕密會黨黨人的政治行動。革命黨人的滲透與吸收新會員均是在文學社或共進會之類團體綿密管道的掩護下所進行，以會社的名義舉行小型會議並接觸可能入會的人選。若有個別會社遭到地方官吏的調查，革命黨人便立即解散該會社，再到他處以別的名稱另起爐灶。迄至一九一一年秋天，湖北新軍中有五千到六千人已被武漢三鎮各式會社所吸收，總數約占所有兵力的三分之一。

十月九日的爆炸事件是一群革命黨人正在漢口的俄國租界區製造作彈所引起。他們如同之前上海的反清煽動家，知道外國帝國主義的保護可躲避清廷的巡警，但這次爆炸的威力引起地方官員的調查。受傷最嚴重的謀反者*被同志送至醫院，清廷巡捕搜查革命黨人的總部，發現其餘三名革命黨人，立即將之處決。地方官吏取得軍人與其他加入革命會黨的名冊。於是革命黨人認為，要是不能夠馬上起事，組織將會曝光，而有更多的革命黨人將因此喪命。

率先採取行動的是武昌的工程第八營，他們在十月十日早晨叛變，並占領軍械庫。城外的輜重營與砲兵隊亦參加起義。這些軍隊對武昌的要塞發動一次成功的襲擊，當天，又有三支新軍隊伍加入舉事行列。滿人湖廣總督瑞澂與漢人「統制」**無法召集效忠軍隊扼守總督徜門，落荒而逃出城。十月十一日，革命黨人在武漢三鎮的漢陽也發動一次成功的叛變，並隨同第一營占領漢陽的兵工廠與鋼鐵廠。漢口的部隊則是在十月十二日揭竿而起。

當務之急是讓德高望重的聞人承擔指揮武漢叛軍與領導革命運動的重責大任。因為武漢三鎮並沒有同盟會的資深領導幹部，而其他地方上革命會黨幹部又不適合擔任，叛軍一致推舉諮議局的議長***，但被他慎重婉拒。於是叛軍轉而選擇一位深得人心的湖北新軍「協統」黎元洪出任都督。他本人雖不是革命黨人（最初，他是在槍口的威脅下勉強接受這項職位），但卻似乎是一個出色的人選，因為他一方面得軍心，與諮議局的代表關係不錯，並積極參與收回鐵路利權運動，況且黎又熟諳英語，有能力安撫在武漢的大批外國人。

清廷積極部署以面對突如其來的危機，陸軍大臣廕昌啣命以北洋軍隊兩鎮的兵力清剿武漢。同時，滿人收起傲慢，召回於一九一〇年被迫「退休」的袁世凱。清廷相信，以袁長期領導北洋軍隊與豐沛的人脈，在南方的局勢穩定之際，他也能節制這些軍隊，使之聽命於朝廷。但狡猾的袁世凱等到他更能掌握情勢的發展，才接受督師的任命。

* 譯注：孫武。
** 譯注：張彪。
*** 譯注：湯化龍。

但局勢的發展急轉直下，已非任何個人或政治團體所能控制。一九一一年十月二十二日，陝西與湖南兩省的新軍叛變，大批滿人遭到屠戮，忠於朝廷的長沙將領被殺。這兩省諮議局的領導議員紛紛表態支持革命。十月最後一個星期內，又有三個省分祭起反清的大纛。在山西首府太原，巡撫與其眷屬被殺害，議會與叛變的新軍同聲一氣；在江西省，商人、學生、教師聯合議員與軍官宣告脫離清廷獨立；遠在西南的雲南，武備學堂的教官起義並聯合新軍攻擊效忠朝廷的軍隊。

自十九世紀末以來，鐵路的軍事作用一再引起討論，現在雙方皆已能領略鐵路的軍事價值。清廷利用京漢鐵路火速運送部隊南下，鎮壓武漢的叛軍，但山西新軍也發動兵變，從太原沿著京漢鐵路支線南下，就此切斷廕昌所部軍隊的供輸路線。在十月底，一位統制*斷然拒絕清廷命他率軍經由鐵路南下的命令，反而聯合其他將領向清廷發出十二條立憲要求的電文。其中較重要者有：在同年內召集國會，由該國會起草憲法，國會選出內閣總理大臣並由皇帝敕命，皇帝無權命令「就地正法，格殺勿論」，特赦所有「國事犯」，皇族不得任國務大臣，條約之締結與媾和由國會取決，後以皇帝的名義行之。

清廷在一周內大致同意這些條件。十一月十一日，即北京的國會議員選舉袁世凱為中國內閣總理大臣三天後，清廷發布諭旨，命袁世凱為總理大臣，組織內閣。袁世凱接受這項任命後，即刻組織內閣，並以自己的黨羽出任重要閣臣的職位。

顯然政治局勢是朝向由滿人引導、近似康有為等人提倡的君主立憲政體發展，而非孫逸仙與同盟會革命黨人要求的共和體制。孫逸仙的支持者雖眾，但在中國欠缺統一的軍事力量，況且孫本人在一九一一年底事件爆發期間，正在美國籌募資金；他在前往堪薩斯市（Kansas City）途中，在丹佛市（Denver）閱報得知武昌起義的消息。孫逸仙認為，當務之急是讓歐洲各國承諾在即將爆發的衝突中保持中立，是故，孫逸仙在返華之前先抵達倫敦、巴黎，與當地政府進行協商，而孫也獲得具體的政治成果，成功說服英國政府不再貸款給清政府。

整個十一月，袁世凱表現出一種巧妙的平衡，憑藉著對北洋軍隊的影響力為後盾，對滿人與革命黨人雙方施壓。歷經激戰後，清廷的軍隊再度占領漢口與漢陽兩市（但並未克復長江南岸的武昌），但相較於一省接著一省通電宣告附從革命黨人，這樣的戰果無助於緩和朝廷的壓力。孫逸仙的同盟會出乎意料地贏得多數民意支持，同盟會各領導人也善加利用此點，力圖擴展組織規模，凝聚目標，在三個省分的革命運動中扮演重要的角色：江蘇（十一月三日宣布脫離清朝獨立）、四川（十一月二十二日）、山東（十二月十二日）。但在其餘地區，同盟會僅是眾多反清聯盟的成員之一，這些地區的領導人大都來自新軍、諮議局，也有若干領導人是紳商出身。

經過數周戰況慘烈的戰役後，十二月初，滿人與效忠朝廷的軍隊在南京大敗，清廷的威

＊　譯注：張紹曾。

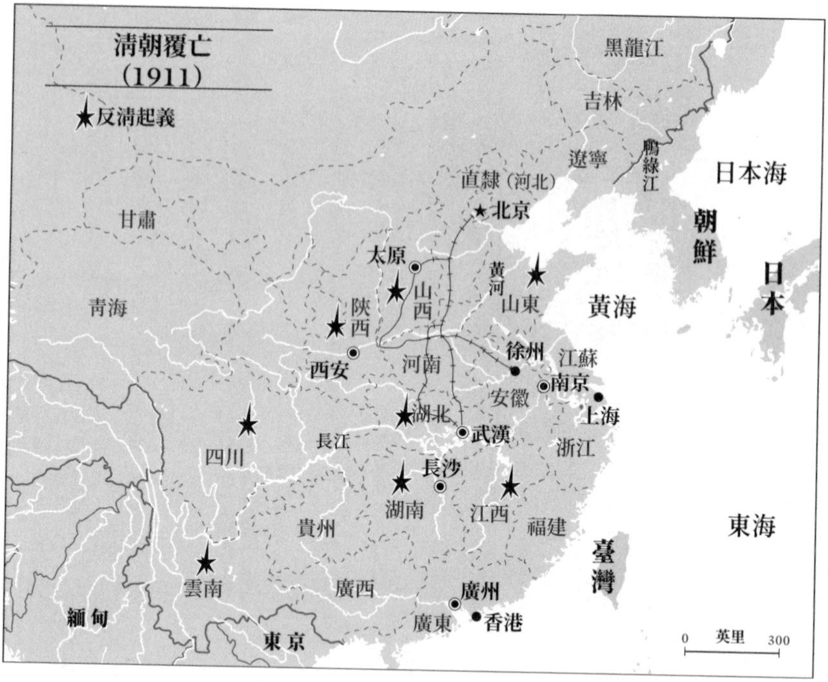

信更加一蹶不振。南京在十四世紀曾為中國國都，自此之後南京即擁有其他城市所沒有的象徵地位。南京城陷落，讓中國人憶起一六四五年福王軍隊在此地的失敗，以及一八五三年太平天國的軍事斬獲。所以，攻陷南京城就成為同盟會鞏固自身勢力的全國性象徵。

五歲幼帝溥儀的母后出面斡旋，監國攝政王載灃退歸藩邸，袁世凱接任內閣總理大臣，溥儀則保留皇帝名義，虛位而治。但對許多人而言，這與慈禧垂簾聽政的作法無異，所以接受的人並不多。

就在一九一一年耶誕節當天，孫逸仙自法國循海路返抵上海。四天後，十六省諮議局代表齊聚南京